SV

ANTHONY MARRA

LETZTES LIED EINER VERGANGENEN WELT

STORIES

Aus dem amerikanischen Englisch von
Stefanie Jacobs und Ulrich Blumenbach

SUHRKAMP

Die Originalausgabe erschien 2015 unter dem Titel
The Tsar of Love and Techno bei Hogarth,
an imprint of the Crown Publishing Group,
a division of Random House LLC,
a Penguin Random House Company, New York.

Erste Auflage 2016
© der deutschen Ausgabe Suhrkamp Verlag Berlin 2016
© Anthony Marra 2015
Druck: CPI – Ebner & Spiegel, Ulm
Printed in Germany
ISBN 978-3-518-42534-3

LETZTES LIED EINER VERGANGENEN WELT

Für Janet, Lindsay und Rachel

Das ist ein Nebenwerk.

Pjotr Sacharow-Tschetschenez
über sein Gemälde von 1843,
Leere Wiese am Nachmittag

Inhalt

Der Leopard
Leningrad, 1937

Ich bin in erster Linie Künstler, in zweiter Zensor.

Daran musste ich mich vor zwei Jahren erinnern, als ich die Stufen zum dritten Stock eines Wohnblocks hoch stapfte, in dem meine verwitwete Schwägerin und ihr vierjähriger Sohn damals lebten. Sie öffnete mir und runzelte überrascht die Stirn. Sie hatte mich nicht erwartet. Wir waren uns nie begegnet.

»Ich heiße Roman Osipowitsch Markin«, sagte ich. »Ich bin der Bruder Ihres Mannes.«

Sie nickte, fuhr mit der Hand über die Falten ihres verschlissenen grauen Rocks und trat einen Schritt beiseite, um mich einzulassen. Falls es sie beunruhigte, dass ich Waska erwähnt hatte, ließ sie sich nichts anmerken. Sie trug eine helle Bluse mit kastanienbraunen Knöpfen. Kammlinien, wie von einem Kohlestift gezeichnet, furchten ihre feuchten schwarzen Haare.

In der Mitte des Diwans saß zusammengesunken ein Junge. Mein Neffe, nahm ich an. Ich hoffte um seinetwillen, dass er nach seiner Mutter kam.

»Ich weiß nicht, was mein Bruder Ihnen erzählt hat«, setzte ich an, »aber ich arbeite jedenfalls im Ministerium für Parteiagitation und Propaganda. Sind Sie mit unserem Tun vertraut?«

»Nein«, sagte der Junge. Das arme Kind hatte die Stirn seines Vaters geerbt. Seine Zukunft lag unter einem Hut.

An seine Mutter: »Ihr Mann hat nie über mich gesprochen?«

»Er hat einen Bruder erwähnt, der in Pawlowsk eine Art

Dorftrottel war«, sagte sie jetzt etwas lebendiger. »Er hat nicht erwähnt, dass Sie zur Glatze neigen.«

»Nicht so schlimm, wie es aussieht.«

»Könnten Sie dann wohl zum Anlass Ihres Besuchs kommen?«

»Ich sehe tagtäglich Fotos von Verrätern, Umstürzlern, Saboteuren, Konterrevolutionären und Volksfeinden. In den vergangenen zehn Jahren täglich eine bestimmte Anzahl. In den vergangenen Monaten ist diese Zahl gestiegen. Früher habe ich jeden Monat eine dünne Mappe bekommen. Jetzt bekomme ich jeden Tag eine. Bald wird es ein Karton sein. Dann mehrere.«

»Sie dürften kaum hergekommen sein, um mir den Zustand Ihres Arbeitsplatzes zu beschreiben.«

»Ich bin hier, weil ich meinem Bruder einen letzten Dienst erweisen möchte«, sagte ich.

»Und der wäre?«, fragte sie.

Ich nahm innerlich Haltung an. Meine Hände wurden zu groß für die Hosentaschen. Es laut auszusprechen war furchtbar. »Ich möchte sichergehen, dass sein Schicksal nicht in der Familie weitergegeben wird.«

Auf meine Bitte hin suchte sie alle Fotos von Waska zusammen. Insgesamt neun. Ihr Hochzeitstag. Eine Landpartie. Eine Aufnahme von dem Tag, an dem sie nach Leningrad gezogen waren; gleich als Erstes waren sie zum Fotografen gegangen. Ein Bild von Waska als Junge. Sie setzte sich auf den Diwan und zeigte jedes einzelne Foto ein letztes Mal ihrem Jungen, bevor sie sie ins Schlafzimmer brachte.

Sie breitete sie auf dem Tisch aus. Das Schlafzimmer bestand aus kaum mehr als kahlem Boden. Das Bett war immer noch breit genug für drei, die Decke war sauber über einen Haufen weicher Kissen gebreitet. Jetzt konnte sie hier nur noch neben ihrem Sohn schlafen.

Ich schob ihr eine Münze über den Tisch, einen Rubel, Hammer und Sichel nach oben.

»Was soll ich damit?«

Ich deutete auf die Fotos. »Sie wissen, was Sie zu tun haben.«

Sie schüttelte den Kopf und wischte die Münze mit dem Unterarm zu Boden. Eine kleine Galaxie Staubflocken stieg in eine Umlaufbahn auf.

Liebte sie meinen Bruder etwa immer noch? Kaum zu glauben. Er war von einem unabhängigen und gerechten Gericht für seinen religiösen Fanatismus verurteilt worden. Er hatte die einzige gerechte Strafe empfangen, die es für einen Irren wie ihn gab, der andere mit der Wahnvorstellung vergiftete, der Himmel erwarte uns. Das Paradies kann es nur auf Erden geben und nur, wenn wir es uns selbst schaffen. Man konnte die Frau für ihre blinde Ergebenheit einem Mann gegenüber, der der Liebe nicht würdig gewesen war, nur bedauern. Sie war wirklich nicht zu beneiden.

Sie bedeckte die Fotos mit den Handflächen und stellte die Ellbogen aus, um sie mit ihrem gesamten Oberkörper zu beschützen, wie ein verhungerndes Lebewesen, das seinen letzten Bissen verteidigt, und es ist wohl wahr: Der Bauch ist nicht das einzige lebenswichtige Organ, das Hunger kennt.

»Gehen Sie«, sagte sie mit rauer Stimme und starrte auf ihre Handrücken. »Lassen Sie uns in Ruhe.«

Ich hätte mich umdrehen, aus dem Zimmer gehen und die ganze Angelegenheit hinter mir lassen können. Ich hatte längst mehr getan als nötig. Aber irgendetwas ließ mich stehen bleiben wie angewurzelt. Auch wenn die Vorstellung von so etwas wie Familie so schnell Vergangenheit wurde wie Pferde und Kutschen und ich weder eine Frau noch ein Kind hatte, wünschte ich mir doch, dass ein Blutsverwandter das Paradies erleben würde, in dessen Verwirklichung wir aufgingen. Der kleine Bursche da draußen auf dem Diwan sollte heranwachsen und aktiv an der Erbauung des Kommunismus mitwirken, und als fetter und glücklicher alter Mann sollte er irgendwann auf sein Leben zurückschauen und wissen, dass die vollkommene Gesellschaft, in der er lebte, das Schicksal seines Vaters rechtfertigte, und seinem Onkel, dem er an einem kalten Wintermorgen vor einer Ewigkeit kurz begegnet war, sollte er dankbar sein für die Lektion, die er ihm erteilt hatte.

Das ist albern. Ich weiß.

Ich packte sie am Handgelenk und drückte ihr die Münze zwischen die Finger.

»Ich möchte Ihnen nicht weh tun«, sagte ich. »Ich möchte dafür sorgen, dass niemand Ihnen weh tut. Ihr Mann war ein Volksfeind. Was glauben Sie wohl, was passiert, wenn das NKWD Ihre Wohnung durchsucht und diese Fotos hier findet? Muss ich Ihnen das wirklich ausbuchstabieren?«

Welche Empfindungen auch immer sie mit den Fotos auf dem Tisch verband – alles in ihr sträubte sich dagegen, sie zu zerkratzen, aber als ich die Münze losließ, hielt sie sie fest. Man hätte damit eine Fleischpastete, ein Skizzenbuch, Konfekt oder ein Stück Seife kaufen können; drückte man jemandem eine Münze in die Hand, konnte sie den Tag versüßen, aber Münzen haben nun mal keine Wahl, welchem Zweck sie dienen.

»Warum machen Sie das nicht? Sie sind der Künstler. Das ist Ihre Aufgabe.«

Ich sah auf die Uhr. »Mein Arbeitstag fängt erst in einer Stunde an.«

Als ich das zaghafte Kratzen der Münze auf dem Fotopapier hörte, wandte ich mich ab. Der Junge saß im Wohnzimmer und musterte still die dünnen Linien in seiner Handfläche.

Er sah seinem Vater geradezu gespenstisch ähnlich. Eine Nase, in die er noch nicht hineingewachsen war, eine verstrubbelte schwarze Mähne, ein kleines Kirschmündchen. Ich muss acht gewesen sein, als Waska in seinem Alter war. Im Sommer durchstreiften wir Wälder und Felder, und nachts klopften wir uns verschlüsselte Botschaften an die Wand zwischen unseren Zimmern; wir hatten jeder ein eigenes Zimmer. Er saß mir bei allen möglichen Lichtverhältnissen und zu allen Jahreszeiten Modell, und ich skizzierte sein Porträt, hielt seine Miene mit Zeichenkohle auf Papier fest. Ohne Waska wäre ich nie Künstler geworden. Ich ging auf seinem Gesicht in die Lehre.

»Kannst du schon sprechen?«, fragte ich.

Er nickte.

»Du übst dich wohl in Bescheidenheit. Wie heißt du denn?«

»Wladimir.«

Ich legte ihm die Hand auf die Schulter, und er zuckte zusammen, überrascht von der unerwarteten Geste der Zuneigung. Er trug einen Vornamen Lenins – ein gutes Zeichen.

»Ich möchte wissen, ob du etwas für mich tun kannst«, sagte ich. »Möchtest du es versuchen?«

Er nickte.

»Schau mir in die Augen«, wies ich ihn an und ließ meine Finger an seinem Ohr vorbeischießen. »Wie viele Finger halte ich hoch?«

Er hielt vier Finger hoch.

»Sehr gut. Du hast scharfe Augen. Vielleicht wirst du eines Tages Scharfschütze oder Wachposten. Ich möchte dir die Geschichte vom Zar und dem Gemälde erzählen. Hast du die schon mal gehört?«

Das kratzende Geräusch im Schlafzimmer hätte auch der Wind sein können, der durchs Laub fächelte; wir hätten weit weg sein können, bei einer Datscha, auf einem Feld, die Sonne brannte in Armesweite über unseren Köpfen.

»Nein? Das hab ich mir gedacht«, sagte ich. »Sie beginnt mit einem jungen Mann, der einen bösen Zar stürzt. Der junge Mann wird der neue Zar. Er verspricht seinen Untertanen, dass sich all ihre Sorgen in Luft auflösen werden, wenn sie sich seiner Herrschaft fügen. ›Wie wird das neue Königreich aussehen?‹, fragen seine Untertanen. Der Zar denkt darüber nach und gibt bei seinen Hofmalern ein Bild des neuen Königreichs in Auftrag.

Anfangs ist das Bild nur ein paar Schritt groß, dann ein paar Dutzend Schritte, dann Hunderte von Schritten. Nach einiger Zeit ist es meilenlang. Ein ganz schön großes Bild, findest du nicht auch? Man braucht Rohstoffe dafür. Der Flachs, aus dem man Garn für den Kleiderstoff seiner Untertanen hätte spinnen können, wird für die Leinwand beschlagnahmt. Das Holz, aus dem man Häuser hätte bauen können, wird für den Rahmen beschlagnahmt.

Als seine Untertanen frieren, sagt der Zar, sie sollen das Gemälde anschauen und die wunderschönen Kleider und Pelze betrachten, die sie bald tragen werden. Als sie unter freiem Himmel schlafen, sagt er, sie sollen das Gemälde anschauen und die wunderschönen Häuser betrachten, die sie bald bewohnen werden.

Die Untertanen gehorchen dem Zaren. Denn sie wissen: Wenn sie den Blick von dem Gemälde abwenden und ihre Umgebung sehen, die Welt, wie sie wirklich ist, lässt der Zar sie in einer großen Rauchwolke verschwinden. Nach kurzer Zeit stehen seine Untertanen da wie angewurzelt und können sich ebenso wenig bewegen wie ihre Ebenbilder auf dem Gemälde.«

Der Junge sah mich an und runzelte gelangweilt die Stirn. Offenbar war er hervorragende Geschichten gewohnt. Kinderbücher werden von Zensoren weniger streng unter die Lupe genommen als Bücher für Erwachsene, also strömen unsere besten Schriftsteller naturgemäß dem Genre zu.

»Wie viele Finger halte ich hoch?«, fragte ich.

Er hielt drei hoch.

Ich schob die Hand in den Randbereich seines Sichtfelds. »Wie viele jetzt?«

Er hielt einen Finger hoch.

»Und jetzt?«

Er wollte den Kopf drehen, aber ich fuhr ihn an: »Augen geradeaus. Du kannst dich nicht umdrehen und hinter dich blicken, genauso wenig wie die Figuren auf einem Gemälde.«

»Ich kann deine Finger nicht mehr sehen«, sagte er. »Deine Hand ist zu weit hinten.«

»Das stimmt«, sagte ich. »Und da ist dein Vater. Er ist da, in den Hintergrund gemalt, hinter deinen Kopf, wo du ihn nicht sehen kannst. Er ist da, aber du kannst dich nie nach ihm umdrehen.«

Das Kratzen der Münze hatte schon vor einiger Zeit aufgehört. Als ich aufsah, stand die Mutter des Jungen an der Tür zum Schlafzimmer. Ich folgte ihr hinein. Die Fotos lagen säuberlich aufgereiht da. Auf allen war ein einzelnes Gesicht so gründlich herausgekratzt worden, dass durch die Löcher die Maserung des Tischs zu sehen war. Mir taten die Augen weh, als ich das sah, und ich schloss sie.

»Lassen Sie Ihren Sohn jedes Jahr fotografieren«, riet ich ihr. »Falls Sie festgenommen werden, kann er in jedes x-beliebige staatliche Waisenhaus gesteckt werden. Mit einem aktuellen Foto haben Sie bessere Chancen, ihn zu finden.«

Ich war schon an der Tür, da packte sie mich am Handgelenk und zog mich herum.

»Sie sind noch nicht fertig«, sagte sie. »Sie sind meinem Mann viel mehr schuldig.«

»Mehr kann ich nicht tun.«

Sie legte mir die Hand in den Nacken. Der Junge saß einfach bloß auf der anderen Seite des Zimmers und sah uns mit dunklem, ausdruckslosem Blick an. Was sah er, wenn er mich sah? Man bleibt der Held der eigenen Geschichte, auch wenn man zum Schurken in der eines anderen wird. Die Brust seiner Mutter drückte sich in meinen Unterarm.

»Sie sind in der Partei«, sagte sie. »Unternehmen Sie etwas. Bringen Sie uns hier weg.«

»Ich korrigiere Bilder. Damit hat es sich.«

»Was können wir denn dann tun? Sagen Sie es mir. Wenn ein Kind einmal ins Waisenhaus kommt, findet man es nie wieder.«

Ihre Augen waren gerötet, ihre Hände schmiegten sich an

meine Wangen, und ihre Mittelfinger lagen unter meinen Ohrläppchen. In ihrem heißen und stoßweise kommenden Atem lag etwas Fremdartiges. Ich wusste nicht mehr, wann ich das letzte Mal den Atem eines anderen Menschen im Gesicht gespürt oder das Gefühl gehabt hatte, gebraucht zu werden.

»Beweisen Sie Ihre Loyalität«, sagte ich leise. »Das kann klappen. Nach meiner Erfahrung klappt das.«

Sie warf dem Jungen einen Blick zu und nahm meine Hand. Sie zog mich an ihm vorbei ins Schlafzimmer und zum Bett, das immer noch breit genug für zwei war. Ich wollte nur weg, wollte diese Frau loswerden. Dabei war es eine Erleichterung, dass sie bereit war, den Bruder ihres toten Mannes ins Schlafzimmer mitzunehmen, eine Erleichterung zu wissen, dass ihr Junge eine Chance hatte, der fette und glückliche alte Mann zu werden, weil seine Mutter anders als sein Vater verstanden hatte, dass es nicht Gott oder die Schwerkraft ist, sondern die Gnade des Staates, die uns auf der Erde hält.

Ich riss mich von ihr los. Unsicher drehte sie sich um. Ich beugte mich zu ihr, damit der Junge nichts mitbekam.

»Sie beweisen Ihre Loyalität durch Verrat.« Die Worte überwanden nur die Länge eines kleinen Fingers, von meinen Lippen zu ihrem Ohr. »Sie denunzieren jemanden, der Ihnen nahesteht. Das klappt meistens, meiner Erfahrung nach.«

Jener Morgen ist zwei Jahre her. Vor einem Monat hat das Ministerium mein kleines Büro beschlagnahmt. Nichts als ein niederträchtiger Sinn für Humor füllt die Leere zwischen den Ohren meines Vorgesetzten, und er hat mir aufgetragen, unsere unerlässliche Arbeit unter der Erde fortzuführen. Dutzende Meter unter der Erde.

Ich sage dem Himmel Lebewohl und steige hinab. Im Flackern trüber Glühbirnen stelle ich mir vor, mit meinem Schatten zu verschmelzen, eine Figur Caravaggios zu werden. Ich kann noch so früh kommen, die Arbeiter sind immer schon da: Sie verlegen Schienen, gießen Tunnelzement und vermeiden tunlichst jeden Blickkontakt mit mir. Ich tauche in eine Wolke aus Sägemehl ein und vor der künftigen Tür des Stationsvorstehers wieder auf.

Maxim, mein Mitarbeiter, ist mir zuvorgekommen. Auf unserem Arbeitstisch stehen schon Spritzpistolen, Druckluftzylinder, Farben, versiegelte Arbeitsanweisungen und stapelweise Mappen mit unretuschierten Fotografien.

In der Ecke steht unser Schränkchen mit jüngeren Stalins. Darin liegen Fotos unseres *Woschd*, aufgenommen vor zehn bis zwanzig Jahren. Nach Möglichkeit ersetzen wir aktuelle durch jüngere Stalins. Das Wichtigste ist, den Menschen die jugendliche Tatkraft ihres älteren Staatsmanns zu vermitteln. Je länger wir das machen, desto weiter müssen wir auf der Suche nach neuem Material in der Zeit zurückgehen. Irgendwann werden sich die Leser bestimmter Zeitschriften wundern, dass er mit jedem Jahr jünger wird; an seinem siebzigsten Geburtstag wird er die feingeschnittenen Gesichtszüge eines Jugendlichen haben.

Wo wir gerade bei feingeschnittenen Gesichtszügen sind: »Du bist spät dran, Genosse«, sagt Maxim. Der Tag, an dem wir uns kennenlernten, nachdem das Ministerium für Parteipropaganda und Agitation ihn mir als Mitarbeiter zugewiesen hatte, war der letzte Tag, an dem er mich grüßte. Er schreibt Briefe, in denen er die Parteiführung preist, und hofft, dass die Polizei seine Loyalitätsbekundungen abfängt, liest und archiviert. Er macht keinen Hehl daraus, dass er meine Stelle will.

»Ich bin alt, Genosse«, sage ich.

Maxim, der kleine Mistkerl, nickt zustimmend.

Bis zum Mittagessen haben wir mit Spritzpistolen drei Gesichter auf einem Porträt des Volkskommissariats für Außenhandel von 1930 korrigiert, das so oft retuschiert wurde, dass es inzwischen mehr gemalt als fotografiert ist. Besser gesagt, ich habe es korrigiert; Maxims Beitrag besteht aus Zigarettenrauch und einem süffisanten Grinsen. Ich konzentriere mich auf das Gesicht unter meiner Spritzpistole, aber als ich aufsehe, merke ich, dass sich Maxim auf meines konzentriert. Der kleine Mistkerl könnte nicht mal Bleistiftlinien ausradieren.

Mittags isst jeder für sich. Maxim bleibt im Büro, das hell ist wie Quecksilberdampf, und ich durchstreife die Tunnel. Ich habe sie schon kilometerweit durchwandert und noch kein Ende gefunden. Eines Tages werden Bahnen die dankbaren Bürger eines sozialistischen Paradieses durch diese Unterwelt befördern. Alles, was wir hier unten in ihrem Namen vollbringen, findet darin seine Rechtfertigung.

Nachmittags machen wir uns an eine Leinwand von Isaak Brodski, die Lenins Ankunft am Finnischen Bahnhof der Stadt zeigt, die damals Petrograd hieß.

»Fällt dir die Perspektive auf, Maxim?«, frage ich. »Siehst du die Fluchtlinien, die alle auf Genosse Lenins offenen Mund zulaufen, um den Eindruck zu vermitteln, dass die ganze Szene durch seine Rede vermittelt wird? Die Technik geht auf die Alten Meister der Renaissance zurück. Denk an da Vincis *Abendmahl*.«

Man findet so selten gute Arbeit.

Maxim runzelt die Stirn und deutet auf den neben Lenin lauernden Feind Trotzki, den wir auslöschen müssen, weil er nicht dabei war.

»Ach komm«, sagt er und rümpft wie immer die Nase über den Formalismus. »Auch ohne einen Gewaltmarsch durch die Geschichte der abendländischen Kunst wird es eine Ewigkeit dauern, das Bild zu korrigieren. Die Malerei hätte sowieso mit Leonardo ein Ende finden sollen. Man sollte immer aufhören, wenn es gerade am schönsten ist.«

Ein Jammer. Ich fürchte, ich gehöre zu den letzten Korrekturkünstlern in Leningrad, die ihr Handwerk noch an der Russischen Kunstakademie erlernt haben, vor der Revolution. Die neue Generation, Kunstbanausen wie Maxim, ist in Schulen aufgewachsen, wo die Kinder ihre Finger in Tintenfässer mit nasser Asche tunken und die Gesichter frisch entdeckter Volksfeinde in ihren Schulbüchern schwärzen. Die verstehen sich auf Zensur, bevor sie schreiben gelernt haben. Ihnen wurde nie beigebracht, wie man das erschafft, was sie jetzt zerstören, und sie wissen nicht zu würdigen, was genau sie da opfern.

Letzten Juli konnte ich eines meiner eigenen Gemälde korrigieren, eine Szene aus der Oktoberrevolution, die ich 1927, vor zehn Jahren, in Öl ausgeführt hatte. In den feurigen Aufstand des Proletariats hatte ich versehentlich auch Grigori Sinowjew und Lew Kamenew hineingemalt, die nicht teilgenommen haben konnten, nachdem sie jüngst in einem Schauprozess als Hochverräter verurteilt worden waren. Ich ersetzte die Unpersonen durch unseren Helden; Stalin war da, ist da, ist überall. Außerdem bemerkte ich noch andere Fehler – leichte perspektivische Verzerrungen, eine mangelhaft dargestellte Pappel, einen matten und uninspirierten Nachthimmel – und machte mich – auch wenn das nicht Teil meines Auftrags war – sofort daran, sie zu korrigieren. Ich verwandte zwei Wochen auf etwas, das an einem Nachmittag zu erledigen gewesen wäre. Man bekommt so selten eine zweite Chance.

Maxim legt eine neue Fotografie auf den Tisch.

Eine Ballerina schwebt über der Bühne des Mariinski-Theaters. Ihr linker Arm ragt in den Strahlenkegel des unsichtbaren Scheinwerfers. In ihren schwarzen Haaren steckt ein Federkranz. Die dicken Finger eines schemenhaften Mannes liegen wie ein Korsett um ihre Taille. Er hebt oder wirft, trägt oder fängt sie. Aus den Kulissen fotografiert, zeigt die Aufnahme die ersten fünf Zuschauerreihen.

»Wer ist das?«

Maxim zuckt die Schultern. Die Frau ist niemand. Dass wir ihre Fotografie bekommen haben, beweist, dass sie nicht mehr tanzt.

Auf dem Foto trägt sie aber noch Tutu und Strumpfhose,

tanzt vor ausverkauftem Haus, und in der Garderobe erwarten sie Vasen voller Rosen und Champagner auf Eis. Sie steht auf dem Gipfel ihrer Karriere. Hat noch ein Zuhause. Ein Diplom. Eine Geburtsurkunde.

Ich weiß, dass ich die Spritzpistole fertigmachen und auf ihr Mondgesicht ansetzen sollte, aber sie ist der Frau meines Bruders wie aus dem Gesicht geschnitten – lächerlich, ich weiß –, und sie zu tilgen empfinde ich als Sakrileg, als Misshandlung des Papiers, der Tinte in der Spritzpistole, jeder Hand, die das Foto je halten, und jedes Auges, das es je sehen wird.

So etwas ist mir noch nie passiert, das schwöre ich. Ich warte darauf, dass diese Empfindung abflaut. Maxim sieht meinen Gesichtsausdruck und fragt, ob ich mich nicht wohl fühle.

»Mir ist schwindlig«, erzähle ich ihm. »Etwas benommen.«

»Du solltest mittags was essen, statt durch die Tunnel zu wandern«, sagt er und schlägt vor, die Tänzerin am nächsten Tag in Angriff zu nehmen.

Als ich die Holztreppe zur Straße hochgehe, steht die untergehende Sonne wie eine Kupfermünze am Horizont. Wir haben Ende Oktober, und der Winter ist im Anmarsch. Bald wird die Nacht die Erde einhüllen, und ganz Leningrad wird ein einziger großer Tunnel sein, den ich durchwandere.

Pastellpaläste säumen die Newa, entworfen von Bartolomeo Francesco Rastrelli oder seinen späteren Nachahmern; ich habe vergessen, welche von ihm und welche nachgeahmt sind. Rastrelli ist 1771 hier in Leningrad gestorben, und man erkennt die späteren Anbauten, Auffahrten, Garagen, Antennen, Gitterfenster und Eisentore. Zersetzen diese architektonischen Veränderungen seine ursprünglichen Visionen, oder würde er als Hofkünstlerkollege verstehen, dass die Kunst ebenso wie Politik, Moral und Gesinnung dem Auftrag der Macht untersteht?

Ein Plakat wirbt für GESUNDE FRAUEN DURCH LEIBESÜBUN-

GEN. Ein anderes zeigt einen Mann mit verbundenen Augen, der auf eine Klippe zusteuert: ANALPHABETEN SIND BLINDE, DIE ZU SEHEN GLAUBEN!

Meine Brille beschlägt, als ich meine Wohnung betrete. Ich versuche die letzten Reste von Ofenwärme aufzuspüren. Vor achtzig Jahren hat ein polnischer Emigrant genau in dieser Straße den Heizkörper erfunden; ich warte noch heute auf einen. Nach meiner Beförderung vor fünf Jahren durchkämmten Schergen, eine Gruppe groß wie eine Fußballmannschaft, meine Wohnung und konfiszierten jedes Bild, das mein Gesicht zeigte. Eine reine Vorsichtsmaßnahme, wurde mir erklärt.

Meine Wände sind kahl bis auf ein gerahmtes Bild unseres *Woschd* Stalin. Das Porträt ist vignettiert worden, und Stalins Gesicht schwebt in einer flaumigen Lichtwolke, wie ein Heiliger oder Heiland auf einer alten Ikone. Wenn es den Himmel nur auf der Erde geben kann, dann muss Gott ein Mensch sein.

Ich drehe es um. Auf die Rückseite habe ich eine Dschungelkatze von Henri Rousseau gemalt, getüpfeltes Gold späht durch saftiges Grün. Ich seufze, und mich durchströmt ein Gefühl der Verbundenheit. Jetzt bin ich zu Hause.

In meiner Generation gilt eine Stelle als Korrekturkünstler als Trostpreis für gescheiterte Maler. An der damals noch Kaiserlichen Kunstakademie habe ich kleinformatige Stillleben von Obstschalen und Blumenvasen gemalt, jede Miniatur so realistisch wie eine Fotografie, bevor ich zur Porträtkunst überging, meiner Berufung, der vollkommensten Form der Kunst. Der Porträtmaler muss mit jedem Pinselstrich der Einzigartigkeit des Porträtierten gerecht werden. Augen, Nase und Mund, aus denen sich sein Gesicht zusammensetzt, ebenso wie die Schmerzen und Freuden, aus denen sich seine Seele zusammensetzt, gleichen denen Millionen anderer und sind doch absolut einzigartig. Mit dieser Erkenntnis beginnt die Kunst. Und vielleicht auch die Gnade. Würden Kriminelle die Gesichter ihrer Opfer vor der Tat zeichnen, und würden Richter die Gesichter der Schuldigen zeichnen, bevor sie ihr Urteil sprechen – dann blieben für die Henker keine Gesichter zu zeichnen.

»Wir haben die Kunst, damit wir nicht an der Wahrheit zugrunde gehen« schrieb Nietzsche; ich habe mir das Zitat an den Werktisch gesteckt. Ich wusste schon als Student, dass die Kunst uns genauso leicht umbringen kann wie jedes andere Zwangsinstrument. Natürlich gibt es eine Handvoll echter Schwärmer, für die Nietzsches Worte eher ein Dekret als Ironie sind, aber die sind tot oder im Gefängnis, und ihre Werke dürften noch weniger als meine die Wände der Eremitage zieren. Nach der Revolution wurden Kirchen geplündert, Reliquien zerstört, kostbare Kunstwerke für Industriemaschinen ins Ausland verscherbelt; ich beteiligte mich daran, anfangs unwillig, und zerstörte Ikonen, während ich davon träumte, Porträts zu erschaffen, schon damals sowohl Schöpfer als auch Zerstörer menschlicher Gesichter.

Schon bald nach meinem Abschluss traten die Sicherheitsorgane an mich heran und boten mir eine Stelle an. Wer keinen Erfolg hat, lehrt. Wer nicht lehrt, zensiert die Erfolge anderer. Es hätte schlimmer kommen können; der deutsche Reichskanzler soll ja ebenfalls ein verhinderter Künstler sein.

Am meisten zensiert wird natürlich in den Zeitungsverlagen. Ein bisschen Zurechtstutzen, Bearbeiten und Ausschneiden kann viele unerwünschte Elemente ausmerzen. Das Verfahren hat selbstverständlich seine Grenzen. Stalins pockennarbige Wangen beispielsweise. Wollte man die korrigieren, müsste man ihm den Kopf abschneiden, wofür man sofort den eigenen verlieren würde. Bei derart sensiblen Aufgaben zieht man mich hinzu. Ich erinnere mich an den düsteren Zeitraum von vier Monaten, in denen ich ausschließlich seine Wangen retuschiert habe.

In meiner Anfangszeit im Ministerium wurde ich mit weniger heiklen Aufgaben betraut. Im ersten Jahr schleppte ich die neueste und erweiterte Ausgabe der *Aufstellung von Büchern, die den Bibliotheken und dem Buchhandel entzogen sind* in Bibliotheken und durchkämmte die Regale nach Abbildungen von neu in Ungnade gefallenen Apparatschiks. Eigentlich sind dafür natürlich die Bibliothekare zuständig, aber Leuten, die so viel lesen, ist nicht zu trauen.

Ich entdeckte belastende Bilder in Büchern, alten Zeitungen, fand Porträts der Betreffenden – einzeln ebenso wie in Menschenmengen – auf Flugblättern, Gemälden und Fotografien. Aus Büchern riss ich meist einfach die betreffende Seite heraus; ein paar zensierte Bilder mussten als abschreckende Beispiele bleiben. Für diese war Auslöschung durch Ausziehtusche das Mittel der Wahl. Ein leichtes Kippen des Tintenglases, ein sanftes Zusammendrücken der Pipette, und die Persona non grata ertrank in einer glänzenden schwarzen Pfütze.

Nur einmal wurde ich Zeuge der wahren Macht meines Tuns. Im Lesesaal der Bibliothek der Staatsuniversität Leningrad, die ich oft aufsuchte, um Folianten vorrevolutionärer Drucke zu wälzen, sah ich einen jungen Mann im Caban, der einen Band mit zusammengebundenen Zeitschriften durchsuchte. Er blätterte in der Ausgabe vom August 1926 und stieß auf ein Gruppenporträt von Militärkadetten. Sie standen in drei Reihen ausgerichtet da, insgesamt dreiundneunzig Gesichter, von denen ich im Lauf von zwei Jahren peu à peu zweiundsechzig eliminiert hatte.

Ich weiß bis heute nicht, welchen der zweiundsechzig Kadetten er gesucht hatte, oder ob der Gesuchte zu den einunddreißig noch Ungeschwärzten gehörte. Der junge Mann sank in sich zusammen. Seine Hand suchte am Bücherregal Halt. In seinen großen braunen Augen erlosch etwas. Er keuchte unwillkürlich, bevor er den Schrei mit der Faust ersticken konnte.

Mit wenigen Tintentröpfchen hatte ich seiner Seele eine

Gewalt angetan, die über alles hinausging, was ich mit meinen liebevollsten Porträts je hätte anrichten können. Wenn Kunst der Meißel werden soll, der den Marmor in uns zertrümmert, muss der Künstler zuvor der Hammer sein.

»Schluss mit dem Schlendrian«, sagt Maxim. »Heute wird die Tänzerin korrigiert.«

»Du bist zu ungeduldig, Maxim. Einem wahren Sozialisten gebührt kein persönlicher Ehrgeiz.«

Er grunzt. Er ist der fleischgewordene Beweis, dass der Mensch vom Affen abstammt.

Es sind ein paar Tage vergangen, seit wir das Foto der in Ungnade gefallenen Tänzerin bekommen haben. Ich habe gehofft, sie könne im Zustrom anderer zweifelhafter Bilder übersehen worden sein. Der Vorraum ist ein schulterhoch vollgestelltes Labyrinth, das täglich wächst. Man verfolgt diesen Gedanken lieber nicht bis an sein logisches Ende.

Maxim bereitet das Foto auf dem Tisch vor. Die Frau meines Bruders ist keine Ballerina. Sie ist es nicht. Ich bin dieser Ballerina nichts schuldig. Sie ist ein Volksfeind, eine Unperson, es gibt sie gar nicht. Ich habe Trotzki so oft retuschiert, dass ich all seine Launen und Gesten kenne, dass er mir so vertraut ist wie ein enger Angehöriger, und habe nie etwas bedauert, aber bei dem Gedanken, diese eine fremde Frau zu eliminieren, öffnet sich in meinem Herzen ein Abgrund aus Traurigkeit.

Reiß dich zusammen, Mann.

»Kann ich mal dein Feuerzeug haben?«, fragt Maxim und hält eine Zigarette hoch. Ich gebe es ihm, und er zündet sie sich an, ohne den Blick von mir zu wenden.

Er macht die Spritzpistole fertig, und ich lade eine Farbkartusche der Grauskala. Begleitet von punktierenden Ausrufezeichen aus Rauch verfolgt er, wie ich die Bühne über die Beine der verfemten Tänzerin und die Gesichter im Publikum über ihren schlanken Rumpf retuschiere. Meines Erachtens fällt sie ihrem Partner in die Hände. Sie sieht vom Publikum weg in eine Kamera in den Kulissen, durch die offene Blende, sie sieht mich an, ihr letztes Publikum, als ich ihre Augen lösche.

Es erfordert große Kunstfertigkeit und visuelle Auffassungsgabe, eine Gestalt im Hintergrund verschwinden zu lassen. Mit einem Vergrößerungsglas und einer kleinen Spritzpistolendüse lösche ich ihre Taille aus den Furchen zwischen den Fingern ihres Partners. Ich retuschiere ihre Arme, bis nur noch die linke Hand übrig ist, schabloniert im Scheinwerferlicht, wie ein vom Wind verwehter Handschuh, der mit einem einsamen Mann tanzt, und dabei belasse ich es erst einmal und komme zum Ende.

Es gibt Augenblicke intensiver Schaffenslust: Das rechte Bein der Tänzerin hat das Gesicht eines Jugendlichen in der ersten Reihe verdeckt, und an seine Stelle setze ich das briefmarkengroße Porträt meines Bruders Waska im selben Alter. In den letzten beiden Jahren habe ich ihn in Hunderte von Fotos und Gemälden eingefügt. Junge Waskas. Alte Waskas. Waskas, die in Menschenmengen stehen und Lenin zuhören. Waskas, die auf Feldern und in Fabriken arbeiten. Er hängt an den Wänden von Gerichten, Ministerien, Schulen, Gefängnissen, sogar im Hauptquartier vom NKWD, wo man auf den zweiten Blick erkennen kann, dass er Jewgenij Tutschkow anfunkelt, den Mann, der ihn verschwinden ließ.

Habe ich Angst, erwischt zu werden? Also bitte! Meine Vorgesetzten konzentrieren sich ausschließlich darauf, wen ich entferne, nicht darauf, wen ich einfüge.

Die linke Hand der Tänzerin hängt noch in der Luft. Meine Entscheidung folgt eher einem Instinkt als meinem Verstand. Ich setze die Spritzpistole ab, wie man eine Gabel hinlegt, wenn einem übel wird. Ich werde die Hand der verfemten Tänzerin so lassen, wie sie ist, wie sie sein soll, genau da, eine einzelne Hand, die um Hilfe winkt, Lebewohl winkt, niemandem applaudiert, eine einzelne Hand, die sich einst in meinen Nacken gelegt haben könnte, während eine Stimme mir ihr Flehen um Hilfe ins Ohr hauchte.

Ich schiebe das korrigierte Foto in einen Stapel mit einem halben Dutzend anderer Aufnahmen. Maxim sieht sie durch, während ich die Spritzpistole mit einem Wachstuch reinige. Er grunzt. Hat er was gemerkt?

»Stimmt was nicht, Genosse?«, frage ich und kann das Zittern in der Stimme nicht unterdrücken.

Er lächelt herzlich. Stoßzähne aus Rauch wachsen ihm aus den Nasenlöchern.

»Ich bewundere nur dein Werk«, sagt er. »Die Schönheit unseres Tuns ist so leicht zu übersehen, nicht wahr?«

Am Nachmittag arbeiten wir den jüngsten Karton auf. Als Maxim in den Vorraum zockelt, ziehe ich das Foto der Tänzerin aus dem Stapel. Es ist irrational, der Reflex eines Wahnsinnigen, aber was ist, wenn ihre schwebende Hand bemerkt wird? Ob man mich dann wegen meiner Unachtsamkeit bestraft?

Maxim kommt ins Büro zurück, bevor ich das Bild in den Stapel zurückschieben kann, und ich verberge es im Schoß. »Alles in Ordnung, Genosse?«, fragt er. »Du siehst aus, als hättest du Fieber.«

Ich tupfe mir die Stirn mit dem Hemdsärmel ab. »Vielleicht zu lange unter der Erde gewesen.«

Maxim nickt und schlägt vor, dass wir heute früher Schluss machen. Ich nicke dankbar. Weil ich nicht weiß, wohin damit, schiebe ich das Foto in die Manteltasche. Ich habe schon ein paar Schritte in den Tunnel hinein gemacht, als er mir etwas nachruft. »Ich glaube, du hast was vergessen, Genosse.«

Das Fieber, das er eben vermutete, fühlt sich plötzlich echt an. Es gibt keine Entschuldigung dafür, ein Foto aus den Büroräumen zu entfernen. Der Argwohn macht es zu einem Kapitalverbrechen. Ich muss mich am Türrahmen festhalten.

»Ja, Genosse?«, bringe ich heraus.

Maxim mustert mich. Er weiß es. Er muss es wissen.

»Du wirst langsam vergesslich, Genosse«, sagt er und hält mein silbernes Feuerzeug hoch.

In den Jahren vor der Revolution waren mein Bruder und ich Kinder, spielten Monarchisten und Revolutionäre und wechselten vor dem Abendbrot ein halbes Dutzend Mal die Seiten. Abends klopften wir Nachrichten im Gefängniscode der Dekabristen an die Trennwand. Der Code ordnete das Alphabet in eine Tabelle mit fünf Reihen und sechs Säulen. Das Klopfsignal für jeden Buchstaben entsprach seinen Nummern in Reihe und Säule. Wir schrieben mit Geräuschen an eine Wand, die uns nicht mehr trennte, als ein Brief Absender und Empfänger trennt.

Als wir alt genug waren, um uns selbst für Männer zu halten, hatte ich mich schon den Bolschewiki angeschlossen. Waska hatte Trost in der orthodoxen Kirche gefunden. Beide himmelten wir die Märtyrer an, die für die jeweilige Sache gestorben waren. Eines Abends schlugen meine Genossen Waska dermaßen zusammen, dass er fast selbst zum Märtyrer geworden wäre. Sein linkes Auge war zugeschwollen, und seine Nase zeigte in einem schrecklichen Winkel zur Seite, als er bei meiner Großmutter in die Küche kam. Ich packte seine Hände. Nur die Knöchel waren unverschrammt.

»Du musst weglaufen, wenn sie hinter dir her sind«, erklärte ich ihm.

»Nein, ich muss es ertragen«, sagte er und funkelte mich an.

»Dann wehr dich wenigstens. Du blamierst dich ja bis auf die Knochen.«

Er beugte sich vor, hielt mir sein zerschlagenes Gesicht als Beweis hin und sagte: »Du denkst, damit blamiere *ich* mich?«

Das war unser letztes Gespräch. Danach glaubte ich lange Jahre, so wenig über sein Leben zu wissen, dass ich ihn niemals verraten könnte.

Im August 1931 erfuhr ich von OGPU-Agenten, Waska würde in den nächsten vierzehn Tagen verhaftet, weil er sich des religiösen Radikalismus schuldig gemacht habe. Sie sagten, er hätte geheiratet, und seine Frau sei schwanger. Sie gaben mir seine Adresse. Das war ein Test. Muss einer gewesen sein. Die Kommunikation zwischen den Verwaltungsrayons war so schlecht, dass er noch am Leben sein könnte, wenn ich ihn gewarnt hätte und er aus Leningrad geflohen wäre. Wenn ich das getan hätte, wenn die Agenten im Morgengrauen seine Wohnung durchsucht und ihn nicht gefunden hätten, dann hätten sie stattdessen mich abgeholt – das glaube ich jedenfalls, und das muss ich auch glauben, denn wenn ich zu zweifeln anfinge, wenn ich mir vorstelle, dass sie mir den Tipp aus kollegialer Gefälligkeit gegeben haben, damit ich Waska hätte warnen *können,* wenn ich anfange, in diese Richtung zu denken ... dann führen alle Wege in die Dunkelheit.

Im Oktober nach Waskas Festnahme, Prozess und Hinrichtung tauchten die Agenten mit einem braunen Umschlag wieder auf. »Setz dich, Bürger«, sagte der Ältere der beiden und deutete auf den Diwan, wo ich gerade meinen Nachtisch gegessen hatte. Ich folgte seiner ausgestreckten Hand, plötzlich zu Gast in meiner eigenen Wohnung.

Die Agenten nahmen links und rechts von mir Platz, so dass ich mich auf dem Diwan wie im Fond eines Black-Crow-Streifenwagens der Miliz fühlte. Der ältere Agent öffnete den Umschlag und legte mir eine Fotografie auf das Kaffeetischchen mit den Brandringen. Wenn ich nach Luft rang, dann vom Schock, vom Entsetzen, von etwas Dunklem, das mich innerlich in Stücke riss und auf einsetzende Gewissensbisse hindeuten mochte. Ich hatte allein in jenem Jahr gut tausend Fotografien retuschiert, aber keine hatte ich je zuvor gesehen, auf keiner war ich selbst gewesen.

Das Porträt, das der Agent mir zuschob, war an einem Mittwoch im Jahr 1906 aufgenommen worden. Mein Vater, ein Kurzwarenhändler, hatte seinen Laden am Vormittag geschlossen. Zumindest in seiner Branche war er recht angesehen, seit er sich mit einem perlenbesetzten Kokoschnik einen Namen gemacht hatte, dessen Trägerin, eine Komtesse, im Ballsaal des Winterpalastes daraufhin in aller Munde gewesen war. Meine Mutter erledigte die Buchhaltung, die Lagerbestandshaltung, das Einstellen von Näherinnen – eigentlich alles, fand sie; es fehlte nur noch, dass sie der Kundin den Hut auch noch aufsetzte. Sie war mit Kartoffeln groß geworden und hatte sich geschworen, ihre Kinder würden mit Fleisch groß werden.

An jenem Mittwoch im Jahr 1906 zogen wir unsere besten Sachen an und fuhren mit dem Zug von Pawlowsk nach Sankt Petersburg zum Atelier des Fotografen. Wie die meisten guten Ideen war auch diese ein Vorschlag meiner Mutter gewesen. Ein mit der Kamera und nicht mit der Spritzpistole angefertigtes Porträt würde in einem einzigen Bild den zukunftsorientierten Optimismus vermitteln, den sie ihr ganzes Leben lang inszeniert hatte. Pfauenfedern schmückten den Kopfputz meiner Mutter. Auf dem Foto sind sie spülwassergrau. Ich stehe vor ihr und deute ein Lächeln an. Nicht mal die Schlinge meiner Krawatte konnte die Aufregung erwürgen, fotografiert zu werden. Und neben mir steht mein Bruder, identische Krawatte, identischer Anflug eines Lächelns, Haarwirbel flüchtig gebürstet, und sein breites Gesicht läuft vorn in eine schmale Nase aus. Steif stand er da, starrte in die Kamera und durch die Zeit und sah mir in die Augen, während ich dasaß, flankiert von den Agenten, die ihn liquidiert hatten.

Nach dem Besuch im Atelier des Fotografen waren meine Eltern mit uns in den Zoologischen Garten von Sankt Petersburg gegangen. Der Zoo hatte ein schreckliches Jahrzehnt hinter sich – das Gelände war großenteils verlassen, und viele Gehege standen leer –, aber ich war ein Kind und wusste nicht, was die leeren Käfige bedeuteten. Die Tiere, die es im Zoo noch gab, waren eine Offenbarung. Nie zuvor hatte ich ein Tier gesehen, das größer gewesen wäre als eine Kuh, nie eines, das grimmiger gewesen wäre als ein hungriger Hund. Wer hätte sich ein so wundersames und melancholisches Tier wie eine Giraffe vorstellen können? Aber von allen Tieren, die wir an jenem Nachmittag zu sehen bekamen, ist mir der Leopard am lebhaftesten im Gedächtnis geblieben. Geschmeidig und mit wendigen Gliedmaßen. Schmale Dampfwölkchen drangen aus den Nasen. Die Krallen klackten codierte Botschaften auf den Betonboden. Die Augen bestanden nur aus Pupillen. Jeder Schritt schauerte die Wirbelsäule hinab. Unfassbare Geschöpfe, die Waska und ich erst bestaunten und dann mit Brotkrumen bewarfen.

»Den erkennen Sie ja wohl wieder«, sagte der ältere Agent und deutete auf das Bild, auf Waska. »Ich baue darauf, dass Sie wissen, wen Sie korrigieren müssen.«

Zu der Zeit war ich von Ausziehtusche schon zu Spritzpistolen übergegangen. Es reichte nicht mehr, das Gesicht eines Verräters auszulöschen; ein Tintenfleck räumte ein, dass ein Verräter existieren *konnte* – das nur anzudeuten kam Hochverrat gleich. Geschichte ist der Fehler, den wir ohne Unterlass beheben.

Der ältere Agent führte mich zu meinem Werktisch.

»Muss das jetzt gleich sein?«, fragte ich.

»Der Aufbau des Sozialismus ruht nie. Er kennt keine Freizeit.« Er runzelte die Stirn, als er meinen Nachtisch auf dem Tisch sah. »Er isst keine gezuckerten Pflaumen.«

Ich strich das Foto glatt und lud die Spritzpistole mit Farbe wie eine Pistole mit Patronen. Mit der Geduld eines osmanischen Miniaturenmalers retuschierte ich meinen Bruder. Ich fing mit seinen schwarzen Lederschuhen an und ließ sie langsam im Boden aufgehen, auf dem sie standen. Dann seine Strümpfe und Kniebundhose. Unser Vater stand hinter ihm, und mit langsamen, gleichmäßigen Strichen überblendete ich meinen Bruder mit einer Annäherung an die Hose unseres Vaters; ich löschte Waska gewissermaßen nicht aus, sondern hüllte ihn in die Kleidung unseres Vaters, wo er warm und behütet war, die Haut an die unseres Vaters geschmiegt. Ich erinnerte mich, wie ich ihn als Kind gezeichnet und mit Süßigkeiten bezahlt hatte, wenn er sauer war, weinte, ermüdete, bereute, dankte, frohlockte. Ich war ihm nie so nah, wie wenn ich das Gefühl hatte, etwas von seiner Seele dringe durch den Kohlestift aufs Blatt.

Als das Gesicht meines Bruders im Hemd meines Vaters verschwand, betrachtete ich den danebenstehenden Jungen und fragte mich, wie sein Urteil wohl ausfiel, wenn er in die Kamera und in die Zukunft sah und dem Blick des Mannes begegnete, der er werden sollte, und da wusste ich ohne jeden Zweifel, dass ich mich mit Haut und Haar dem Staat ergeben hatte, dass mein Glaube nicht mehr zu erschüttern und meine Loyalität unanfechtbar geworden war, denn wenn das hier falsch war, wenn *das* vergeblich war, dann reichten die Wasser der Ostsee nicht aus, um uns reinzuwaschen.

Als ich fertig war, gab ich das korrigierte Bild dem älteren Agenten. Er hatte mich die ganze Zeit unverwandt angesehen.

»Sie wissen, was man über Sie sagt?«, fragte er und hielt das Foto ins Licht.

»Was denn?«, fragte ich.

»Dass man weniger Talent braucht, um ein Gesicht aus dem Vergessen ans Licht zu holen, als dafür, es dorthin zurückzuwerfen. So gesehen, sind Sie ein Genie.«

Es sind drei Wochen vergangen, seit ich die Tänzerin retuschiert habe. Ich habe mehrmals versucht, ihre Hand zu korrigieren und das Bild wieder in die Mappe zu schieben, aber der wachsame Maxim hat mich keine Sekunde aus den Augen gelassen, eine Spritzpistole kann ich aus unserem Büro nicht mitnehmen, und dann ging die Akte ins NKWD-Hauptquartier zurück.

Niemand hat etwas zu dem fehlenden Foto gesagt, und angesichts der Flut an zu retuschierenden Bildern ist es wahrscheinlich einfach übersehen und vergessen worden. Aber irgendetwas *hat* sich verändert. Die Menschen starren zu Boden, haben Angst davor, zu sprechen oder sich umzuschauen. Eines Abends habe ich in einem Café mein Notizbuch aufgeschlagen, um einen älteren Mann zu skizzieren, der sich über seinen Suppenteller beugte. Innerhalb von zwei Minuten brachen alle auf, die mit dem Armen am Tisch gesessen hatten. Diese Woche ist das Stockwerk unter mir schon zweimal mitten in der Nacht durchsucht worden; das NKWD arbeitet nachts, wie es sonst nur Mörder tun. Die Stapel der Kartons mit fehlerhaften Bildern wachsen immer mehr in die Höhe und drohen, umzustürzen und uns bei der Arbeit unter sich zu begraben. Ich frage Maxim, was man sich so erzählt.

»Es heißt, die Sicherheitsorgane haben einen polnischen Spionagering aufgedeckt.«

»Ich erweise der Wachsamkeit unserer Staatspolizei alle Ehre«, sage ich. Welch eine Erleichterung. Ich bin kein Pole. Ich habe keine polnischen Freunde oder Verwandte.

»Polen exportiert nichts als Saboteure und Krakauer Würste«, sagt er und zwinkert mir zu. »Um die Saboteure kümmert sich das NKWD, aber du und ich, wir sollten uns vor Krakauern hüten.«

»Ich habe kein Verlangen nach ausländischen Würsten. Wenn ich von dir noch einmal eine Bemerkung zu polnischen Fleischerzeugnissen höre, zeig ich dich an.«

Maxims Lächeln verliert sich, und ein verletzter Ausdruck tritt in seine Augen.

War es vielleicht wirklich nur ein Witz?

Wir machen uns an die Arbeit. In den letzten Wochen hat Maxim zunehmendes Interesse an der konkreten Technik des Retuschierens gezeigt und mich sogar gebeten, ihm die Linearperspektive zu erklären und meine Theorien darüber darzulegen, wie man eine Figur im Hintergrund aufgehen lässt. Ich bin stolz darauf und zugleich bestürzt darüber, dass er ziemlich gut geworden ist. Das Licht des Sozialismus strahlt hell genug, um auch die Seele dieses Rohlings zu erleuchten.

Vom Büro aus hören wir die Schläge der Spitzhacken und die Getriebe riesiger Baumaschinen, die sich in den Untergrund fressen. Die Bauarbeiten kennen keine Pause. Die Männer arbeiten in Zwölfstundenschichten, tragen das Felsgestein ab, befördern das Geröll an die Oberfläche, ziehen Tunnelwände hoch, verlegen Schwellen und Schienen. Bei diesem Tempo wird das U-Bahn-Netz fertig, bevor wir unsere Arbeit beendet haben. Wenn Maxim und ich Mittagspause machen, wandere ich durch die unbeleuchteten Tunnel. Jeden Tag versuche ich, etwas weiter zu gehen, aber in der Dunkelheit kann man Strecken nur in Schritten messen, und das Einschätzen von Distanzen wird immer trügerischer. Ich bezweifle, dass ich je das Ende sehen werde.

Bei meiner Rückkehr strahlt Maxim. »Heute Abend habe ich endlich ein Rendezvous mit einer gewissen Sekretärin mit blauen Augen aus dem Metallwerk«, sagt er. »Ich mache ihr schon seit Monaten den Hof.«

»Wir müssen heute lange arbeiten«, erkläre ich ihm.

»Aber du hast doch gesagt, ich kann heute früher weg.«

»Es haben sich neue Entwicklungen ergeben.«

»Aber ...«

»Der Aufbau des Sozialismus kennt keine Pausen für Sekretärinnen egal welcher Augenfarbe«, sage ich. Armer Maxim. Sein Kummer gehört zu den wenigen Schwächen, die ich mir gönne.

Gegen 22.00 Uhr trete ich im Freien in eine pechschwarze Nacht. Es ist Dezember geworden. Wenn ich meine jetzigen Arbeitszeiten beibehalte, werde ich bis April keine Sonne sehen.

Meine Putzfrau hat mir das Essen auf dem Herd warmgehalten, aber ich gönne mir nur ein Glas Pflaumenschnaps und gehe ins Wohnzimmer. Am Grammophon lege ich eine Platte auf und plumpse in die bequeme Kuhle zwischen dem zweiten und dem dritten Diwanpolster. Ich ziehe das zusammengerollte Foto der Tänzerin aus dem ausgehöhlten Tischbein.

Eine beleuchtete Hand und darunter ihr Partner, der allein auf der Bühne tanzt. Ich nehme die Brille ab und lege sie auf den Beistelltisch. Wie schmelzende Eiswürfel im Glas verlieren die Möbel ihre Kanten, ich kuschle mich in die Kissen, nippe Pflaumenschnaps, die Töne knarzen aus dem Grammophon, und ich fühle mich wohl, befreit von der Last des Sehens. Eine watschelnde Oboe kommt hinzu, und ich stelle mir die Tänzerin als Ganze auf der Bühne vor, ich strecke die Hand nach ihr aus, kann aber nicht bis zu meinem Handgelenk sehen, sehe nur schwebende Leere, die ihre so gut wie meine sein könnte.

Im Traum durchwandere ich endlose U-Bahn-Tunnel und habe einen Retuschierpinsel und ein Glas Ausziehtusche dabei. Es ist dunkel, ich taste mich zur Tunnelwand, tauche die Pinselspitze in die Tusche und hebe sie zum Beton.

Vor zwei Jahren: Nachdem ich Frau und Sohn meines Bruders Lebewohl gesagt hatte, war ich zur Arbeit gegangen.

Auf meinem Tisch lag ein ländliches Idyll von Pjotr Sacharow-Tschetschenez, einem tschetschenischen Maler aus dem 19. Jahrhundert, vielleicht das langweiligste Bild in seinem ganzen Werkverzeichnis. Eine leere Wiese im Spätnachmittagslicht, die im oberen Drittel der Leinwand zu einer Hügelkuppe hin ansteigt. Eine weiße Steinmauer zieht eine stille Diagonale durch die Wiese. Eine Datscha, ein Brunnen und ein Kräutergarten, der sich bis zur Hälfte der Wiese den Hügel hochzieht und schattig in den Vordergrund gerückt wird. Kein Zeichen von Leben oder Bewegung, nicht mal eine verirrte Ziege.

Ich habe die Leinwand schon seit über einem Monat, habe es aber immer vor mir hergeschoben, wie angewiesen den Parteivorsitzenden von Grosny in den Vordergrund zu malen. Es sagt wenig über mein Selbstverständnis und viel über mein Verständnis zeitgenössischer Kunst aus, wenn ich sage, dass ich das Werk eines x-beliebigen sozialistischen Realisten verbessern könnte. Ein Meister aus dem 19. Jahrhundert steht da aber auf einem anderen Blatt.

Als ich den bleisoldatengroßen Funktionär malte, gab ich ihm Waskas Gesichtszüge – oder die, die Waska vielleicht bekommen hätte, wenn er ein aufgeschwemmter Bonze geworden wäre. Die Besten meines Metiers können Bilder in Erinnerungen umformen, Licht in Schatten umwandeln, aber die von mir ausgelöschten Pinselstriche wurden in mir neu gemalt, und mir wurde klar, dass ich, bevor ich Korrekturkünstler, Propagandist und Sowjetbürger wurde, ja noch bevor ich ein Mann wurde, ein Nachleben der Bilder war, die ich zerstörte.

Am Vormittag waren die letzten Bilder von Waskas Gesicht mit einer Rubelmünze ins Nichts gekratzt worden.

Am Nachmittag fing ich an, ihn in alles hineinzumalen.

Am Anfang war ich sicher, man würde mich erwischen. In öffentlichen Einrichtungen ging ich an Landschaftsbildern vorbei und war todsicher, dass jedermann Waskas Gesicht erkannte, das im Hintergrund aufzufinden war. Niemand sah ihn. Es war genau wie in dem albernen Märchen, das ich seinem Sohn erzählt hatte; er war sicher, im Hintergrund, unsichtbar für die, die ihm weh tun würden. Ich fügte ihn auch weiterhin in möglichst viele Bilder ein, Waska in jedem Alter, besonders aber als alten Mann. Soll und Haben sind nicht mehr auf null zu bringen, und ein der Kunst hinzuaddierter Waska kann den dem Leben subtrahierten Waska nicht ausgleichen; aber wenn ich meinen Bruder vervielfältige, ihn Tag für Tag wiedersehe, wenn ich sehe, wer er war und hätte werden können, dann ist die restliche Arbeit eher zu ertragen.

Meine Kunst war nie originell genug, um in einem Café ausgestellt zu werden. Jetzt sind meine Miniaturporträts von Waska überall – wie ich gehört habe, soll eins sogar in Stalins Wohnräumen hängen.

Ich hatte Sacharows Leinwand sogar ein paar Tage lang in meinem Büro aufgehängt, bevor ich sie nach Grosny zurückgesandt habe. Ich habe nie erfahren, was daraus geworden ist.

Ein ohrenbetäubendes Splittern weckt mich. Ich will nach meiner Brille greifen, aber sie liegt nicht auf dem Nachttisch. Es gibt keinen Nachttisch. Ich bin auf dem Diwan eingeschlafen. Bevor ich mich aufsetzen kann, packen mich Hände an den Schultern und stoßen mich mit dem Gesicht nach unten auf den Boden. Jemand drückt mir seine Kniescheibe in die Wirbelsäule, und eingeklemmt und ächzend, fuchtele ich mit den Händen. Ich will nicht fliehen, möchte ich sagen, ich versuche nur, Luft zu kriegen, aber die Kniescheibe drückt härter zu, macht es sich zwischen meinen Wirbeln bequem.

»Meine Brille«, murmle ich, als man mich hochzerrt.

Die Antwort ist knirschendes Glas unter einem Stiefel.

»Ich kann nichts sehen.« Falls der Mann mich hört, ist es ihm egal.

»Was ist das?«, fragt ein anderer Agent und hält mir ein graues Foto vors Gesicht. Ich erkenne die Tänzerin. Als ich eingeschlafen bin, muss ich sie offen sichtbar auf dem Kaffeetisch liegen gelassen haben. Gleich darauf rammt er mir den Rahmen des Stalinporträts in die Hände, auf dessen Rückseite Rousseaus Dschungelkatze zu sehen ist.

»Da gibt es ja noch eine zweite Seite«, wundert sich der Agent.

»Stimmt genau«, sagte der andere. »Und genau wie dieses Bild wird der hier sich an der Wand wiederfinden.«

Im Korridor sehe ich verschwommen, wie ein dritter Agent ein blutrotes Band – wahrscheinlich die offizielle Versiegelung der Staatssicherheit – quer vor meiner verschlossenen Wohnungstür anbringt. Sie führen mich über die Treppe ab und stoßen mich auf den Rücksitz eines wartenden Wagens. Die Verhörräume im Schpalerka sind schon seit Wochen überfüllt. Wir müssen zum Kresty-Gefängnis unterwegs sein.

Eine halbe Stunde lang fahren wir ziellos herum und bekommen die halbe Stadt zu sehen, bevor wir den roten Backsteinbau auf der anderen Seite der Newa erreichen, in Sichtweite meiner Wohnung. Die Agenten schleusen mich durch mehrere Zugänge und entfernen sich. Jemand packt meine Hand, drückt meine Finger erst auf ein feuchtes Kissen und dann auf ein Blatt Papier. Von dort werde ich in den nächsten Raum gebracht und soll ein Schildchen hochhalten. Ein Blitzlicht flammt auf, ein Kameraverschluss klackt.

»Was wirft man mir vor?«, frage ich mehrmals, bekomme aber keine Antwort. Diese Typen sind nur Kettenhunde, und ich bin für sie ein Nichts. Allein die Tatsache, dass man mich festgenommen hat, gleicht einem Schuldspruch, das weiß doch jeder; ich werde verdächtigt und bin damit schon ein Verräter, Verräter werden Gefangene, Gefangene werden Körper, und Körper werden Nummern. Mein Name und meine Stimme gehören zum Soll, warum mich also einer Antwort würdigen?

Der Mann, der mich durchsucht, bewegt meine Arme und Beine, als wäre ich ein Hampelmann. Er sucht zwischen meinen Zehen, unter meiner Vorhaut, in meinen Ohren und unter meinen Lidern. Er sucht meinen Mund nach hohlen Zähnen ab, stochert mit einem Stift in meiner Nase herum, all das mit der ruppigen Achtlosigkeit der Ausgenutzten. Er seufzt und brummt vor sich hin, als wäre dieses Affentheater unter seiner Würde.

Als er fertig ist, kann ich mich wieder anziehen. Als ich fertig angezogen bin, schnürt er meine Schuhe wieder auf, zieht die Schnürsenkel heraus, löst meinen Gürtel und zerrt ihn aus den Hosenschlaufen. »Was machen Sie da?«, frage ich. Statt einer Antwort fährt er mit einer Messerklinge vorne an meinem Hemd hinab. Die Knöpfe springen über den Fußboden. Er liest sie auf, durchtrennt das Gummiband meiner Unterhose und zieht es heraus. »Was soll das?«, frage ich etwas eindringlicher.

»Selbstmord ist der letzte Sabotageakt des Feindes«, sagt der Mann und geht. Die Schuhe rutschen mir von den Füßen, die Hose rutscht mir von der Hüfte, und das Hemd steht offen.

»Wie bringt man sich denn mit Unterwäsche um?«, rufe ich ihm nach, aber die Tür ist schon ins Schloss gefallen.

Mit einer Hand schließe ich mein Hemd, die andere hält Unterwäsche und Hose fest. Vorsichtig tappe ich durch die graue Düsternis und stelle fest, dass der Raum bis auf einen Tisch und zwei Hocker leer ist. Hat man Waska auch in so eine Zelle gesperrt? Sah seine Zelle genauso aus wie diese? War es diese Zelle? Aber irgendetwas stimmt hier nicht: Ein halbes Dutzend Gefangene sollte in dieser Zelle sein; doppelt so viele, wenn die Gerüchte über die Überfülltheit vom Kresty wahr sind. Ich bin nichts Besonderes, ich bin ein Niemand.

Schritte zweier Personen sind zu hören. Starke Hände packen mich in den Achselhöhlen und schleifen mich zu dem einen Hocker.

»Was ist los mit dem? Ist der blind? Was ist los mit dir?«, fragt eine Stimme von der anderen Tischseite.

Wo soll ich anfangen?

Neun Stunden lang stellt der Vernehmungsbeamte mir dieselben Fragen. *Wann hast du Kontakt zu der verfemten Tänzerin aufgenommen? Was hat die abgetrennte Hand zu bedeuten? Mit welchen polnischen Spionen stehst du sonst noch in Kontakt?* Wir drehen uns in einem grotesken Karussell; er legt mir immer wieder dasselbe zur Last, und ich bestreite es immer wieder; wir drehen uns im Kreis und halten das beide für Fortschritt.

»Ich kenne die Tänzerin nicht«, erkläre ich. »Ihre Hand war ein Fehler am Ende eines langen Tages. Einfach ein Fehler, und ich habe das Foto mit nach Hause genommen, damit der Fehler nicht auffliegt.«

Ich bin erschöpft und habe Durst. Der Vernehmungsbeamte verspricht mir ein Bett und Wasser, ein fünfgängiges Mahl, meine Freiheit, die ganze Welt und eine Flasche Wodka, wenn ich nur die Wahrheit sage.

»Aber ich sage die Wahrheit!«

Der Vernehmungsbeamte seufzt, und seine Enttäuschung

ist mit Händen zu greifen. In der Stille stelle ich mir vor, wie er über seinem Schreibkram verzweifelt, und seine Frustration spiegelt die meine. »Wir machen morgen weiter«, sagt er.

Ich bitte um Kissen und Decke, aber der Wachmann lacht mich nur aus und reißt mich hoch. Wenn ich mich hinsetzen will, tritt er mich. Wenn ich mich an die Wand lehne, tritt er mich. »Wie spät ist es?«, frage ich. Er tritt mich. Ich hatte mir Stahllabore mit Folterwerkzeugen ausgemalt, sirrende Instrumente, mit denen man dem Opfer die Nerven ausreißt. Durst, Schlafentzug und Tritte eines gelangweilten Wachmanns sollte man für vorsintflutlich halten. Sie sind aber hocheffizient. Meine Füße schwellen in den schnürsenkellosen Schuhen an. Ich nicke ein, mein Griff lockert sich, und Hose und Unterwäsche rutschen auf den Boden. Der Wachmann tritt mich natürlich. Und so geht es immer weiter. Runden schlaflosen Stehens, durchsetzt mit Stiefelspitzen des Wachmanns, gefolgt von Verhören. Die Vernehmungsbeamten vom Kresty haben keine Beweise, also schlagen sie mich, damit ich selber das Beweismaterial zusammentrage. Dabei brauchen sie keine Beweise. Sie können erfinden, was sie wollen.

Drei Verhöre vergehen, und der Vernehmungsbeamte fleht mich an, zu gestehen.

Es ist absurd und dabei eigentümlich bewegend. Der Vernehmungsbeamte, der bis jetzt eine körperlose Stimme war, eine hirnverbrannte Frage, wird zur heimgesuchten Seele. Er braucht mein Geständnis, um die Unfehlbarkeit der sowjetischen Justiz zu erhärten, um den Ausstieg aus der Menschlichkeit zu rechtfertigen, den wir beide verkörpern. Ich möchte ihn trösten.

Kann sein, dass ich schon tagelang nicht mehr geschlafen habe, als der Minister hereinkommt. Er löst den wachhabenden Posten ab und wartet, bis der die Tür hinter sich geschlossen hat, bevor er mich begrüßt.

»Mein alter Freund«, sagt er traurig. »Wo hast du dich da bloß reingeritten?«

»Welcher Tag ist heute?«, frage ich. Meine Bartstoppeln sind mein einziges Zeitmaß.

»Freitag«, sagt er.

Freitag welcher Woche? Welchen Monats? Ich versuche, mir die Sechstagewoche des Fünfwochenmonats vor Augen zu führen. Sonntage sind vor fünf Jahren verboten worden, um die Einhaltung von Feiertagen zu erschweren. Am Freitagabend habe ich mir immer einen Schokoladenriegel gekauft, um den Tod einer weiteren Arbeitswoche zu feiern. Ich klammere mich an das Wort als meinen letzten Strohhalm. »Freitag«, wiederhole ich, decke mich damit zu, binde mich an mein einstiges Leben.

»Du hast aktiv zum Aufbau des Kommunismus beigetragen, Genosse«, sagt der Minister. »Seit ich dich kenne, bist du der Partei, dem Volk und der Zukunft gegenüber loyal gewesen.«

Mein Kopf zuckt hoch. Durch den Schlafentzug, die Folter und die endlose Monotonie der drei immer gleichen Fragen kann ich nicht mehr klar denken, aber in mir keimt die Hoffnung, dass ich noch errettet werden kann, dass ich noch nicht in Ungnade gefallen bin. »Ja, Genosse Minister, ich war loyal.«

»Nur dass du jetzt, wo du gebraucht wirst, zum Verräter geworden bist.«

»Mir wird vorgeworfen, mich mit einem polnischen Spionagering eingelassen zu haben. Das ist ein Missverständnis. Ich bin loyal geblieben.«

Der Tisch ächzt, und ich spüre, dass er sich darauf stützt. »Würdest du dein Leben für die Revolution geben?«

»Ja.«

»Für den *Woschd*?«

»Ja.«

»Für unsere zukünftige sozialistische Utopie?«

»Ohne zu zögern.«

»Warum leugnest du dann deine Verbrechen?«

»Weil ich keine begangen habe.«

Mein Beharren auf Loyalität und Unschuld enttäuscht ihn. Er hustet zweimal, zündet eine Zigarette an und steckt sie mir zwischen die Lippen. Der erste Zug benebelt mich.

»Man sollte meinen, dass gerade du verstehst, wie wenig das zu bedeuten hat«, sagt er.

»Wie wenig was zu bedeuten hat?« Im Tabakblatt glimmt all die Wärme der Krimsonne, unter der es wuchs.

»Ob du etwas getan hast oder nicht«, sagt er. Wie oft hat er im Kresty-Gefängnis schon Zellen betreten und heruntergebetet, was für alle Welt mit Ausnahme seines Gesprächspartners auf der Hand liegt? »Du glaubst, du erzählst deine Geschichte, dabei bist du nur das leere Blatt.«

»Aber ich habe nichts Unrechtes getan.«

»Was du für wahr hältst, ist ein kleiner Muskel, der nur in deinem Kopf arbeitet. Du hast dich mit einem polnischen Spionagering eingelassen, Genosse. Früher vielleicht nicht, aber ab sofort schon.«

Das Urteil wird vor dem Plädoyer der Verteidigung gefällt. Nicht Schuld und Unschuld bestimmen das Urteil, sondern das Urteil bestimmt alles – selbst die Definition dessen, was Schuld ist.

»Was soll ich tun?«, frage ich.

Die blasse teigige Wolke beugt sich zu mir herüber. »Du bist ein echter Revolutionär, stimmt's?«

»Ich habe mein Leben der Partei verschrieben.«

»Nein«, sagt er. »Noch nicht.«

Kann ich mich weigern? Muss ich meiner Loyalität abschwören, um sie zu beweisen? Indem ich sie leugne, begehe ich den Verrat, dessen ich angeklagt werde. Willige ich ein, läuft es auf dasselbe hinaus. Aber meine Parteitreue ist an die Stelle aller anderen Loyalitäten getreten, selbst der zu Waska; ohne sie wüsste ich nicht, wer ich bin; ohne sie müsste ich sterben, mir selbst entfremdet.

»Wirst du deine Treue beweisen, indem du deinen Verrat gestehst?«, fragt der Minister.

»Aber ich spreche kein Polnisch«, sage ich.

Er erhebt sich vom Tisch und drückt mir die Schulter. »Das fällt dir bestimmt wieder ein.«

»Es war Maxim, oder?«, frage ich.

»Was?«

»Mein Assistent. Er hat mich angezeigt, oder?«

»Davon weiß ich nichts«, sagt er und macht einen Schritt zur Tür.

»Bitte, einen Moment noch. Eins verstehe ich nicht. Ich bin nicht in eine der normalen Zellen gebracht worden. Ich bin ein Niemand, aber ich sitze in einer Einzelzelle und werde endlosen Verhören unterzogen. Nicht mal Trotzki würde einer solchen Sonderbehandlung unterzogen.«

»Und was ist deine Frage?«, fragt der Minister.

»Ich frage mich, wen juckt das?«

Der Minister seufzt befriedigt. »Du hast natürlich ganz recht. Du solltest in einer normalen Zelle hocken, und du solltest in nicht mal zwei Minuten verhört, verurteilt und bestraft werden. Aber Genosse Stalin höchstpersönlich ist ein großer Bewunderer deiner Werke und besonders deiner Arbeit an seinen Wangen. Du hast ihn Jahre jünger aussehen lassen. Ein Jammer, dass er kein eitler Mann ist, sonst hätte er sich glatt für dich verwendet. Er hat aber lebhaftes Interesse an deinem Fall bekundet. Du solltest dich geehrt fühlen, Genosse. Durch deine Arbeit hast du das wahre Gesicht unseres *Woschd* enthüllt. Jetzt wird er deines enthüllen.«

Der Minister geht ohne ein weiteres Wort, und die Zelle versinkt in verschwommenem Hintergrund.

Ich bekomme Kissen und Decke und jeden Morgen einen neuen Teller altbackenes Brot. Sollte ich darum bitten, würde ich wohl auch eine neue Brille bekommen, aber ich habe mich an diesen Zustand der Halbblindheit gewöhnt. Die Wand gegenüber und die Wand neben mir verschmelzen zu einem dunstigen Kokon. Keine Entfernung, kein Fluchtpunkt; die

Gesetze meines früheren Zuständigkeitsbereichs haben hier keine Gültigkeit, und ihre Abwesenheit bringt eine perverse Freiheit mit sich. Ich träume jede Nacht denselben Traum. Ich gehe durch den dunklen U-Bahn-Tunnel und habe Retuschierpinsel und das Glas mit Ausziehtusche in den Händen.

Jeden Morgen kommt eine lispelnde Frau in meine Zelle und bringt mir Polnisch bei. Sie ist geduldig und großzügig, die geborene Lehrerin. Sie lehrt mich ein Alphabet, das ich nicht schreiben kann, Wörter, die ich nicht lesen kann, ihre Stimme ist der Ariadnefaden meiner Tage, von dem alles andere abhängt. Sie kann zwanzig oder vierzig sein, aber ich stelle mir vor, dass sie älter ist, mütterlicher, eher Pflegerin als Lehrerin.

Sie ordnet das Labyrinth der Sprache zu Passagen, durch die ich fliehen kann. Ich stelle mir das polnische Alphabet – mit seinen ę, eł und żets – nicht als durchgezogene Linie vor, sondern als Periodensystem, dessen Groß- und Kleinbuchstaben wie Elemente geschrieben werden – Dd und Śś –, und die Beziehungen zwischen diesen Elementen, das Wie und Warum ihrer Verbindungen zu Wörtern und Sätzen, erfordern neue Theoreme, neue Naturgesetze, und ich habe das Gefühl, nicht eine neue Sprache, sondern die physikalischen Gegebenheiten eines neuen Universums zu lernen.

Wörter haben schon vor langer Zeit jede Bedeutung verloren. Wollte man ein Wörterbuch des Sowjetrussischen erstellen, müsste jeder Eintrag mit der Definition von *unterwerfen* anfangen. Aber *przyznanie się* bedeutet Geständnis. *Jurto* bedeutet morgen. Ich wiederhole die polnischen Wörter, und das Wiederholen hat eine stärkende Wirkung. Manchmal stellt sie mir eine Frage, und ich taste umher, durchstöbere das dürftige Inventar meines neuen Wortschatzes nach etwas, das ich ihr anbieten könnte, finde aber nichts und sehe der Leere ins Auge, die von nun an meine Zukunft ist.

»Wir werden ihnen ein Schnippchen schlagen«, sage ich eines Tages.

»Ja, Sie werden deklamieren wie ein polnischer Prinz«, antwortet sie.

»Ich möchte ein Wort kennenlernen, das ich nie benutzen muss«, sage ich.

»Wie meinen Sie das?«

»Ein Wort, das nicht in meinem Geständnis auftaucht. Ein Wort, das Sie mir nicht beibringen müssen, weil ich es nie brauchen werde.«

»*Styczeń*«, sagt sie nach einer kurzen Pause. »Das bedeutet Januar.«

»Aber wir haben erst Anfang Dezember.«

»Es ist ein Wort, das Sie nie brauchen werden«, sagt sie tröstend.

Ich muss wieder an den Zoo von Sankt Petersburg denken, den unsere Eltern mit Waska und mir besuchten, während das Porträt entwickelt wurde. Wir trugen immer noch unsere Kniebundhosen und kleine Lederschuhe und sahen aus wie Würdenträger eines Miniaturreichs. Ich weiß noch, wie ich auf die Käfige der Wildkatzen zuging; hinter den Gitterstangen ging ein schwarzgeflecktes Tier mit schleichenden Schritten auf und ab. Der Zauber und die Schande einer so grimmigen Machtlosigkeit. Es war das erste Mal, dass wir ein eingesperrtes Lebewesen sahen.

»Leopard«, sagte ich. »Verraten Sie mir das polnische Wort für Leopard.«

Sie zögert. Man kann leicht vergessen, dass sie mehr zu verlieren hat als ich.

»Lassen Sie diesen Unsinn«, sagt sie. »Wir haben noch genug Arbeit vor uns.«

Wenn ich mit ihr zusammen bin, und nur dann, wünsche ich mir meine Brille zurück. Eines Nachts wird die Nachbarzelle geöffnet. Ein Wachmann ruft etwas, vielleicht auch der Gefangene, und die Tür fällt krachend ins Schloss. Er betet laut, eine Angewohnheit, die die Wachen ihm schnell genug austreiben werden. Mein Bruder betete auf der anderen Seite der Wand, die in der Kindheit unsere Zimmer trennte. Abends konnte ich ihn noch lange flüstern hören.

Ich klopfe an die Wand. Die erste codierte Wendung, die mir einfällt, die Wendung, die mein Bruder und ich uns zuklopften, bevor wir von der Wand zurücktraten, in unterschiedliche Betten gingen und unterschiedliche Träume träumten. *du wirst geliebt.*

Das Beten verstummt. Er kann mich hören. Ich lege die Hand an die Wand. Er reagiert nicht.

du wirst geliebt, klopfe ich wieder.

Nichts. Wahrscheinlich kennt er den Klopfcode nicht. Warum sollte er auch, wenn er unschuldig ist? Ich klopfe ihm das Alphabet hinüber – 1,1; 1,2; 1,3 – und hoffe, dass er begreift.

Er klopft nicht zurück. Ich wiederhole das Alphabet noch ein paarmal und melde mich ab mit *du wirst geliebt.* Jeden Abend klopfe ich dem Gefangenen auf der anderen Wandseite das Alphabet hinüber. Er reagiert nie. Ich verfasse mein Geständnis.

Frage: Wie kam es zu Ihrer Verbindung zu der verfemten Tänzerin?

Antwort: Die verfemte Tänzerin hat mich 1933 als Spionageagent angeworben. Einmal im Monat haben wir uns in ständig wechselnden konspirativen Wohnungen mit anderen namhaften Künstlern und Intellektuellen getroffen, die ihr verräterisches Wesen allesamt unter revolutionärer Inbrunst verbargen.

Frage: Informationen welcher Art haben Sie der verfemten Tänzerin weitergegeben?

Antwort: Propagandarundschreiben, interne Memos von NKWD-Agenten, Namen potenziell korrupter Funktionäre, die genaue Lage politisch und militärisch wichtiger Stätten, alles, was ihren umstürzlerischen, defätistischen und faschistisch-subversiven Umtrieben von Nutzen sein konnte.

Frage: Wofür steht die Hand der verfemten Tänzerin?

Antwort: Die auf dem Foto verbliebene Hand war ein Signal für den Beginn umstürzlerischer Sabotageakte.

Frage: Warum haben Sie die große sozialistische Zukunft verraten?

Antwort: Weil die Zukunft die Lüge ist, mit der wir die Verwüstungen der Gegenwart rechtfertigen.

In meiner neuen Sprache bete ich die Demütigungen der Sowjetherrschaft herunter. Ich gestehe meine Schuld: Ich verurteile die Zensur, die doktrinäre Ideologie, den Personenkult um Stalin, die Willkürgesetze, die Klassenjustiz, alles was – wie ich am Ende meines Geständnisses zugeben muss – erforderlich ist, um die Zukunft der kommunistischen Sendung zu garantieren. Ich werde der Dissident und Umstürzler, der ich für die Partei sein muss. Die Argumente sind so überzeugend, dass ich anfange, sie zu glauben.

Als wir eines Tages den Inhalt meines Geständnisses auf Polnisch durchgehen, frage ich die Polnischlehrerin nach ihrem Namen.

»Sie wissen, dass ich Ihnen den nicht sagen kann.«

»Natürlich nicht«, sage ich, kann meine Enttäuschung aber nicht verbergen. »Ich war einfach bloß neugierig.«

Sie schweigt.

Etwas steht auf der Kippe. Eine Grenze könnte überschritten werden. »Ich heiße ...«

»Nicht«, fährt sie dazwischen. »Tun Sie das nicht.«

Wir schweigen eine Weile.

»Was haben Sie früher gemacht?«, frage ich.

»Ich habe Kindern Polnisch beigebracht«, sagt sie zurückhaltend.

»Wenn Sie mit mir fertig sind, bringen Sie dann wieder Kindern Polnisch bei?«

»O nein«, sagt sie. »Legal kann ich Polnisch nur noch hier unterrichten.«

In meiner Halbblindheit wird ihre Stimme zu der meiner

Schwägerin, zu der der Tänzerin, zur Stimme jedes Menschen, den ich je verraten habe. »Es tut mir leid«, flüstere ich. »Es tut mir leid«, sage ich und meine es, auch wenn ich nicht sagen könnte, was mir leidtut.«

»Auf Polnisch«, befiehlt sie. »Sagen Sie es auf Polnisch.«

Eines Abends klopfe ich wieder einmal das Alphabet an die Wand. Die Mauer antwortet.

bist du gott? Das Klopfen kommt langsam und zaghaft. Der Mann in der Nachbarzelle muss endlich das Code-Alphabet gelernt haben.

nein. warum?, klopfe ich zurück.

du prüfst meinen glauben an dich, aber indem du mich prüfst, beweist du die grösse deiner gnade.

ich bin nicht gott, beharre ich. Es ist lächerlich, darauf zu beharren, aber die Gläubigen geben sich der Vernunft nun einmal nicht kampflos geschlagen.

doch, klopft er.

ich bin roman markow. ich habe im propagandawesen gearbeitet. ich bin am dritten dezember festgenommen worden. ich bin parteimitglied.

wer ausser gott würde mich hier erreichen?, fragt er.

es gibt keinen gott, klopfe ich. *weder hier noch sonst wo.*

du warst gott. das weiss ich.

woher?, frage ich.

Nach einer langen Pause fängt der Mann wieder an zu klopfen:

lange zeit habe ich das klopfen an der wand gehört. am anfang habe ich es für mäuse gehalten. dann habe ich gedacht, ich werde wahnsinnig. ein trick des teufels. dann habe ich verstanden, dass du mir ein code-alphabet beibringst. dann habe ich verstanden, was du wochenlang geklopft hast. monatelang. eine ewigkeit. du wirst geliebt. du konntest nur gott sein. wer sonst hätte mich hier gefunden?

Ich weiß nicht, wie lange er gebraucht hat, um das zu klopfen. Ich weiß nicht, wie er mich für etwas anderes als einen Mitgefangenen halten konnte. Der Asphaltboden saugt mir die Wärme aus den Beinen.

du bist religiös?, frage ich.

seminarist, klopft er.

dann hast du den vorteil zu wissen, warum du festgenommen worden bist, klopft der Bolschewik im Gefängnis.

das ist hier der höchste punkt von leningrad, klopft er. *mit der besten aussicht.*

das sind hier fensterlose räume, korrigiere ich ihn. *in einem keller.*

trotzdem kann ich von hier das himmelreich sehen.

Am Tag vor meinem Prozess gehe ich mein Geständnis ein letztes Mal mit der Polnischlehrerin, dem Minister und dem Staatsanwalt durch, und nach dem dichten Zigarettenrauch zu urteilen, sind noch ein paar andere dabei. Es ist ein bühnenreifer Monolog. Am Anfang wollte der Staatsanwalt, dass ich einfach ein umfassendes Geständnis ablege, erst auf Russisch und dann auf Polnisch, aber ich konnte ihn davon überzeugen, dass es wirkungsvoller ist, die beiden zusammenzuführen. Ich fange auf Russisch an und beschreibe mit leiser und willfähriger Stimme die Wurzeln meines Verrats, aber als ich die Gründe meiner Niedertracht, die Verbrechen der Sowjets, aufzähle, wechselt mein Ton von Unterwürfigkeit zu offenem Ungehorsam und meine Sprache aus dem Russischen ins Polnische, und ich schlage um mich, als wäre der polnische Nationalismus ein in mir gefangenes wildes Tier. Als ich fertig bin, herrscht zehn Sekunden lang Totenstille, dann klatscht der Minister Beifall.

»Wunderbar«, sagt er. »Du klingst wirklich wahnsinnig.«

Der Staatsanwalt bringt noch ein paar winzige Nachbesserungen an meiner Aussage an, dann verlassen die Funktionäre der Reihe nach meine Zelle, bis ich mit der Polnischlehrerin allein bin.

»Das war eine beeindruckende Vorstellung«, sagt sie. »Sie hätten fürs Theater schreiben sollen.«

Ich bin noch beschwingt vom Applaus des Ministers. »Ich bin einfach nur froh, dass es denen gefallen hat.«

»Ich bin noch nie jemandem begegnet, der so darauf brannte, das Gewehr zu laden, das ihn umbringt«, sagt sie. »Sagen Sie, mal ehrlich, nur damit ich Sie besser verstehe, in Ihren eigenen Worten. Sind Sie schuldig?«

Einen Augenblick lang bin ich fassungslos. Ihre Abweichlerstimme erklingt nach dem Chor der Zustimmung so unerwartet, dass sie durch mich hindurchgeht wie Licht durch ein Kameraobjektiv. Das ist die letzte Frage, die ich in einer Verhörzelle erwartet hätte.

»Sie haben doch mein Geständnis mit mir gemeinsam verfasst«, erkläre ich ihr. Was gäbe ich darum, sehen zu können, wie sie mich ansieht, ob mit Ekel oder Verärgerung, oder aber mit Anteilnahme daran, wie ich meine letzten Tage verbringe.

»Die erschießen Sie doch, egal, was Sie sagen oder tun«, sagt sie.

Sie sehen doch, wer ich bin, möchte ich sie anbrüllen. Sie haben doch gesehen, wie leicht und bereitwillig ich mich erniedrige. Warum erwarten Sie jetzt, wo wir das Ende erreicht haben, dass ich ein besserer Mensch bin?

»Sie sollten gehen«, rate ich ihr. »Gehen Sie nach Polen zurück. Gehen Sie irgendwohin.«

»Warum?«

»Weil die bei den Lehrern weitermachen werden, wenn ihnen die Schüler ausgehen.«

Sie lacht. »Denen gehen nie die Schüler aus.«

Sie sucht ihre Unterlagen zusammen. Ich möchte sie fragen, ob sie zu meinem Prozess kommt, aber ich habe Angst vor dem, was ich tun könnte, wenn ich weiß, dass sie zusieht. Bevor sie geht, legt sie mir die Hand in den Nacken. Ihre Hand ist warm, und sie drückt mich leicht. Es ist das erste Mal seit vielen Wochen, dass die Berührung eines anderen Menschen mir keine Schmerzen zufügt. Ich versuche, mich an das Gesicht meiner Schwägerin zu erinnern, aber es ist verschwunden.

»Ich habe im Kresty schon einige Schüler gehabt«, sagt sie. »Sie waren vielleicht mein Lieblingsschüler.«

»Ich liebe Sie«, antworte ich. Absurd, sentimental, gefühlsduselig, ich weiß, aber die Wärme ihrer Hand in meinem Nacken und der Trost in ihrer Stimme geben mir das Gefühl, noch am Leben zu sein. Ob uns im Jenseits, falls es doch eines gibt, nun Seligkeit oder Strafen erwarten – nichts kann dem gleichkommen, was es täglich hier auf Erden gibt. Welche Sprache hat Worte, um damit Frieden zu schließen? »Wir haben hier zusammen etwas Wahrhaftiges aufgebaut.«

Noch einmal drückt sie mir die Schulter. »*Kocur.*«

»Wie bitte?«

»*Kocur*«, wiederholt sie. »Die Leoparden im Zoo.«

Erst als sich die Tür hinter ihr geschlossen hat, sehe ich wieder die trübsinnige Wildkatze mit dem goldenen Fell und den schwarzen Tupfen hinter den Gitterstäben im Zoologischen Garten von Sankt Petersburg. *Kocur.* Ich flüstere das Wort – *kocur, kocur.* Mit der Faust schlage ich es im Code auf den Tisch. Es ist merkwürdig, ein neues Wort für eine so alte Erinnerung kennenzulernen. Ein matter Leopard im Zoo. Was könnte einfacher sein? Aber die Vision, die ich einst mit meinem Bruder teilte, hat sich zu einem so unwahrscheinlichen und dauerhaften Geheimnis ausgewachsen, dass ich es nur als eine Gnade beschreiben kann, die der zwischen uns schon untergegangenen Welt von einer prachtvollen Ganzheit zuteilwurde.

Später setze ich mich hin, den Rücken an die Wand gelehnt. *morgen ist der prozess,* klopfe ich. *sagen sie mir, was ich tun soll.*

ich bin nur ein seminarist, klopft er zurück.

dann sagen sie mir, wie sie ihren glauben bewahren.

ich weiss, dass mein glaube mein letzter besitz ist.

auch wenn alles fort ist?

darum geht es, klopft der seminarist. *nicht alles verschwindet.*

ich war immer ein loyaler bolschewik, beharre ich und klopfe so wütend, dass es fast ein Wunder wäre, wenn er in meinem Klopfen überhaupt einzelne Wörter erkennen würde. *ich habe ihnen meine arbeit, meine hingabe und das leben meines bruders geschenkt. sie haben mein geständnis abgefasst. und jetzt wollen sie, dass ich meine loyalität beweise, indem ich sie verrate.*

sie könnten einen glauben in frage stellen, der seine gläubigen so leichtfertig verrät.

ein schlaumeier hat mir heute grade noch gefehlt, klopfe ich.

Er reagiert nicht mehr. Ich fahre fort: *wie soll ich etwas gestehen, wenn jedes wort nur das bedeutet, was es für sie bedeuten soll?*

Die Antwort des Seminaristen ist Schweigen.

In der Nacht darauf kehre ich in den Tunnel zurück, wie immer. Ich stapfe mit Spritzpistole und Tintenglas voran, aber diesmal ist der Traum anders. Am Ende des Tunnels blitzt ein Licht auf, wird größer und heller. Ein Zug kommt mir entgegengerast. Seine Scheinwerfer durchfluten den Tunnel. Ich drehe mich um und sehe zum ersten Mal, was ich monatelang nachts gemalt habe. Kilometerweit habe ich all die Ehemänner, Ehefrauen, Töchter, Söhne, Schwestern und Brüder an die Tunnelwände gemalt, die ich je ausgelöscht habe. Im Flackerschein wirken sie wie Höhlenbilder. Aus der Urzeit. Reichen hinter den Beginn der Geschichte zurück. Ich will das nächste Gesicht, das eines Jungen, berühren, aber bevor ich es ertaste, werde ich vom Zug überfahren und wache auf.

Der Morgen ist da. Ich bekomme Eier und Krakauer, das beste Essen, seit ich hier eingeliefert worden bin. Ich bin der achte von zwölfen, denen wegen Spionage der Prozess gemacht wird. Die ersten sieben Verräter leiern monotone Geständnisse ihrer Missetaten herunter. Im Vergleich dazu wird

mein Werk von brutaler Schönheit sein, in dem all das Unge-
stüm und die Verzweiflung des wahren Dissidenten erschal-
len. Aber als ich aufgerufen werde, sage ich nichts.

Der Staatsanwalt glaubt, ich hätte ihn nicht gehört, und
wiederholt: »Wie kam es zu Ihrer Verbindung zu der verfemten Tänzerin?«

Wieder sage ich nichts.

Dem Staatsanwalt geht auf, dass ich absichtlich schweige,
er stampft mit dem Fuß auf, eine Geste, die auf meinem Gesicht wiederholt werden dürfte, wenn das hier vorbei ist, und
brüllt mir die Frage ins Gesicht.

Ich sage nichts.

Der Richter wendet sich dem Staatsanwalt zu, der Staatsanwalt dem Minister, der Minister dem Gerichtsdiener, dann
wenden sich alle mir zu. Was ist, wenn meine Schwägerin
mich sehen kann? Oder die Polnischlehrerin? Verfolgen sie
alles voller Beklommenheit, Überraschung und Zustimmung,
die eines Tages zu Stolz werden könnte? Die Stimme des
Staatsanwalts zittert; vor Wut, ja, aber auch vor Angst, denn
mein gescheitertes Geständnis fällt auf ihn zurück. Er fragt
nach meiner Beziehung zur Tänzerin, nach der Größe unseres Sabotagenetzes, nach der Bedeutung ihrer amputierten
und über der Bühne schwebenden Hand.

Das Foto prangt als Beweisstück auf einer Staffelei. Waska
starrt aus ihm heraus das Gericht an, was außer mir niemand
sieht.

Ich sage nichts.

Die Nachfahren unseres glorreichen Unterfangens mögen
mein Schweigen in den offiziellen Unterlagen finden. Sie mögen in die Leerstelle stürzen. Sie mögen mein Versäumnis als
das deuten, was es ist: ein Schweigen, das so laut ist wie eine
in der Luft schwebende Hand, der Irrtum in der Lüge, der zur
Wahrheit wird. Sie mögen wissen, dass ein schuldig geworde-
ner Mann hier und an diesem Tag ein ehrliches Leben begann.

Ich bin nicht so blind, dass ich glauben würde, irgendetwas, das ich an diesem Tag getan habe, könne von Dauer sein. Als der Gerichtsdiener mich in meinen Fußschellen abführt, höre ich schon, wie die Gerichtsstenografen eine Abschrift des von mir verweigerten Geständnisses in den offiziellen Bericht tippen.

Ein Wachmann schlägt mich wieder und wieder mit seinem Knüppel. Irgendwann wird er müde und lehnt sich an die Zellenwand. Ich möchte ihm sagen: Ich verstehe, warum meine Schmerzen erforderlich sind. Ich möchte ihm sagen: Dieser Schlag mit dem Knüppel bricht mir nur einmal die Rippe, aber dich wird er für immer brechen.

Das Verhör war ein Erfolg; jetzt bin ich ein Staatsfeind. Mein Mund füllt sich mit Blut. Man hat mir so lange kein Wasser mehr gegeben, dass ich es lieber nicht ausspucke. Angewidert schüttelt der Wachmann den Kopf. Ich bin zu einem Gewaltakt der Wirklichkeit gegen die Fiktion geworden, der wir beide als Bürger angehören. Ich möchte ihm sagen, dass ich das verstehe, dass jeder Schlag seines Knüppels mich in meiner Entschlossenheit bestärkt, dass ich einverstanden bin. Aber meine Luft reicht nicht zum Sprechen.

Er schlägt mich noch zweimal, schwach, erschöpft von den Strapazen.

»Die Arbeit ist noch nicht getan«, sage ich, so tröstend ich kann, und halte ihm die noch unzerschlagenen Körperteile hin. Einverständnis ist das letzte Mittel meines Widerstands, und das bringt ihn erst recht in Rage. Er schlägt noch zweimal zu, diesmal härter.

Die Tür öffnet sich, wann, weiß ich nicht, und die Zelle füllt sich mit Maxims rasselndem Atmen. Ob er mich auf dem Familienfoto schon ausgelöscht hat? Bin ich in den Faltenrock meiner Mutter gehüllt worden? Waska und ich existieren jetzt beide knapp unterhalb der Oberfläche des Fotos, bewohnen beide die Gefilde der Geister.

»Du hättest netter zu mir sein sollen«, sagt Maxim.

»Sei vorsichtig bei der Wahl deines Assistenten«, warne ich ihn.

»Ich habe zu dir aufgesehen. Ich habe mich dir gegenüber immer wie ein Narr gefühlt, weil ich versucht habe, von dir zu lernen. Du hättest mich besser behandeln sollen.«

»Dann warst du es also, ja?«

Maxim holt nur tief und stoßweise Luft.

»Du hast nie was getaugt«, sage ich zu ihm. »Du hast keinerlei Talent und kannst gar nicht würdigen, was unsere Arbeit eigentlich ausmacht. Glaubst du, du kannst mich ersetzen? Ich bitte dich. Du kannst meine Techniken lernen, meine Kunstfertigkeit, und trotzdem wird deine Arbeit nie an meine heranreichen. Weißt du warum? Weißt du warum!?« Die Münzen in seiner Hosentasche klirren. Mein Geschrei scheuert wie Sandpapier in der Kehle. »Weil du eine Seele brauchst, die der Teufel haben will, bevor du anfangen kannst, mit ihm zu feilschen.«

»Ich weiß«, flüstert er.

»Wenn du das weißt, warum dann? Warum hast du mich denunziert?«

»Was?«, fragt er, und langsam geht ihm ein Licht auf. »Hab ich doch gar nicht. Ich hab für dich gebürgt. So gut ich konnte.«

»Warum bin ich dann hier?« Ich kann Maxim nicht sehen. Vielleicht schreie ich eine kahle Stelle an der Mauer an. »Warum bin ich hier? Sag schon! Warum bin ich hier? Womit hab ich das verdient?«

Er schweigt eine Weile, dann schließt sich die Tür hinter ihm.

sind sie da, klopfe ich, als ich allein bin.

ich bin da, klopft der Seminarist zurück.

Jeder Quadratmeter meines Körpers schmerzt. Meine Knöchel könnten die letzten ungebrochenen Knochen sein. Ich lege sie an die Wand und klopfe, *ich möchte ein geständnis ablegen.*

ich höre, antwortet der Seminarist.

Einen Augenblick lang habe ich das Gefühl, ich wäre in den Traum gestürzt, der dunkle Tunnel würde mich einhüllen, und ich würde die Spritzpistole an der Wand einsetzen. Aber die Pistole ist nur mein gekrümmter Finger und klopft an eine Zellenwand codierte Nachrichten, die jemandem gelten, der weit fort ist.

wenn sie rauskommen, müssen sie es dem sohn meines bruders sagen, klopfe ich.

wie heisst er?

wladimir wasiljewitsch markin.

wie lautet ihr geständnis, fragt er.

das gesicht seines vaters, klopfe ich. *sie müssen ihm sagen, wo er überall sehen kann, wie sein vater ausgesehen hat.*

wo?

in den arbeiten, die ich zensiert habe. im hintergrund. hinter stalin und lenin. hinter ihren köpfen, wo ihre augen ihn nicht finden können.

Als die Wachen kommen, stehe ich lautlos auf, ohne ein Wort des Protests. Sie geben mir die Schnürsenkel zurück und teilen sich eine Zigarette, während ich mir die Schuhe schnüre.

»Kann ich meine Hemdknöpfe wieder annähen?«, frage ich.

»Ein Scherzkeks«, kommentiert der eine Wachmann. »Ist das der Leopardenfritze?«

Der zweite Wachmann bejaht.

»Woher wissen Sie das?«, frage ich.

»Na, von der NKWD-Agentin«, sagt der erste Wachmann. »Deiner Polnischlehrerin.«

»Die Leoparden im Zoo haben sie alle liquidiert«, sagte der zweite Wachmann. »Um ein Zeichen zu setzen.«

»Eine Schande, was wir den Tieren antun«, antwortet der erste Wachmann.

Ich bin auf den Knien. Ich kann nicht stehen. Sie werden mich hier wegschleppen müssen. Ich höre etwas aus der Wand. Der Seminarist muss verrückt sein, sonst würde er nicht klopfen, wenn zwei Wachen in meiner Zelle stehen. Erst leises Knöchelklopfen an der Wand, dann Faustwummern, dann Füßestampfen. Es gibt mir die Kraft aufzustehen. Die Wachen führen mich aus der Zelle, aber es wird nur lauter; sie ignorieren es scheinbar, aber Boden und Wände und Decke dröhnen, jede Gitterstange und jeder Knochen im Gefängnis erschauert unter der Nachricht, die ich ihm als erste geschickt hatte, dem Code, den Waska und ich uns immer zugeklopft hatten, bevor wir abends ins Bett gingen.

Sie bringen mich in die Dunkelheit hinaus, wo ich erstmals die kalte Luft einatme. Ich erinnere mich, wie Waska auf den Leopardenkäfig zurannte. Ich wollte ihn fangen, aber er war schon immer schneller gewesen als ich. Bis heute weiß ich nicht, was der Leopard anderes war als ein unbestimmtes, namenloses Geheimnis.

Sie werden mich in einen Wagen stoßen, mich an den Rand einer Grube wie der bringen, in die Waska und die verfemte Tänzerin fielen, und auch ich werde mit einer Kugel im Stammhirn fallen. Denk an die verfemte Tänzerin. Denk an die, die sie denunzierten, die die Anzeige weitergaben, die die Maßnahme guthießen, die mitten in der Nacht an ihre Tür schlugen, die sie festnahmen, die sie fotografierten, die ihre Fingerabdrücke nahmen, die ihr die Schnürsenkel wegnahmen, die sie verhörten, die sie schlugen, die ihr Geständnis manipulierten, die sie anklagten, richteten und verurteilten, die sie in den Wagen stießen, in den Keller brachten, zur Grube, ihr Grab aushoben, ihr eine Kugel in den Kopf schossen, sie begruben. Und die zahllosen anderen, die wie ich ihre Geburtsurkunde und ihre Abschlussurkunde zerstörten, die Zeitungsausschnitte und Fotos, den Schul- und Personalausweis, die Lebensmittelkarten, die unzähligen Dokumente, die beweisen, dass sie gelebt hatte. Es braucht eine ganze Staatsmacht, um einen Menschen auszulöschen, aber nur den Irrtum eines Einzelnen – wenn das das heutige Wort für das Gedächtnis ist –, um ihn zu bewahren.

Und wenn das stimmt, dann wird Waska eines fernen Tages vielleicht wiederentdeckt. Vielleicht ist der Seminarist in der Nachbarzelle der Irrtum, der uns beide bewahrt.

»Kann ich um einen Gefallen bitte?«, frage ich. »Darf ich Ihnen eine einzige kurze Frage stellen?«

Der Wachmann seufzt. »Und die wäre?«

»Wie hieß der Mann in der Zelle nebenan?«

»Welcher Mann?«, fragt der Wachmann verwirrt.

»Der Mann in der Nachbarzelle. Der Seminarist.«

Er klopft mir auf die Schulter, und es fühlt sich wie echtes Mitleid an. »Es gibt keine Zelle neben deiner.«

»Doch, gibt es. Und da war ein Mann drin. Ich hab ihn gehört. Bitte, ich möchte doch bloß wissen, wie er hieß.«

Der Wachmann schüttelt den Kopf. »Es gibt hier im Keller nur eine Einzelzelle, und in der hast du gesessen.«

Am Ende des Fußwegs wartet ein Wagen im Leerlauf. Die Tür geht auf, und der Wachmann stößt mich hinein. Wir fahren. Vor uns glimmt ein Licht in den Schatten. Einen Augenblick lang ist es der nahende Zug. Ich drehe mich auf dem Rücksitz um und hoffe, dass ich vor dem Ende etwas sehen kann, das ich erschaffen habe. Das Licht wird größer, als wir darauf zusteuern, als würden wir hineinfahren. Es dehnt sich auf der Windschutzscheibe aus, verschwindet über dem Dach, verblasst hinter uns. Es ist kein nahender Zug, sondern eine Straßenlaterne. Die restliche Straße liegt in der Finsternis.

Enkelinnen
Kirowsk, 1937-2013

Am besten beginnen wir mit den Großmüttern. Die von Galina war der Star des Arbeitslagers, während unsere im Publikum saßen. Unsere waren Bäckerinnen, Stenotypistinnen, Krankenschwestern und Arbeiterinnen gewesen, bevor die Geheimpolizei mitten in der Nacht an ihre Türen klopfte. Sie glaubten an einen Fehler, ein bürokratisches Versehen. Wie konnte das sowjetische Rechtswesen unfehlbar sein, wenn es Unschuld nicht erkannte? Manche konnten es selbst dann noch nicht glauben, als sie dicht gedrängt in den Eisenbahnwaggons standen, die nach Osten durch die sibirische Steppe ratterten, an den Wänden die Namen früherer Gefangener in verschmierter Kreide, wie Geister. Manche auch dann noch nicht, als sie auf Dampfer gestoßen wurden, die den Jenissei hinauf nach Norden fuhren. Aber als sie in der flirrenden Tundra an Land gingen, verglühten ihre Illusionen im Licht der endlosen Sommersonne. In fernen Städten wurden sie aus ihren eigenen Lebensgeschichten getilgt. Auf Fotos trugen sie Masken aus Zeichentusche. Wir haben sie nie kennengelernt, aber unsere Existenz beweist, dass sie gelebt haben. Hundert Kilometer nördlich vom Polarkreis haben sie unsere Heimat aufgebaut.

Aber jetzt reden wir ja doch wieder über uns. Fangen wir also mit Galinas Großmutter an, die fünf Spielzeiten lang Primaballerina am Kirow-Theater war, bevor sie wegen Verbindungen zu einem polnischen Saboteurring festgenommen wurde. Im grauen Einerlei jeder überfüllten Straße war sie ein langer, schlanker Splitter Schönheit. Obwohl sie über dieselben Schienen und Flüsse kam wie unsere Großmütter, war sie nicht für die Bergwerke bestimmt. Der Leiter des Arbeitslagers war nicht nur ein knopfäugiger Soziopath, sondern auch ein Ballettliebhaber. Zwei Jahre zuvor hatte er Galinas Großmutter in Leningrad als *Raimonda* gesehen und war einer der ersten Zuschauer gewesen, die zum Applaudieren von ihren Sitzen aufgesprungen waren. Als er ihren Namen auf der Liste der Neuankömmlinge entdeckte, lächelte er – was in seinem Metier eher selten vorkommt. Er prostete seinem Stellvertreter mit einem Wodkaglas zu und sagte: »Auf die sowjetische Kunst, deren Macht bis in die Arktis reicht.«

In ihrem ersten Jahr im Lager war Galinas Großmutter eher ein Gast als ein Häftling. Sie hatte einen Raum für sich allein, kärglich ausgestattet, aber sauber, mit einem Einzelbett, einer Kommode für ihre Kleider und einem Holzofen. Mehrmals pro Woche lud der Lagerleiter sie zum Tee in sein Büro ein. Über einen Schreibtisch voller Listen, Sollverordnungen, Rundbriefe und Anweisungen hinweg unterhielten sie sich über die Waganowa-Methode, die ideale Oberschenkellänge bei einer Primaballerina und darüber, ob Tschaikowsky beim Dirigieren wirklich so sehr fürchtete, ihm könnte der Kopf abfallen, dass er ihn mit der linken Hand festhielt. Galinas Großmutter nannte den Lagerleiter einen »treuen Bürger der Volksrepublik Blödsinnistan«, weil er steif und fest behauptete, in *Schwanensee* tanze Marius Petipa seinen anspruchsvollsten Pas de deux. So unverblümt durfte mit dem Lagerleiter sonst nur sein sechsjähriger Neffe sprechen, aber er kürzte ihr weder die Rationen, noch jagte er ihr neun Gramm Blei durch den Kopf. Er schenkte ihr Tee nach und äußerte die Hoffnung, dass sie sich vielleicht in der nächsten Woche einigen würden, worauf sie erwiderte: »Einigung ist das Ziel des schwachen Geistes.« Wir müssen sie einfach ein bisschen lieben. Dem Lagerleiter ging es ähnlich.

Im nächsten Jahr bat er Galinas Großmutter, zu seinem persönlichen Vergnügen und für die Lagermoral eine kleine Ballettgruppe zusammenzustellen und anzuleiten. Das Ensemble probte drei Monate lang, bevor es seine erste Vorstellung gab. Einige hatten als Kind Ballettunterricht gehabt, die anderen waren in Bauerntänzen geübt. Nach mehreren langen Nachmittagen entschieden sich der Lagerleiter und Galinas Großmutter für eine verkürzte Version von *Schwanensee*. Die Frauen übten Drehungen mit bedenklich kosmopolitischen französischen Namen, bis ihre Füße mit Blasen bedeckt waren. Galinas Großmutter bläute diesen Volksfeindinnen Eleganz ein; das motorische Gedächtnis wurde umerzogen. Es war zunehmend unklar, ob sie Gefangene, Gefangenentreiberin oder beides war. Als gedehnte Muskeln wieder entspannt waren und geschwollene Zehen sich erholt hatten, als der Vorhang zugezogen war und ein Lagerscheinwerfer die Stirnwand der Kantine beleuchtete, war allen klar, dass die Bühne bereit war für etwas Ungewöhnliches.

Unsere Großmütter saßen auf Kantinenbänken im Publikum, und die Aufführung, das kann man sich ja denken, wurde ein Fiasko. Weil das nächste Orchester 1.800 Kilometer entfernt war, schallte die Ballettmusik aus einem rostigen Grammophontrichter, in dem zuvor Zwiebeln aufbewahrt worden waren. Die Choreographie sah Dutzende von Tänzern vor, aber das Ensemble umfasste genau zehn, von denen sich vier mit Holzkohle Schnurrbärte aufmalten, um Siegfried, Von Rothbart und diverse Lakaien, Tutoren und Höflinge darzustellen. Der See selbst war eher spärlich mit Wasservögeln besiedelt; später wurde gewitzelt, die Jäger aus dem NKWD wären zuerst da gewesen. Es gab Ausrutscher und falsche Schritte, die Musik jagte vorüber, und die Tänzerinnen hinkten hinterher und ruderten mit den Armen. Aber dann betrat Galinas Großmutter die Bühne und glitt ganz allein in einen See aus Licht. Das Haar frisch gewaschen und mit Federn geschmückt, die Schultern polarsommerblass und die Füße in Spitzenschuhen aus echter Seide. Unsere Großmütter im Publikum verstummten. Manche fühlten sich in die Konzertsäle, zu den Jahrestagen und Feiern ihres früheren Lebens zurückversetzt, als sie aus Champagnerflöten getrunken hatten. Einige nutzten die Atempause für ein Nickerchen. Aber die meisten waren verblüfft, nehmen wir an. Wie hätten sie auch, nachdem sie vierzehn Stunden in den Bergwerken gearbeitet und so viel Nickel eingeatmet hatten, dass sie silbrig glänzenden Schleim ausniesten, mit einer Privataufführung der Primaballerina vom Kirow-Theater rechnen können?

Trotz der vielen Missgeschicke war der Lagerleiter begeistert. In den nächsten acht Jahren ordnete er zur Sommer- und Wintersonnenwende je eine Ballettaufführung an; aber er hatte es nicht durch Freigiebigkeit so weit gebracht. Für einen Mann, der entschlossen war, aus seinen Häftlingen vor ihrem Tod die größtmögliche Leistung herauszuquetschen, erwies sich das Ballett als effektiver Anreiz. Sitzplätze – und damit verbunden größere Rationen – bekamen nur diejenigen, die die stetig steigenden Solls übererfüllten. Galinas Großmutter half, das Leben ihres Publikums um ein paar Jahre zu verkürzen.

Im neunten Jahr endete alles. Galinas Großmutter hatte keine drei Monate mehr bis zu ihrer Entlassung, und der Lagerleiter war verliebt. Kann jemand wie er tatsächlich ein anderes menschliches Wesen lieben? Doch, er könnte sich dieser Illusion hingegeben haben, auch wenn wir das nur ungern einräumen. Wir haben so unsere Erfahrungen mit dieser Sorte von Männern, natürlich nicht mit Massenmördern am Schreibtisch, aber mit trinkenden Liebhabern, gewalttätigen Ehemännern und Fremden, die ihre unerwünschten Avancen für Komplimente halten. Galinas Großmutter war im Umkreis von Tausenden von Kilometern die einzige Frau, die beim Anblick des Lagerleiters nicht vollständige Abscheu empfand. Vielleicht verwechselte er das Fehlen abgrundtiefer Verachtung mit Schwärmerei? Egal, warum – fünfundachtzig Tage vor ihrer Entlassung rief er sie zu sich ins Büro. Die Bürotür schloss sich hinter ihr, und was dann geschah, erfuhren wir nur durch Gerüchte, die die Wachleute verbreiteten. Auf eine Liebeserklärung folgte ein Moment, der noch heute, so viele Jahrzehnte später, erstaunlich ist: Galinas Großmutter gab dem Lagerleiter einen Korb. An diesem Punkt der Geschichte strömt unsere versiegte Bewunderung für sie in einer Flutwelle zurück, und wir haben ein schlechtes Gewissen, weil wir sie der Kollaboration bezichtigt haben. Aber der Lagerleiter war Zurückweisung nicht gewohnt. Die Wachen hörten Gerangel, einen gedämpften Schrei und das Reißen von Stoff. Während der Rest des Lagers schlief, wurde der Lagerleiter Galinas Großvater.

Vielleicht waren sie auch schon die ganze Zeit miteinander ins Bett gegangen. Was wissen wir schon?

Die Jahre vergingen. Stalins Tod und seine öffentliche Verurteilung führten zur Stilllegung des Lagers. Die Lagerverwaltung wurde vom Innenministerium ins Eisen- und Verhüttungsministerium versetzt, ohne auch nur das Büro zu wechseln. Dieselben Leute wie früher bauten Nickel ab. Unsere Großmütter heirateten Bergarbeiter, Hüttentechniker und sogar ehemalige Gefängniswärter. Sie blieben, weil es praktisch war und Geld brachte: Die Nickelbergwerke am Polarkreis zahlten mit die höchsten Löhne im ganzen Land, und wenn die ehemaligen Inhaftierten zurück in ihre Heimatstädte wollten, hatten sie oft Probleme, Aufenthaltsgenehmigungen zu bekommen. Eine von ihnen war Galinas Großmutter. Sie zog ihre Tochter groß und lehrte Schulkinder die Grundsätze des Kommunismus. Der Lagerleiter wurde degradiert und durch einen Parteibonzen ersetzt. Auf ihrem Totenbett im Mai 1968 klammerte sie sich an den Arm der diensthabenden Krankenschwester und flüsterte, »Jetzt verstehe ich, jetzt verstehe ich, jetzt verstehe ich.« Sie starb, bevor sie der Schwester sagen konnte, was sie verstand.

Aber ihre Geschichte ist die unserer Großmütter. Die von Galina ist unsere.

Sie wurde 1976 geboren. Der Gynäkologe hatte nicht viel für Kinder übrig, und als er bei ihrem Anblick nicht die Stirn runzelte, wertete man das allseits als Prognose für künftige Schönheit. Galina wuchs heran, und wir mussten zugeben, dass der Arzt mit seiner Einschätzung Weitblick bewiesen hatte. Galina kam mehr nach ihrer Großmutter als nach Vater oder Mutter.

Sie war die Tochter eines Bergarbeiters und einer Näherin aus einer nahe gelegenen Textilfabrik, und in den ersten Lebensjahren des Mädchens war die Familie bei unseren Müttern noch wohl gelitten. Sie schafften es, in jeglicher Hinsicht unauffällig zu bleiben. Sie arbeiteten von früh bis spät und hielten sich damit an das zweite Prinzip des Moralkodex des Erbauers des Kommunismus: *Gewissenhafte Arbeit zum Wohle der Gesellschaft: Wer nicht arbeitet, soll auch nicht essen.* Zu Hause sprachen sie laut genug, dass unsere Mütter durch die Wände hindurch hören konnten, dass sie keine abartigen Geheimnisse hatten. Aber mit uns spielen durfte Galina seltsamerweise nicht. Einladungen zu Geburtstagen und Namenstagen lehnten sie ab, und bei den Feierlichkeiten zum Internationalen Tag der Jugendsolidarität verabschiedeten sie sich früh. Das machte unsere Mütter misstrauisch. »Im besten Fall sind sie hochnäsig«, flüsterten unsere Mütter und löffelten sich Marmelade in den Tee. »Im schlimmsten Umstürzler.« Das war Ende der Siebziger, Anfang der Achtziger, und auch wenn der Rote Terror der Vergangenheit angehörte, war an Glasnost noch nicht zu denken. In unserer kleinen Stadt wurde Geflüster schnell zum Urteilsspruch. Wer könnte die Geschichte von Vera Andrejewna vergessen, die unabsichtlich ihre eigene Mutter denunzierte und in allen Zeitungen von Minsk bis Wladiwostok gefeiert wurde? Galinas Mutter hätte ein ähnliches Schicksal ereilen können, aber der Lungenkrebs war schneller.

Wir verstanden nicht, warum Galina bis zu unserem dritten Grundschuljahr von uns ferngehalten wurde. Wir waren wie immer auf dem Weg zum Mittagessen, nachdem wir unsere Multiplikationstafeln heruntergebetet hatten – keine schwierige Aufgabe, denn im Aufsagen von auswendig Gelerntem waren wir einsame Spitze. Galina trat auf einen offenen Schnürsenkel, machte einen Ruck nach vorn und wurde auf dem Boden unter ihren Büchern begraben. Wir hatten noch nie gesehen, dass ein Schnürsenkel für so viel Aufruhr sorgen konnte.

»Nach deiner Großmutter kommst du ja nicht gerade«, sagte unsere Lehrerin. Wir lachten mit der Gehässigkeit derer, die keinem Ruf gerecht werden müssen.

»Wie meinen Sie das?«, fragte Galina. Sie wusste nichts. Wir konnten es kaum fassen. Es sprudelte nur so aus uns heraus, wir redeten alle gleichzeitig und erzählten ihr von dem Ballettensemble, dem gemeinen Lagerleiter und dem bemerkenswerten Schicksal ihrer Großmutter. Verwirrt, ungläubig und schließlich voller Stolz schüttelte sie den Kopf.

Zu Hause bat sie noch am selben Abend darum, Ballettunterricht zu bekommen.

»Ballett?«, fragte ihr Vater mit rauer Stimme; seine Kehle war wund von Nickelstaub. Er sollte im Alter von zweiundfünfzig Jahren sterben und die durchschnittliche Lebenserwartung eines Bergmanns damit um drei Jahre übertreffen. »Du kommst dieses Jahr zu den Jungpionieren. Dann lernst du Führung und Organisation, damit hast du genug zu tun.«

Galina gab nicht nach. »Aber ich will Ballett tanzen, wie meine Großmutter.«

Ihr Vater seufzte und fuhr mit der Hand durch die heiße Luft vor dem Infrarotheizofen. Im Laufe der Jahre hatte er sich oft gefragt, warum er und seine Frau den Star der Familie geheim gehalten hatten, aber die Antwort war simpel – sie waren treue Kommunisten, Kinder des Arbeitslagers, mit einer Tochter, die aussah wie ihre Großmutter. Galinas Vater wusste, dass sie nur dann blühen und gedeihen würde, wenn sie all das stutzte, was sie herausragen ließ, bis die Stimme des Volkes sie als eine der ihren akzeptierte. Ganz sicher hatte er Lenins berühmte Reaktion auf Beethovens 23. Sonate gehört: *Eine erstaunliche, nicht menschliche Musik. Doch kann ich sie nicht oft hören. Man möchte den Menschen die Köpfe streicheln, die in einer widerwärtigen Hölle leben und so etwas Schönes schaffen können. Man muss diese Köpfe einschlagen, mitleidslos einschlagen.*

Aber seit dem Tod seiner Frau war er milde und eher fatalistisch geworden. »Natürlich, Galja«, sagte er. Am nächsten Tag erzählte sie uns alles.

In dem Jahr, in dem Galina mit dem Ballettunterricht begann, kam Gorbatschow an die Macht, und mit ihm kamen Glasnost, Perestroika und *demokratisatsija*. Unsere Mütter flüsterten etwas lauter, und im Laufe unserer Jugendjahre fanden wir unsere Stimmen. Wir wisperten zunächst leise und waren auf der Hut; der Parteichef unserer Stadt war genauso grausam wie der Lagerleiter damals, und ebenso wie neue Popsongs erreichten uns politische Reformen erst Jahre, nachdem sie in Moskau beschlossen worden waren. Wenn die Sonne im Winter in der dreimonatigen Nacht verschwand, trafen wir uns in Parks, auf verlassenen Plätzen, unter den verrosteten Metallästen des Weißen Waldes und wärmten uns in leerstehenden Wohnblocks und Cafeterias auf, wo wir abgegriffene Samisdat-Seiten tauschten, Solschenizyn und Joseph Brodsky, zu den Queen-LPs tanzten, die der Geigenlehrer des Großcousins von irgendwem aus Europa mitgebracht hatte, und Levi's vom Schwarzmarkt trugen, die immer irgendwie besser aussahen, als sie tatsächlich saßen. Wir tauschten alte *ryobra* – Rippenschallplatten, Knochenmusik, Skelettlieder –, verbotenen Rock 'n' Roll aus den Fünfzigern und Sechzigern, mit dem Phonographen in belichtete Röntgenbilder geritzt, die man auf dem Grammophon abspielen konnte, wenn auch nur leise. Aufnahmen von gebrochenen Rippen, ausgekugelten Schultern, bösartigen Tumoren und versteiften Rückenwirbeln wurden zu groben Kreisen geschnitten, die Musik wurde in die Röntgenfilmoberfläche graviert und das Mittelloch mit einer glühenden Zigarette eingebrannt, und es war wunderbar zu wissen, dass sich in den Rillen dieser Bilder menschlichen Schmerzes ein so reiner und freudvoller Klang wie die Stimme von Brian Wilson verbergen konnte. Unsere Eltern nannten die Musik eine kapitalistische Verschmutzung, so als hätten am anderen Ende der Welt aufgenommene Songs die Krebsgeschwüre auf den Röntgenbildern verursacht, nicht das, was für uns alle gratis aus den Schornsteinen direkt vor unseren Fenstern qualmte.

Im Sommer durchdrang die Verwüstung der Erde die Wolken. Gelber Nebel überzog die Stadt wie eine Lackpatina. Aus den Zwölf Aposteln, einem Dutzend Nickelschmelzöfen rings um einen See aus Industrieabwässern, stieg Schwefeldioxid auf. Der Regen brannte auf unserer Haut. Der Schmutz in der Luft gerann zu einer dichten Decke, durch die man die Sterne nicht mehr sah. Der Mond gehörte jener Vergangenheit an, von der unsere Großmütter sprachen. Wir genossen unsere Sommer in vollen Zügen: Tage ohne Schule, Nächte ohne Dunkelheit. Erste Verabredungen, erste Küsse. Wir waren ungelenk, entdeckten morgens im Spiegel Pickel und bekamen Haare, wo wir keine haben wollten; uns kam das Röntgenbild von Lungenkrebs in den Sinn, unser Albumcover von *Surfin' Safari*, wir dachten darüber nach, wie der Körper die Seele verriet, die darin wohnte, und fragten uns, ob das Erwachsenwerden selbst wohl auch etwas Pathologisches war. In fieberhaftem Tempo ver- und entliebten wir uns. Wir entwickelten uns ständig weiter zu denjenigen, die gewesen zu sein wir später bereuen sollten.

An klaren Tagen stapften wir durch den Weißen Wald, einen von Menschenhand erschaffenen Wald aus Metallbäumen und Plastiklaub, der in Breschnews Glanzjahren gebaut worden war, als die Frau des Parteichefs nostalgische Gefühle für die Birken ihrer Jugend entwickelt hatte. Als wir unter ihnen hinwegstapften, hatten die Jahre aber schon Spuren sowohl am Wald als auch an der Frau des Parteichefs hinterlassen, und das Plastiklaub über uns war so schlaff und fleckig wie ihr Gesicht. Wir gingen weiter. Wir stiefelten durch senfgelben Schlamm. Auf der anderen Seite des Wäldchens blickten wir auf endlose Weiten aus schwefelhaltigem Abraum. Wir riefen. Proklamierten. Hier draußen brauchten wir nicht zu flüstern. Ein paar kurze Wochen im Juli schoben sich rote Wildblumen durch die oxidierten Rückstände und brachten in ihrer apokalyptischen Schönheit die ganze Erde zum Flimmern.

Unter Tage dagegen war die einzige Farbe ein silbrig metallisches Glänzen. In der leistungsstärksten Nickelmine der Welt sprengten unsere Väter in Zwölf-Stunden-Schichten das Erz. Die Schächte führten anderthalb Kilometer in den Boden unter uns, und im tiefsten Schacht war die Luft so stickig, dass sie selbst im Januar im Unterhemd arbeiteten, und wenn sie Stunden später nach Hause kamen, wankten sie zur Dusche und zogen Mäntel, Pullover, Hemden und Hosen aus, und der Nickelstaub auf ihrem Rücken, ihrer Brust und ihren Beinen war getrocknet, so dass unsere Väter für einige Augenblicke vor dem Duschen unzerstörbar waren, glänzende Gestalten, Männer aus Stahl.

Es wurden auch andere Metalle gefördert – Gold, Kupfer, Palladium und Platin –, aber das Nickel des Nordens war unser Lebenselixier. Die Zwölf Apostel schmolzen es bei zweitausend Grad aus dem Erz heraus, und je nachdem, was am Tag zuvor in den Schmelzöfen gewesen war, war der Neuschnee entweder eisenrot, kobaltblau oder nickelgelb. Ob die Wirtschaft florierte oder nicht, konnten wir an unseren Hautausschlägen ablesen. Auch wer nie an einer Zigarette gezogen hatte, litt unter Raucherhusten. Aber das Bergbaukombinat sorgte für uns: Kuraufenthalte in Mineralheilbädern, Feierlichkeiten in der ganzen Stadt am Internationalen Tag der Arbeit und die höchsten kommunalen Löhne von allen Städten der sechs Zeitzonen. Als unsere Väter krank wurden, stellte das Kombinat Krankenbetten zur Verfügung. Als sie starben, zahlte das Kombinat die Särge.

Und die ganze Zeit enttäuschte Galina unsere Erwartungen schneller, als wir sie runterschrauben konnten. Die anfängliche Aufregung des Ballettlehrers, als er ihren Namen auf der Schülerliste sah, wich schnell dem Entsetzen. Galina hatte die Figur ihrer Großmutter geerbt, tanzte aber mit der Grazie eines aufgeschreckten Laufvogels. Grundlegende Übungen an der Stange überforderten sie. Bei Aufführungen wurde sie Gott sei Dank in die unwichtigsten Nebenrollen verbannt. Aber wir sollten nicht so gemein sein – wäre sie die Enkelin von sonst wem gewesen, hätten wir keinen Gedanken daran verschwendet, dass sie tanzte wie jemand, der an einer Innenohrerkrankung litt –, und außerdem stehen wir auch nicht unter Erwartungsdruck; niemand hat je prophezeit, dass wir auf irgendeine Art und Weise hervorstechen werden, deshalb wissen wir nicht, wie es ist, auf einem Gebiet zu versagen, auf dem man zum Erfolg prädestiniert ist. Also stachelt uns nicht auch noch an. Wir wollen wirklich nicht fies sein.

Reden wir mit unserem neu entdeckten Geist der Großzügigkeit doch über etwas, worin Galina gut war: sich in den Mittelpunkt zu stellen. Im ersten Sekundarschuljahr erschien sie auf einer Party in einem olivgrünen Minirock, den sie aus den hässlichsten Kopftüchern ihrer Mutter zusammengenäht hatte. So etwas hatten wir noch nie gesehen – diese prüdesten aller Kleidungsstücke verwandelten sich, um ihre Hüften gewickelt, in einen Skandal. Der Rock, kaum breiter als ein Küchenhandtuch, bedeckte ihre Schenkel bis zur Mitte; den Rest ihrer Beine überzog Gänsehaut. Jungen starrten sie mit offenen Mündern dankbar an und wandten sich dann ab, als wäre es etwas unerlaubt Obszönes, Galinas Anwesenheit zur Kenntnis zu nehmen. Niemand wusste, was er dazu sagen sollte. Miniröcke hatte es in der Arktis bisher nicht gegeben. Wir tuschelten, Galina sei wohl unter die Prostituierten gegangen, aber kaum zu Hause, fingen wir an, uns selbst Miniröcke zu nähen.

Auf den Minirock wurde auch Kolja aufmerksam. Wenn wir könnten, würden wir ihn so gründlich aus unserer Geschichte wegretuschieren, wie die Zensoren des NKWD Galinas Großmutter von den Fotos wegretuschiert hatten, auf denen sie einst zu sehen war. Wissen Sie, Kolja, das waren hundert Meter Arroganz, zusammengestaucht auf zwei Meter, die Sorte junger Mann, der einem das Gefühl von Unzulänglichkeit gab, weil man ihn nicht beeindruckte. Ständig schlich er irgendwo herum, mager und leicht gebückt, so dass er in seiner ganzen Erscheinung bis hin zur schief sitzenden Kappe wie ein schräg gestellter Buchstabe wirkte. In einem anderen Land wäre er vielleicht Investmentbanker geworden, aber hier wurde er ein Mörder, einer der schlimmsten Art, ein Mörder, der eine von uns umbrachte.

Galina hatte das nicht ahnen können. Keine von uns. Zum ersten Rendezvous lud er Galina zu einem romantischen Spaziergang um den Quecksilbersee ein. Genau, den Quecksilbersee. Jenen künstlichen See, in den die giftigen Abwässer der städtischen Schmelzöfen flossen. Zum ersten Rendezvous. Kein Witz. Verschwenden wir lieber nicht zu viel Zeit damit, es ist zu deprimierend. Vergessen Sie Kolja, auch wenn wir ihn nicht vergessen haben.

Dass sich die ganze Schule über ihren Minirock aus Kopftüchern empörte, hielt Galina nicht davon ab, auf der Fünzig-Jahr-Feier des Bergwerkskombinats zu tanzen. Kreml-Funktionäre trafen mit Propellermaschinen ein, um unseren Parteichef zu feiern. Unsere unfähigsten Stehkragenproletarier erhielten Orden und Auszeichnungen. Gorbatschows Männer sagten uns, wir würden ganz oben auf dem Globus leben, damit der Rest der Welt zu uns aufschauen könne. Unsere Väter strahlten, als ihnen der Generalsekretär persönlich per Videobotschaft dankte. *Sie fördern nicht nur den Treibstoff der Sowjetunion*, verkündete er, *Sie sind der Treibstoff der*

Sowjetunion. Der letzte Abend des Jubiläums endete mit einer Freiluftballett-Aufführung im Stadtzentrum. Für die Hauptrollen wurden Tänzer aus dem Bolschoi und dem Kirow eingeflogen. Entgegen allen Erwartungen wurde Galina für das Hintergrundensemble ausgewählt. Die Zwölf Apostel waren zwei Wochen zuvor abgeschaltet worden, und die Julisonne schien stechend durch die letzten Staubwolken am Himmel und strahlte Galina für uns an.

Auf einem anderen Kontinent fiel eine Mauer, und bald zerbröckelte unsere Union der Sozialistischen Sowjetrepubliken. An die Stelle des Parteichefs trat Oleg Woronow, ein »neuer Russe« und zukünftiger Oligarch. Zum ersten Mal seit siebzig Jahren öffnete sich unsere Stadt, und einige von uns zogen fort. Eine fand Arbeit als Fahrkartenkontrolleurin bei der Westsibirischen Eisenbahn und heiratete schließlich einen Lokführer, mit dem sie drei Söhne bekam. Eine bekam ein Stipendium und studierte in Wolgograd Physik. Eine andere ging nach Amerika und heiratete einen Klavierstimmer, den sie im Internet kennengelernt hatte. Aber die meisten von uns blieben. Die Welt drehte sich in die falsche Richtung. Es war nicht die Zeit, um von zu Hause wegzulaufen.

Kolja – wie die meisten Jungen aus unserer Jahrgangsstufe, die es nicht durch Bestechung auf die Uni schafften – wurde zum Wehrdienst einberufen, als der Konflikt in Tschetschenien gerade begann. Vor seiner Abreise hatte er Galina in der Gemüseabteilung der Kaufhalle einen Heiratsantrag gemacht – so viel mal wieder zu seiner Vorstellung von Romantik. Außerdem war sie schwanger. Wer als Vater die alleinige Verantwortung für ein Kind übernahm oder wer zwei oder mehr Kinder hatte, konnte sich vom Wehrdienst zurückstellen lassen, was Galina und Kolja mehrere Möglichkeiten eröffnete: Sie konnten heiraten, sich gleich wieder scheiden lassen und Kolja auf dem Papier zum Alleinerziehenden machen, oder sie konnten heiraten und auf Zwillinge hoffen. Von beidem rieten wir Galina dringend ab. Sie war gerade mal achtzehn Jahre alt. Sie hatte noch ihr ganzes Leben Zeit für übereilte, unwiderrufliche Entscheidungen. Wir appellierten an ihre Vernunft. Ein Arztbesuch, und beides hätte sich erledigt, die Schwangerschaft und der Schmarotzer an ihrer Seite. Aber trotz unserer guten Ratschläge liebte sie Kolja. Die Fernsehdramen, mit denen wir aufgewachsen waren, Geschichten von Paaren, deren Liebe unter einem schlechten Stern steht, Geschichten von Liebe, die alle Hindernisse überwindet, tja, das sind alles Märchen, genau wie die Fernsehnachrichten, aber das Offensichtliche ist nur dann offensichtlich, wenn es anderen passiert. Wir alle haben letzten Endes Männer geheiratet, für die wir andere Frauen bedauern würden. Nachdem Kolja eingezogen worden war, wirkte Galina geschrumpft, geschwächt, irgendwie *weniger*. Hatten wir die Ernsthaftigkeit ihrer Beziehung vielleicht falsch eingeschätzt? Galina hatte geleuchtet wie buntes Glas, aber wir ahnten nicht, dass Kolja das Sonnenlicht gewesen sein könnte, das sie erstrahlen ließ.

Wir hatten sie in die Klinik und anschließend wieder nach Hause begleitet. Wir waren stolz auf sie. Wir hatten Mitleid mit ihr. Wir waren für sie da.

Galina arbeitete als Telefonistin im Nickelkombinat und belegte dienstagabends einen Computerkurs. Wir warteten mit ihr an der Bushaltestelle, als wir am Bretterhäuschen das Plakat für die erste Wahl zur Miss Sibirien sahen. Es rief junge, hübsche Frauen auf, die irgendein Talent besaßen, sich für die Teilnahme an einem landesweit im Fernsehen übertragenen Schönheitswettbewerb zu melden. Wir blickten Galina an. Sie blickte zu ihrer Taille hinunter.

Das Auswahlverfahren fand zwei Wochen später im Pausenraum unserer ehemaligen Schule statt. Eine nach der anderen stiegen wir auf die Bühne, im Gesicht Schichten von Make-up, die Beine nackt. Der Castingleiter ging um uns herum, klopfte uns auf die Schenkel, kniff uns in die Hüften und prüfte ihre

Festigkeit wie eine Babuschka, die auf dem Markt Rüben aussucht. Die meisten ließ er wegtreten, nachdem er sie einmal umrundet hatte. Nicht so Galina. Als er sie in ihrem olivgrünen Minirock gesehen hatte, seufzte er erleichtert. Wieder und wieder ging er um sie herum und streifte den Saum ihres Rocks, ohne ihre Haut zu berühren. »Was hast du für ein Talent?«, fragte er. »Ballett«, erwiderte Galina. Er nickte. »Dann bring deine Spitzenschuhe nach Nowosibirsk mit.«

Bald war Galina überall. Ihr Name war siebenundfünfzig Tage hintereinander in der Zeitung zu lesen. Sie war nicht nur unsere Repräsentantin in Nowosibirsk, sondern auch eine von drei Teilnehmerinnen, die für die Werbung für die Miss-Sibirien-Wahl erkoren worden waren, und wir sahen ihr Gesicht häufiger als die unserer Eltern und Liebhaber, sogar häufiger als unser eigenes im Spiegel; es war unsere Flagge.

Vielleicht liebte Galina Kolja immer noch, aber das hielt sie nicht davon ab, jeden Freitagabend in den nickelsilbernen Mercedes des Oligarchen zu steigen. »Eine gute Partie«, sagten unsere Mütter, und obwohl wir die beiden nie zusammen in der Öffentlichkeit gesehen hatten, stimmten wir zu. Mit fünfunddreißig war Oleg Woronow noch jung dafür, dass er auf der Liste der reichsten Männer Russlands auf Platz 14 stand. Als das Nickelkombinat versteigert wurde, kaufte er mit einem Fonds aus Geldern von ausländischen Investoren, korrupten Funktionären und Kriminellen einen Mehrheitsanteil. Die Auktion dauerte ganze viereinhalb Sekunden. Der Kaufpreis lag bei $250.000.100, nur hundert Dollar über dem Mindestgebot. Wie war es möglich, dass man einen staatlichen Betrieb mit einem Jahresgewinn von mehreren Milliarden Dollar für zweihundertfünfzig Millionen kaufen konnte? Das Eigentum war in Geschäftsanteile umgewandelt und an die Mitarbeiter übertragen worden. Diese Geschäftsanteile konnte man aber nur dann zum vollen Wert verkaufen oder eintauschen, wenn man persönlich nach Moskau reiste. Unseren Vätern blieb also nichts anderes übrig, als ihre Anteile in Kiosken am Leninski-Prospekt zu verkaufen, in denen Woronows Leute saßen, die dafür einen Bruchteil ihres Wertes zahlten. Immerhin genug, um die Krankenhausbesuche zur Behandlung chronischer Lungenleiden zu finanzieren. Nicht lange, nachdem die Gerüchte von Woronows silbernem Mercedes vor Galinas Wohnblock die Runde machten, erschienen in den Fenstern der Ankaufskioske auch die ersten Werbeplakate für die Miss-Sibirien-Wahl.

Da wir in Galinas Leben standen – wenn auch nur am Rande –, fiel das Rampenlicht auch auf uns. In einem neueröffneten Nagelsalon bekamen wir gratis eine Maniküre, weil man hoffte, die Anwesenheit von Galinas ehemaligen Klassenkameradinnen würde dem Salon eine Aura von Erfolg und Weltläufigkeit verleihen. Exfreunde riefen an und entschuldigten sich. Unsere Mütter belauschten unsere Gespräche. Auch wenn es kleinkariert klingen könnte: Wir genossen unsere kurzlebige Prominenz.

Am Abend des Schönheitswettbewerbs arbeitete niemand. Wir saßen dicht gedrängt vor den Fernsehern und sahen Galina auf die Bühne treten, zusammen mit jungen Frauen aus sibirischen Städten, die eher für stillgelegte Militärstützpunkte und Uranbergwerke bekannt waren als für Schönheiten. Es war Mitte September, und auf den äußeren Fensterscheiben blühten Eisblumen. Im Kühlschrank lag zuckriger Champagner, in unseren Gläsern wurde der Wodka warm, und wir tranken und ermahnten einander zur Ruhe, als das Orchester die ersten Töne vom »Lied des Patrioten« spielte. Wir summten mit, aber wir sangen nicht. Unser Land war drei Jahre alt, und der Text der Nationalhymne war noch nicht geschrieben. Der Moderator kam auf die Bühne und begrüßte das Publikum zur ersten Miss-Sibirien-Wahl. Sein rosawangiger Optimismus ließ vermuten, dass er nicht allzu viel Zeit in Sibirien verbracht hatte. Er stellte alle Teilnehmerinnen vor, aber wir hatten nur Augen für Galina.

Dann folgte eine Werbepause, und als es weiterging, trugen die Teilnehmerinnen hohe Absätze und Badeanzüge; die wenigen unter uns, die das Ereignis als Hochglanz-Schmuddelshow betrachteten, merkten an, dass Stilettos sonst nur in Pornofilmen mit Bademode kombiniert wurden. Wir buhten die anderen Teilnehmerinnen aus, wünschten ihnen Stürze, Absatzbrüche und emotionale Entgleisungen, Kreislaufkollapse, Verstümmelungen, Enthauptungen und alttestamentarische Qualen, und dieser Ausbruch kaum unterdrückter Grausamkeit kam uns angemessen vor, geradezu schicklich, weil wir ihn teilten. Als die Badenixen über die Bühne stöckelten, ohne dass ihnen ein Absatz abbrach oder sie stürzten, stand für uns fest, dass sie eine Menge Übung als Pornodarstellerinnen haben mussten. Nur an Galina wirkte das Outfit elegant wie ein Abendkleid.

Als die Mädchen interviewt wurden, verhöhnten wir die einstudierte Eloquenz der anderen Teilnehmerinnen und wurden mucksmäuschenstill, als Galina ans Mikrofon trat. Der Moderator stellte sie vor, und um die Spannung zu steigern, sah er so lange auf einen Stapel grüner Karteikarten, dass er ein bisschen wie ein Analphabet wirkte. »Was bedeutet die Miss-Sibirien-Wahl für Sie?«, fragte er schließlich.

Mit einem sittsamen Lächeln blickte Galina in die Kamera. »Es ist mir eine große Ehre, meine Heimatstadt auf einer landesweiten Bühne zu repräsentieren. Ich freue mich, dass dieser Schönheitswettbewerb auf das reiche kulturelle Erbe Sibiriens aufmerksam macht. Jahrhundertelang wurde Sibirien von Zentralrussland als Gefängnis für Kriminelle und Exilanten genutzt. Aber wir sind keine Kriminellen, und wir sind keine Gefangenen. Wir sind Bürger eines neuen Landes, und bald wird die Welt merken, dass wir in Sibirien nicht nur den Treibstoff der Russischen Föderation fördern. Wir sind der Treibstoff der Russischen Föderation.«

Anerkennend und erstaunt zugleich runzelte der Moderator die Stirn. »Und was haben Sie vor, falls Sie zur Miss Sibirien gewählt werden?«, fragte er.

»Berühmt werden, natürlich«, antwortete Galina und zwinkerte in die Kamera. In den zwei Sekunden, bevor das Publikum applaudierte und die Band auf der Bühne einen Tusch spielte, brauchte Galina kein Diadem, denn sie hatte sich mit diesem Blinzeln selbst gekrönt.

Beim Talentwettstreit spielte eine vertrocknete Bohnenstange aus Wladiwostok auf der Balalaika Rachmaninow. Künstliche Fingernägel, Brüste, Wimpern und Extensions wurden durch Alchemie in eine echte Frau aus Barnaul verwandelt, die mit verbundenen Augen einen Zauberwürfel löste. Wer waren diese begabten Granaten? Die Jury staunte genauso wie wir. Als angekündigt wurde, dass Galina Odettes Solo aus *Schwanensee* tanzen würde, verstummten wir. Was wollte sie beweisen, indem sie ausgerechnet das Solo aus dem ersten Ballett tanzte, das ihre Großmutter sechzig Jahre zuvor auf der Kantinenbühne getanzt hatte? Warum tanzte Galina, unsere Ikone des neuen Russlands, etwas aus dem am häufigsten aufgeführten Ballett der UdSSR? Blitzlichtgewitter der Kameras. Ihr Kopf ruhte zwischen den Klammern ihrer erhobenen Arme, dann ging sie, den Hals in der Schlinge des Scheinwerferlichts, auf Zehenspitzen und begann.

Die Cellos trillerten. Galina stand *en pointe*, weißer Tüll bauschte sich um ihre Taille. Sie hob das linke Bein und zeichnete mit ihrem Spitzenschuh eine Parabel in die Luft. Ihr Fuß landete punktgenau zum Einsatz der Violinen, und ach, wie wünschten wir, unsere Großmütter hätten das noch miterleben dürfen. In den zweieinhalb Minuten, in denen sie tanzte, schwieg die ganze Stadt. Eintausendsiebenhundert Kilometer vom Fernsehstudio entfernt, hatten wir uns unserer Freundin noch nie näher gefühlt. Die Zuschauer aus Moskau, Petersburg und Wolgograd sahen nur eine Frau, die auf der Bühne mit den Armen fuchtelte, aber wir sahen sie in ihren ersten Ballettstunden, als der Lehrer so manchen verzagten Seufzer ausgestoßen hatte. Wir sahen, wie sie mit offenem Mund unseren Geschichten über ihre Großmutter lauschte.

Wir sahen sie durch den Schulflur segeln, als sie sich in der dritten Klasse nach dem Matheunterricht auf den Schnürsenkel getreten war. Aber diesmal konnten wir die Schuld keinem Schnürsenkel zuschieben, als Galina in den letzten fünfzehn Sekunden ihres Auftritts stürzte. Daran war nur eine Serie schwieriger *grand jetés*, der gebohnerte Bühnenboden, übertriebener Ehrgeiz und unzureichendes Talent schuld. Sie sprang vom Ballen des rechten Fußes ab und landete auf der Außenkante des linken. Das Knacken ihres Innenknöchels ging im Orchesterlärm unter. Wir hörten nur den Ausruf des Moderators, einen kurzen Schrei von Galina, als sie auf dem Boden aufschlug, und die watschelnde Melodie eines Bratschisten, der die Seite zu Ende spielte, nachdem seine Kollegen längst verstummt waren. Als Galina sich aufsetzte, war sie rot im Gesicht. Ihr Tutu breitete sich um sie herum auf der Bühne aus, füllte jeden Zentimeter des Scheinwerferkreises, und sie sah mit einem flehenden, geschlagenen Blick in die Kamera, der so intim und uns so vertraut war, dass wir ihr Wimmern in unseren eigenen Kehlen spürten.

Während die anderen Teilnehmerinnen ihre Talente – Gesang, Akrobatik und kleine Kunststückchen – unter Beweis stellten, wurde Galina ärztlich behandelt. Mit hängenden Schultern saßen wir vor dem Fernseher, zu tief in Trauer, um Galina die Ehre zu erweisen, ihre Rivalinnen zu verhöhnen. Zur Krönung der Miss Sibirien wurde sie in einem Rollstuhl auf die Bühne geschoben, den Knöchel in Eis gepackt. Wir konnten nicht nicht zusehen, wie sie verlor. Wir waren zu weit gekommen. Der Abend hatte uns Gesprächsstoff für Jahre im Voraus geliefert. Schon hatten wir angefangen, ihre schlechte Vorbereitung, ihre Arroganz und die Überheblichkeit zu kritisieren, mit der sie uns nicht um Rat gebeten hatte, wo wir ihr doch hätten sagen können, dass ihr Scheitern vorprogrammiert war. Der Moderator nahm von der Jury einen Umschlag entgegen und öffnete ihn auf der Bühne. Er runzelte die Stirn. Diesmal war es keine spannungsteigernde Pause; immer wieder las er mit ernster und ungläubiger Miene den Namen. Auch wenn wir später erfahren sollten, dass der Oligarch einer der Hauptsponsoren des Wettbewerbs gewesen war und dass der Umschlag mit dem Namen der Siegerin schon drei Tage vor dem Wettbewerb versiegelt worden war, dämpfte das nicht die reine Freude, die uns durchströmte, als der Moderator in die Kamera lächelte und sagte: »Ich freue mich sehr, Ihnen mitteilen zu dürfen, dass die Krone der Miss Sibirien an keine andere als an Galina Iwanowa geht.« Wir klatschten und kreischten. Wir stampften auf den Boden und tanzten durch die Zimmer. Wir hatten gewusst, dass sie es schaffen würde. Keine Sekunde hatten wir daran gezweifelt. Kamerablitze funkelten in Galinas feuchten Augen. Weil sie nicht aufs Podest steigen konnte, hoben die Bühnenhelfer sie hoch, und der Moderator setzte ihr ein goldenes Diadem auf den Kopf. Nach einem Monat löste sich das Blattgold ab, und darunter kam die Nickellegierung zum Vorschein.

Der Ruhm ließ nicht lange auf sich warten. Galina bekam Rollen in Filmen und Fernsehsendungen, und ein paar Jahre lang sahen wir sie nur auf Kinoleinwänden und auf grobkörnigen Fotos in Boulevardzeitschriften. Kolja kehrte aus Tschetschenien zurück in eine Stadt, in der er nur als Handlanger von Kriminellen eine Anstellung finden konnte, und bald vergaßen wir, dass es eine Zeit in Galinas Leben gegeben hatte, in der sie nicht die Frau des Oligarchen gewesen war. Sie wohnte in den Penthouses von Woronows Luxushotels in Petersburg und Moskau. Die Zeitungen behandelten den Oligarchen selbst in ihren schillerndsten Storys immer respektvoll. Ein oder zwei Generationen zuvor hätten Männer wie er lästige Schreiberlinge in sibirische Arbeitslager gesteckt. Jetzt ließen sie lästige Schreiberlinge einfach erschießen.

Wir hatten wenig Zeit zum Feiern. Unsere Väter starben an Lungenkrankheiten und unsere Brüder und Ehemänner traten an ihre Stelle. Sie kamen genauso glänzend aus den

Bergwerken zurück wie damals unsere Väter, aber still und freudlos, ausgehöhlt von Existenzsorgen. Sie hatten gerade zu arbeiten begonnen, als die Ersten ihre Arbeitsplätze verloren. Die Vergünstigungen, die das Kombinat seinen Arbeitern einst gewährt hatten, waren den Weg von Hammer und Sichel gegangen. Keine Sanatoriumsaufenthalte mehr und auch keine Krankenbetten. Die Rubel, die wir für unsere Fabrikanteile bekommen hatten, waren längst ausgegeben, und wir hatten keinerlei Rechtsanspruch mehr auf die Minen, bei deren Erschließung unsere Großeltern ihr Leben gelassen hatten. Sie brannte, die schallende Ohrfeige der Erkenntnis, als uns klarwurde, dass unsere Mütter recht gehabt hatten: Teenager sehnen sich nach Freiheit, Erwachsene nach Sicherheit. Unser Land war einst mächtig gewesen. Die Welt hatte uns gefürchtet. Ein strenger, aber väterlicher Staat hatte für uns gesorgt. Und was hatten wir jetzt? Seuchen und Süchtige. Als Teenager hatten wir uns gegen die Macht des Staates aufgelehnt, aber genau diese Macht war es, die uns hierher, an die Spitze der Welt, gehoben hatte.

Aber es gab auch Schönes. Wir bekamen Kinder. Schreiend, blass und glitschig kamen sie zur Welt, husteten und spuckten, und wir schlossen sie in die Arme und brachten ihnen das Lachen bei. Wir beklatschten erste Geburtstage und erste Schritte. Unsere Kinder veränderten unsere Beziehungen zu unseren Müttern von Grund auf. Bedauern und Mitleid traten an die Stelle der milden Verachtung, mit der wir sie früher betrachtet hatten, und wir liebten sie wie nie zuvor, so wie wir nur uns selbst lieben konnten, denn unseren besten Absichten zum Trotz waren wir sie geworden.

Als Galinas erster Film ins Kino kam, sahen wir ihn uns mit unseren Kindern und ihren Großmüttern an. In Leinwandgröße wirkte Galina noch unglaublicher. Sie spielte eine Frau, die in einem Netz aus Rätseln und Intrigen gefangen war. Sie wurde von der CIA als Geisel genommen und floh. Sie wusste ihre geistige und körperliche Wendigkeit zu nutzen. Als Filmheldin war sie lässig und gerissen und hatte selbst angesichts größter Gefahren irgendeinen vernichtenden Spruch auf Lager. Die Kritiker verrissen *Das Lügengespinst* als unglaubwürdig, aber was kümmerte uns das. Unsere ehemalige Klassenkameradin, unsere beste Freundin war die Hauptdarstellerin in einem Spielfilm, und hier saßen wir und sahen ihn uns an.

Jahrelang hörten wir nichts von Galina. Nachdem sie ein Mädchen zur Welt gebracht hatte, ließ das Interesse der Öffentlichkeit an ihr nach, und an ihre Stelle traten die Siegerinnen späterer Jahre, jüngere Sternchen. Ihre Kinofilme wurden im Fernsehen gezeigt und verschwanden schließlich ganz aus dem Äther. Wir redeten nicht mehr über sie. Wir hatten unsere eigenen Leben und Sorgen.

Die Entlassungen begannen, kurz nachdem der erste Krieg in Tschetschenien endete. Maschinen konnten Nickel viel effizienter abbauen als unsere Männer. Die schwankenden Währungskurse ließen die Renten nur so dahinschmelzen. Selbst wer nicht arbeitslos war, hatte zu knapsen. Bei einem Kurs von fünftausend Rubel zu einem Dollar sowie manchmal monatelang ausbleibenden Lohn- und Rentenzahlungen konnte sich niemand die importierten Produkte leisten, die altbekannte sowjetische Marken verdrängt hatten. Wir überlegten, nach Süden zu ziehen, hatten aber nicht das Geld für den Umzug. Außerdem waren unsere Kinder die vierte Generation, die die Arktis ihr Zuhause nannte. Das hatte etwas zu bedeuten, auch wenn wir nicht genau wussten, was.

Unter den unglücklichen Schicksalen der späten Neunziger sticht eins besonders hervor. Es ist die Geschichte von Lydia, die eine von uns gewesen war, bevor sie nach Los Angeles zog, um einen Klavierstimmer zu heiraten, den sie im Internet kennengelernt hatte. Die Ehe ging in die Brüche – wir hatten es ja gleich gesagt –, und Lydia kam zurück nach Kirowsk und zog zu ihrer Mutter Vera Andrejewna. Sie erinnern sich doch sicher an Vera, die als Kind ihre eigene Mutter beim NKWD denunziert hat? Während der Sowjetjahre war sie gut versorgt gewesen, aber mit dem Fall der roten Flagge fiel auch sie in Ungnade. Als Lydia zurückkam, hatte sich Vera mit denselben Drogendealern eingelassen, bei denen Kolja nach dem Krieg Arbeit gefunden hatte. Lydia war entsetzt, als sie feststellen musste, dass ihr ehemaliges Zuhause ein Versteck für Kriminelle geworden war. Es war nur natürlich, dass sie ihrer Wut und ihrer Enttäuschung bei uns Luft machte, ihren engsten Freundinnen. Sie nahm uns das Versprechen ab, niemandem davon zu erzählen, aber ganz ehrlich: Wie konnte sie erwarten, dass wir solchen Klatsch für uns behielten? Innerhalb einer Woche kam alles dem Mafiachef der Stadt zu Ohren, der den Exekutionsbefehl weitergab. Aber Schuld ist, genau wie Nickel, ein begrenzter Rohstoff, der sich endlos aufteilen und zergliedern lässt, und den größten Anteil tragen Kolja und die Ganoven, die den Finger am Abzug hatten, den zweitgrößten der Mafiachef, der das Todesurteil gesprochen hatte, gefolgt von Vera, die mit diesen Verbrechern gemeinsame Sache gemacht hatte, dem Polizeichef, der mit den Verbrechern unter einer Decke gesteckt hatte, und schließlich Lydia selbst, die uns nie solchen Klatsch hätte anvertrauen dürfen. Wir stehen irgendwo ganz unten auf der Liste und übernehmen nur einen Bruchteil der Schuld, und dieser Bruchteil wiederum wird auf uns sechs verteilt, weshalb sich keine von uns je persönlich dafür verantwortlich fühlen wird, die Gerüchte verbreitet zu haben, die zu Lydias Ermordung führten, einst die Siebte in unserem Bunde.

Als der KGB-Mann 2000 zum Premierminister ernannt wurde, feierten wir.

Unsere Kinder bekamen in der Schule neue Geschichtsbücher, und wir halfen ihnen bei den Hausaufgaben. Sie lasen von Peter dem Großen, dessen prächtige Stadt an der Newa Hunderttausende seiner Leibeigenen das Leben gekostet hatte, und trotzdem ist sich die ganze Welt einig, dass St. Petersburg zu den Wundern der Menschheit zählt. Sie lasen von den Zaren, dem Einfluss imperialer Macht, dem Unmut der Arbeiter und von der Oktoberrevolution. Sie lasen von Stalin, und wir lasen mit ihnen und staunten, dass das neue Geschichtsbuch eine großzügigere Sicht auf ihn hatte als unser eigenes damals. Dem Text zufolge war Stalin ein *effektiver Staatslenker, der sich in seinem Handeln allein von Vernunft leiten ließ* und das *erfolgreichste sowjetische Staatsoberhaupt aller Zeiten war.* Arbeitslager in der Arktis waren ein *zentraler Bestandteil seines Bestrebens, das Land zu Größe zu führen.* Wir sahen unsere Großmütter in einem neuen Licht. Vielleicht war ihr Leid notwendig gewesen, etwas Böses, das durch ein höheres Ziel gerechtfertigt wurde. Schließlich hatten sie sich für uns geopfert. Als unsere Kinder laut vorlasen, der Zusammenbruch der Sowjetunion sei *die größte geopolitische Katastrophe des zwanzigsten Jahrhunderts* gewesen, nickten wir und sagten, »Das stimmt.«

In Tschetschenien brach ein neuer Krieg aus – oder vielleicht wurde auch nur ein alter Krieg wieder aufgenommen, der schon seit Jahrhunderten tobte, das überlassen wir dem Urteil der Historiker –, und Galinas Geschichte nahm eine Wendung, auch wenn wir erst später davon hörten, nachdem sie wieder eine von uns geworden war. Als die regulären Streitkräfte zunehmend durch Anti-Terror-Einheiten abgelöst wurden und die Republik erste Anzeichen einer Wiederbelebung zeigte, begleitete Galina den Oligarchen auf eine Geschäftsreise nach Grosny. Woronow hatte sein Vermögen mit dem Abbau von Mineralerzen verdient, aber er war nur der vierzehntreichste Mann Russlands und wollte unbedingt ins Ölgeschäft expandieren. Die tschetschenischen Ölfelder, während der jahrzehntelangen Unruhen unangezapft, waren für den Einstieg ideal. Während Wonorow Termine in diversen Ministerien wahrnahm, versuchte Galina, etwas über Kolja in Erfahrung zu bringen. Nach der schrecklichen

Sache mit Lydia hatte er sich als Söldner wiederverpflichtet. Sie hatte ihn seit Jahren nicht gesehen. Nach dem Ende seines zweijährigen Militärdienstes hatten undurchdringliche Schichten aus Pressesprechern, Managern und Agenten sie von Männern wie ihm abgeschirmt. Sie fragte sich, ob er wohl versucht hatte, Kontakt zu ihr aufzunehmen, und ob ihr Schweigen ihn auf jenen Weg gebracht hatte, der schließlich zum Mord an Lydia führte.

Der Frau eines Oligarchen händigten die Militärfunktionäre nur zu gern Kranken- und Dienstakten aus, hält sich die für ihre Inkompetenz bekannte Militärbürokratie doch ein Heer von tüchtigen Adjutanten, die ausschließlich Oligarchen, Politikern und Gaunern dienen, die zu reich und zu mächtig sind, um auch nur einen Soldaten, der in ihren Kriegen kämpft, mit Namen zu kennen. Binnen eines Nachmittags hatte ein kleinkarierter Bürokrat und *Lügengespinst*-Fan für Galina Koljas Akte herausgesucht, die ihn in einer absteigenden Taxonomie klassifizierte, welche mit der Brigade begann und mit der Blutgruppe endete.

»Die gute Nachricht lautet, dass seine Kompanie nur fünf Kilometer von hier stationiert ist«, sagte der kleinkarierte Bürokrat. »Die schlechte, dass Kolja als *gefallen* eingetragen ist.«

Galina nickte ernst.

»Ach was, Kopf hoch!«, sagte der kleinkarierte Bürokrat. »Wir erklären andauernd kerngesunde Soldaten für gefallen. Einem Toten braucht man schließlich keinen Sold zu zahlen. *Gefallen* ist mehr ein Aktenzustand als alles andere. Wir hatten neulich erst einen Patienten aus Koljas Zug, der gleichzeitig mit ihm für gefallen erklärt worden war.«

Der Patient hieß Danilo. Er sei einige Monate zuvor in den Bergen nahe Benoi gefunden worden, fuhr der kleinkarierte Bürokrat nach weiterem Aktenstudium fort. Er war seit Monaten vermisst gewesen und wäre vor dem Kriegsgericht als Deserteur verurteilt worden, hätte man ihn nicht zuvor schon für tot erklärt. Als er endlich im Krankenhaus ankam, hatte sich in seinem verletzten Fuß schon Wundbrand ausgebreitet, so dass er amputiert werden musste, ein Spezialgebiet des OP-Teams. Von seinem bisschen Verstand hatte Danilo das meiste verloren, aber soweit die Militärpolizei es sich zusammenreimen konnte, war er von Rebellen in einem Brunnenschacht gefangen gehalten worden.

Der kleinkarierte Bürokrat zog ein Foto aus der Akte. Es war so oft zusammen- und auseinandergefaltet worden, dass das Bild darauf von einem Karomuster überzogen war. Er gab es Galina, und sie sah eine Frau in einem Bikini mit Leopardenmuster, die zwischen zwei Jungen in Badehosen mit Leopardenmuster stand. Im Hintergrund stießen die Zwölf Apostel gelben Qualm aus. Das Foto war ein paar Jahre bevor Galina Kolja kennengelernt hatte entstanden. Sie erkannte ihn; er war der größere der beiden Jungen.

»Die Episode hat eine zusätzliche Besonderheit, die für eine Künstlerin wie Sie vielleicht interessant ist«, fuhr der kleinkarierte Bürokrat ungeachtet der Trauer fort, die Galinas Miene überzog. »Die Bergwiese, in deren Nähe die beiden Soldaten gefangen gehalten wurden, ist sehr bekannt, zumindest hier in der Gegend, denn sie ist das Motiv einer Landschaftsszene, die einmal im Museum für regionale Kunst in Grosny hing.«

Galina hatte immer noch nicht von dem Foto aufgesehen. Sie sah immer noch auf Kolja, als würde sie rückwärts durch die Zeit blicken, was natürlich die einzige Art ist, Fotos anzusehen; genauso haben wir Fotos unserer ersten Lieben betrachtet, die in Tschetschenien oder zu Hause ums Leben gekommen waren, durch Landminen oder Schüsse, durch Überdosen oder Alkoholvergiftungen, Grubenunglücke, durchgedrehte Autofahrer, Tuberkulose oder HIV. Galina muss jenen Schmerz gespürt haben, den wir so gut kennen, ein Schmerz, den so viele gespürt haben, dass er zum Prüfstein für unsere Generation wurde, den Schmerz, der einen überwältigt, wenn man erfährt, dass ein Exfreund aus Jugendzeiten gewaltsam, sinnlos und viel zu früh gestorben ist. Ihre

Tode haben uns altern lassen, als wären ihre ungelebten Jahre auf unsere gelebten draufgepackt worden und als müssten wir nun die Enttäuschung beider Leben tragen – des gelebten wie des ungelebten Lebens, so dass wir, selbst wenn wir allein sind, uns in stillen Badezimmern die Zähne putzen, in leeren Betten wach liegen, selbst wenn unsere Kinder schlafen, unsere Freundinnen sich in stillen Badezimmern die Zähne putzen und in ihren leeren Betten wach liegen, selbst wenn die Tür geschlossen ist und uns niemand sehen oder hören kann, wir nicht allein sind und immer noch in der Mehrzahl denken.

Galina fragte, ob Kolja wirklich gefallen sei. Der kleinkarierte Bürokrat überflog den Rest der Akte.

»Streng genommen nicht. Wahrscheinlich ist er in Gefangenschaft umgekommen. Aber tot ist er so oder so.« Der kleinkarierte Bürokrat überbrachte die Nachricht in demselben Ton, in dem er einer Ordonnanz einen schönen Tag wünschte. »Wir haben zwar keine Leiche gefunden, aber wenn bei solchen Geiselnahmen einem Kameraden die Flucht gelingt, na ja, dann schafft es der andere oft nicht. Danilo hat erzählt, er wäre auf besagter Wiese gestorben, durch eine Mine.«

»Ich will sehen, wo er gestorben ist«, sagte Galina.

Der kleinkarierte Bürokrat erklärte lang und breit, wie ungern er der Frau eines Oligarchen einen Wunsch abschlage, noch dazu niemand Geringerem als dem Star aus *Lügengespinst*, aber die Bergregionen seien immer noch umkämpfte Gebiete, auch wenn man euphemistisch von Anti-Terror-Einsätzen spreche.

»Was ist mit dem Gemälde, das Sie erwähnt haben? Das den Ort zeigt, an dem Kolja gestorben ist?«, fragte Galina später am Nachmittag. »Ich will es sehen.«

Drei Tage später traf sich Galina mit dem ehemaligen Vizedirektor des Museums für Heimatkunst. Das Museum war einige Jahre zuvor zerstört worden, und der Vizedirektor hatte eine zweite Laufbahn als Fremdenführer begonnen.

Es hieß, Galina sei nach ihrer Rückkehr aus Tschetschenien nie mehr dieselbe gewesen. Sie aß wenig. Nichts machte ihr mehr Freude. Selbst wenn sie nachmittags mit ihrer Tochter im Park spazieren ging, kam sie matt und blass in ihr Penthouse zurück. Was sie in Tschetschenien gesehen hatte, hatte sie verändert – aber wir wissen nicht genau, was sie gesehen hat, unsere Geschichte besteht aus Gerüchten und Gerede, das schnell zum Mythos wird, wenn es sich um jemanden wie Galina dreht.

Kurzum: Sie war dumm genug, um zur Dissidentin zu werden. Hätte sie sich über die Lage in Tschetschenien informiert, wäre ihr klargeworden, dass das Vorgehen des Präsidenten korrekt war, wie auch sonst alles, was er tut. Stellen Sie sie nur nicht auf einen Sockel: Sie wollte nur genügend Distanz schaffen, um den Luxus der Herrscherklasse genießen zu können, ohne sich für ihre Taten mitverantwortlich zu fühlen. Natürlich wurde nur geflüstert. Galina war keine Demonstrantin. Und trotzdem weiß jeder, der sich einen von Galinas Filmen angesehen hat, dass ein einziges Flüstern ziemlich störend sein kann, wenn das restliche Publikum still ist.

Auf Dinnerpartys und Vernissagen schenkte niemand ihren zweideutigen Kommentaren Beachtung. Aber als wir Galina als Telefongast im Radio in *Stimme aus Moskau* hörten, war uns nach ihren atemlosen ersten Worten klar, dass sie nicht bis zum Ende durchdacht hatte, was sie da tat. Wie kam sie bloß dazu? Wie konnte sie nur so undankbar sein gegenüber einer Regierung, der sie so viel zu verdanken hatte? Das stand ihr nicht zu! Sie hatte doch alles! Später erfuhren wir, dass der Radiosender die Tochtergesellschaft einer Medien-Holding war, die wiederum die Tochtergesellschaft eines Konglomerats war, dessen Hauptaktionär kein anderer war als der inzwischen dreizehntreichste Mann Russlands, unser lieber Oligarch. Hatte sie das gewusst, als sie die Liebe des Premierministers zum Sport ins Lächerliche zog, indem sie ihn einen *barbrüstigen Barbaren* nannte? Wahrscheinlich nicht. Schließlich war der Oligarch als frischgebackener dreizehntreichster Mann Russlands ein bedeutender Anteilseigner von so ziemlich allem. Für einen Mann wie den Oligarchen, dessen Vermögen und dessen Freiheit auf seinen guten Beziehungen zum Kreml beruhten, hatte die politische Partnerwahl stets Vorrang vor der romantischen.

In den darauffolgenden Wochen verschwanden Galinas Filme aus den DVD-Leihautomaten, und man erkannte ihr ebenso leise wie offiziell den Miss-Sibirien-Titel ab. Sie wurde nicht von den Fotos wegretuschiert wie damals ihre Großmutter; stattdessen wurde sie per Photoshop vom Miss-Sibirien-Werbematerial entfernt. Wir konnten es dem Oligarchen nicht verdenken. Die Chodorkowski-Affäre war noch auf sämtlichen Titelblättern. Galina verlor die Eigentumswohnungen in Petersburg und Moskau, die schwarzen Limousinen mit Chauffeur, die Perlen und Pelze. Man nahm ihr alles weg, wofür sie weder einen Titel, ein Vertragsdokument noch eine Quittung hatte. Der Oligarch, der von Kindern und insbesondere seinem eigenen nicht viel hielt, machte Galina überraschend ein einziges Zugeständnis und überließ ihr die gemeinsame Tochter, die sie mit nach Kirowsk nahm.

Jetzt sehen wir Galina täglich. Nicht auf den Reklametafeln vor den Kinos, sondern auf dem Markt, auf der Straße und an der Bushaltestelle. Ihr Gesicht ist genauso groß wie unseres. Immer noch hübscher, das muss man ihr lassen, aber solchen Neid haben wir längst hinter uns. Im Großen und Ganzen sind wir glücklich. Die steigenden Preise für Öl und Erdgas haben den Rubel stabilisiert. Die Profite des Bergbaukombinats haben dieselbe Wachstumsrate wie die chinesische Wirtschaft. Fünfundneunzig Prozent aller Katalysatoren weltweit werden mit Palladium aus Kirowsk hergestellt, und dank der Bemühungen amerikanischer und europäischer Umweltschützer, die wild entschlossen sind, ihre Luft rein zu halten, floriert unsere Stadt unter dicken Schichten von Smog. Von Zeit zu Zeit kommen uns Geschichten ganz ähnlich der von Galina und ihrer Großmutter zu Ohren; wer zu laut spricht, läuft Gefahr, wegen Korruption verurteilt und in ein sibirisches Gefängnis gesteckt zu werden. Die Kleinen hängt man ...

Sehen Sie, da drüben auf der anderen Straßenseite. Auf dem Klettergerüst, das ist Galinas Tochter, sie spielt mit unseren Mädchen, rutscht lachend und kreischend mit ihnen die Rutsche hinunter. Ein hübsches Mädchen, da beißt die Maus keinen Faden ab. Galina sitzt meist mit uns auf dieser Bank, während wir in Erinnerungen schwelgen, unserem Ärger Luft machen und Freudiges teilen. Hauptsächlich reden wir über unsere Kinder. Wie wütend sie uns machen, wie viel Kummer sie uns bereiten und wie uns die Angst, sie zu enttäuschen, nachts aus dem Schlaf schrecken lässt. Niemand mag Prahler, und wer seine Kinder lobt, verdammt sie zum Unglück, aber wir gestehen es, wenn auch nur heimlich, nur vor uns selbst: Wir sind stolz, unheimlich stolz auf sie. Wir haben ihnen gegeben, was wir nur konnten, aber unser größtes Geschenk war es, ihnen den Stempel unserer eigenen Gewöhnlichkeit aufzudrücken. Sie mögen uns das irgendwann vorhalten, mögen uns für ambitionslos und kleingeistig halten, aber eines Tages werden sie begreifen, dass gerade ihre Unauffälligkeit sie am Leben hält. In ein paar Jahren werden sie verheiratet sein und selbst Kinder haben. Wir fragen uns, welche Geschichten unsere Enkelkinder wohl später von uns erzählen und ob diese Geschichten auch nur im Entferntesten wie unsere klingen werden.

Das Fremdenverkehrsamt von Grosny

Grosny, 2003

Die Ölleute aus Peking sind angekommen, um sich feierlich Bohrrechte überschreiben zu lassen. »Für sie ist das ein Urlaub«, hat mir der Dolmetscher gestern Abend im Hotel Ewigkeit von Grosny erklärt, das sowohl das einzige Fünfsternehotel als auch das einzige Hotel der Republik ist. Ich nickte gemessen; mir muss er nichts erklären. Ich bin unter Breschnews Regentschaft groß geworden, als zähe und robuste junge Männer die Ausbildung für den öffentlichen Dienst antraten und zwei Jahre darauf kraftlos und gebückt in den Staatsdienst entlassen wurden, bis in alle Ewigkeit geheilt von dem Wunsch, der Öffentlichkeit oder überhaupt irgendwem zu dienen. Peking muss allerdings düster sein, wenn ein Aufenthalt in Tschetschenien als Urlaub gilt.

»In zehn Minuten sind wir in Grosny«, gebe ich auf Englisch bekannt. Der Dolmetscher sitzt auf dem Beifahrersitz. Er ist ein spindeldürrer Mann mit einem so pechschwarzen und schimmernden Haarschopf, als wäre er aus Schuhcreme geformt. Ich spüre immer eine Wesensverwandtschaft mit Dolmetschern – wie auch mit Stellvertretern und überhaupt Kulis jeder Couleur –, und als er meine Worte in langsamem, gemessenem Mandarin wiedergibt, hat er den resignierten und mir vertrauten Tonfall eines Mannes, der weiß, dass er intelligenter ist als seine Vorgesetzten.

Die Straße schlängelt sich über ein ehemaliges Dach. Ein grünspanverkrusteter Arm ragt aus dem Schutt, und der Zeigefinger zeigt gen Himmel. Die Leninstatue stand einst auf dem Platz vor dieser Schule, den Arm hoch erhoben, um Schulkinder für die

Glorreiche Revolution zu mobilisieren, aber heute ist Wladimir Iljitsch bis zum Kinn begraben wie ein Cowboy, der zum Tod in der Wüstensonne verurteilt worden ist, und sein Arm ruft nur noch um Hilfe. Wir fahren weiter, vorbei an Messing-Patronengurten und olivgrünen Splitterschutzwesten, roten Halstüchern und goldenen Schulterklappen – die ganze Palette der russischen Invasion zeichnet sich über den Trümmergewittern ab. Wenn sie das von der Motorhaube des Mercedes herabhängende 02-Nummernschild vom Innenministerium sehen, winken uns die Spione, Soldaten, Polizisten und bewaffneten Wegelagerer unbesehen durch. Die Straßen werden befahrbarer. Die Zementlaster kommen vom Zementwerk nicht bis zu den Löchern im Boden durch, ohne von der einen oder anderen Technicolor-Schattierung unserer Besatzer gekapert und an russische Baufirmen nördlich der Grenze verkauft zu werden, also schlachten die Straßenarbeiter die Ruinen der Verwaltungsgebäude aus und legen Bürotüren über die Krater. Auf den Türen stehen noch die Namen und Titel derer, die einst dahinter gearbeitet haben. *Mansur Chalidow: Chefarzt Onkologie; Städtisches Krankenhaus Nr. 6. Jacha Sagaipowa: Stellvertretende Direktorin Stahlblech; Ministerium für Eisenmetallurgie.* Vielleicht steht in irgendeiner heruntergekommenen Seitenstraße auch mein Name auf einem Krater und hält das Gewicht eines Fremden, der die Plakette *Ruslan Dokurow: Vizedirektor; Museum für Heimatkunst, Grosny* anstarrt und sich fragt, ob dieser Dokurow wohl noch lebt.

»Außerhalb von Grosny ist neulich ein großes Massengrab entdeckt worden, nicht wahr?«, fragt der Dolmetscher.

»Ja, ein aufregender Fund. Das dürfte zu einer großen Touristenattraktion für Archäologiefans werden.«

Der Dolmetscher runzelt die Stirn. »Ist das nicht der Schauplatz eines Verbrechens?«

»Machen Sie sich doch nicht lächerlich. Das ist Millionen Jahre alt.«

»Aber waren die Leichen nicht mit Schüssen hingerichtet worden?«, fragt er nach.

Ich zucke nur mit den Schultern. Soll ich vielleicht für die Gräueltaten des Urmenschen geradestehen?

Kurz vor der Stadt deutet der Dolmetscher auf planierte Trümmerberge. »Was ist das?«

»Vorstädte«, sage ich.

Wir fahren an Baggern, Kipplastern und Presslufthammern vorbei, vorbei an den metallischen Dissonanzen des Wiederaufbaus, die nach den Monaten detonierender Granaten wie liebliche Lieder klingen. Die Baukräne sind die höchsten von Menschen errichteten Gebilde, die ich je gesehen habe. Ich fahre zum Rathausplatz, einst das Zentrum der Regionalverwaltung, heute ein braunes Feld mit eingegrabenen Planierraupenspuren. Nadja hat mal hier die Straße runter gewohnt. Die Ölleute steigen aus, sehen einander mit fragend hochgezogenen Augenbrauen an, dann den Dolmetscher und schließlich mich.

Ich drehe mich nach Nordosten und zeige auf einen Streifen blauen Himmels, der beidseits von fetten Kumuluswolken gerahmt wird: »Das war das Hotel Kawkas. ABBA sind da mal zwei Nächte lang abgestiegen. Ich hab ihnen die Gitarren getragen, weil ich da damals einen Ferienjob hatte. Daneben müssen Sie sich einen Wohnblock vorstellen. Vor '91 wohnten da nur Parteigenossen und nach '91 nur Kriminelle. Nicht dass es einen Mieterwechsel gegeben hätte.«

Keiner von den Ölleuten lächelt. Der Dolmetscher beugt sich zu mir und flüstert: »Ihnen ist aber schon klar, dass die drei Herren hochangesehene Mitglieder der Kommunistischen Partei Chinas sind.«

»Ich darf das, ich bin der Chauffeur.«

Der Dolmetscher starrt mich verständnislos an.

»Lloyd aus *Dumm und dümmer*?«

Nichts.

»Jim Carrey. Ein großartiger Schauspieler, der die Sinnlosigkeit unserer Zeit verkörpert«, erkläre ich.

Das dolmetscht er gar nicht erst. Ich rede weiter, errichte den Platz mit meinen Worten neu, aber die Ölleute sehen nicht, was ich sehe. Sie blicken nur auf einen leeren, von Bomben und Bulldozern zerstörten Platz.

»Kommt, Genossen, lasst eure Phantasie spielen«, fordere ich sie auf, aber sie gehen schon zum Mercedes zurück, nur der Dolmetscher hört noch zu, doch der geht dann auch zum Wagen zurück, und ich führe nur noch Selbstgespräche.

*

Drei Monate zuvor hatte der Innenminister mir seinen Plan erläutert. Das Vorhaben war heller Wahnsinn, aber ich hörte mit der Miene ausdruckslosen Wohlbehagens zu, die ich in meinen dreiundzwanzig Jahren als Staatsdiener perfektioniert habe.

»Die Vereinten Nationen haben Grosny zur verheertesten Stadt der Welt ernannt«, erklärte der Minister zwischen einzelnen Bissen saftiger Forelle.

Ich wusste nicht recht, welche Reaktion da angemessen war, und gratulierte vorsichtshalber nur halbherzig.

»Ja, klar, immer schön, wenn man Anerkennung findet, sag ich mir. Aber wie Sie sich vorstellen können, haben wir ein Imageproblem.«

Er beugte sich auf seinem Chefsessel mit hoher Lehne über den Tisch, auf dessen anderer Seite ich auf einem alten Stuhl mit wackeligen Beinen saß, auf dem man immerzu die Balance suchte, um vor dem Minister nicht umzukippen. Der Minister und ich waren uns vor fünfzehn Jahren über den Weg gelaufen, als er wegen eines kurz zuvor entstandenen Porträts von ihm und seinen Söhnen meinen Rat suchte und ich wegen einer Datscha in der Nähe meines Heimatdorfs seinen. Er hatte damals zwei Söhne gehabt. Der erste emigrierte vor dem zweiten Krieg, um in den USA Pharmakologie zu studieren, und arbeitet heute in einem bedeutenden Drugstore in Muskegon, Michigan. Was aus dem zweiten geworden ist, weiß ich nicht, aber das Ausbleiben ministerialen Prahlens dürfte dem Läuten der Totenglocken gleichkommen. Das Porträt hing immer noch an der Wand und zeigte den Minister und seine Söhne in hohen Lederstiefeln, Pumphosen, langen Wolltschochas und Papachi aus Schaffell. Alle drei stellen heroisch die Füße auf den Kadaver eines Braunbären, der verblüffende Ähnlichkeit mit Jelzin hat.

»Ausländische Investitionen«, fuhr der Minister fort. »Ich stehe mit meiner Meinung praktisch allein da, aber wir müssen Kapital herlocken, das keine Verbindungen zum Kreml hat, wenn wir ein Minimum an wirtschaftlicher Unabhängigkeit erlangen wollen, und der Ruf als weltgrößte Ruine ist da keine große Hilfe. Rosneft will seine Krallen in unsere Ölreserven schlagen, aber mit den Chinesen können wir einen besseren Deal abschließen. Sagt Ihnen der Name Oleg Woronow etwas? Er sitzt im Aufsichtsrat von Rosneft, ist der vierzehntreichste Mann Russlands und einer der Falken, die 1994 den Einmarsch vorangetrieben haben. Der Erwerb tschetschenischer Ölförderrechte steht ganz oben auf seiner Liste.«

Mit dem Silberbesteck schob der Minister die Gräten der Forelle auf dem Tisch hin und her und stückelte das Skelett des eben verzehrten Fischs wieder zusammen. »Nun, ich habe mich ein wenig in Marketingfragen eingelesen. Wenn wir ausländische Investoren anlocken wollen, müssen wir Tschetschenien das Image eines Dubai des Kaukasus verpassen. Und da kommen Sie ins Spiel. Was sind Sie noch mal, Direktor des Museums für Heimatkunst?«

»Vizedirektor, mein Herr.«

»Vizedirektor, soll mir recht sein. Das war gute Arbeit, wie Sie damals die Gemälde nach Moskau geschickt haben. Ein richtiger PR-Coup. Sogar britische Zeitungen haben über die Ausstellung in der Tretjakow berichtet.«

Ich deutete ein Nicken an und akzeptierte das Kompliment für den Tiefpunkt meiner Achterbahnkarriere. 1999 hatten russische Granaten das Museum zerstört, und zusammen mit meinen Mitarbeitern hatte ich aus der anschließenden Feuersbrunst gerettet, was an Beständen zu retten war. Kurz darauf bekam ich die Anweisung, alles den Russen auszuhändigen. Als ich las, dass ich als Ko-Kurator einer Ausstellung geretteter tschetschenischer Gemälde in der Moskauer Tretjakow-Galerie aufgeführt wurde, hatte ich die Lider geschlossen und mich gefragt, was bloß aus all dem geworden war, was meine Augen einst geliebt hatten.

Der Minister hielt den Teller über den Papierkorb, und die Gräten des skelettierten Fischs glitten hinein. »Nichts ist ein besserer Beweis für Stabilität und Frieden als ein blühender Tourismussektor«, sagte er. »Ich glaube, Sie sind der ideale Kandidat für die Leitung des Projekts.«

»Mit Verlaub«, sagte ich, »ich bin über Landschaftsidyllen des 19. Jahrhunderts promoviert worden. Ich bin Kunsthistoriker. Das ist mir alles eine Nummer zu groß.«

»Nennen wir die Dinge doch beim Namen, Ruslan. Wir brauchen für diese Stelle jemanden, der drei Qualifikationen mitbringt. Erstens muss er Englisch sprechen. Zweitens muss er über Kultur und Geschichte der Region gut genug Bescheid wissen, um jederzeit demonstrieren zu können, dass Tschetschenien viel mehr ist als ein Kriegsgebiet im Wiederaufbau, dass wir eine reiche, von Gewalt unbefleckte kulturelle Geschichte haben. Drittens, und das ist das Wichtigste, muss er das seltene Exemplar eines Manns der Regierung sein, dem man keinerlei Verbindungen zu den Menschenrechtsverstößen beider Konfliktparteien nachweisen kann. Bringen Sie diese Voraussetzungen mit?«

»Ja«, sagte ich. »Trotzdem halte ich mich für absolut unqualifiziert, um die Tourismusbranche zu sanieren.«

Der Minister runzelte die Stirn. Er suchte auf dem Tisch nach einer Serviette, dann streckte er den Arm aus und wischte seine fettige Hand an meiner Krawatte ab. »In Ihrer Personalakte steht, Sie haben in Hotels gearbeitet.«

»Mit sechzehn hatte ich mal einen Ferienjob als Hotelpage.«

»Na also«, strahlte der Minister. »Dann haben Sie doch eindeutig Erfahrungen im Gastgewerbe.«

»Im Kofferschleppgewerbe.«

»Sie nehmen also an?«

Ich sagte nichts, und wie das oft so geht, wenn man mit Männern zu tun hat, die mehr Macht als Weisheit mitbringen, hielt er mein Schweigen für Zustimmung. »Ich gratuliere, Ruslan. Sie sind Direktor des Fremdenverkehrsamts von Grosny.« Und so wurde ohne mein Zutun über meine Zukunft entschieden.

Büroräumlichkeiten waren ein wertvolles Gut, da es ja kaum noch erhaltene Gebäude gab, also arbeitete ich von meiner Wohnung aus. Am ersten Vormittag malte ich *Fremdenverkehrsamt* auf ein Stück Karton. Meine Handschrift hatte ich bei den jahrelangen Bemühungen verfeinert, in Büros einen produktiven Eindruck zu machen. Ich klebte das Schild an die Wohnungstür, und nach fünf Minuten war es weg. Ich malte ein neues Schild und dann ein drittes, aber die Straßenkinder, die auf dem Treppenabsatz hausten, klauten wie die Raben. Nach dem fünften Schild setzte ich mich in die Küche, trank die Wodkaflasche aus, die der Minister mir zum Stellenantritt hatte schicken lassen, und fiel tränenüberströmt auf dem Küchenboden in Ohnmacht. So endete mein erster Tag als Direktor des Fremdenverkehrsamts.

In den nächsten Wochen entwarf ich eine Broschüre. Der Knackpunkt war: Wie brachte man Touristen dazu, freiwillig nach Grosny zu kommen? Um mich inspirieren zu lassen, studierte ich die Tourismusbroschüren anderer urbaner Höllenlandschaften: Bagdad, Pjöngjang, Houston. Ich lernte, niemals mit Adjektiven zu geizen, potenzielle Touristen als geistig minderbemittelte Schlemmer zu betrachten und die Berichte von Entführungen, Zwangsprostitution und Terrorismus der üblen Nachrede ausländischer Provokateure zuzuschreiben. Inspiriert von dem, was ich dort las, steckte ich mein Notizbuch in die Hemdtasche und rannte förmlich auf die Straße. Als ich die Brache eines ehemaligen Wohnblocks sah, notierte ich *weite und unverstellte Himmel!* Jubelnd sah ich zu, wie ein Rudel verwilderter Hunde einem Mann nachsetzte, und schrieb *unerwartete Begegnungen mit der heimischen Tierwelt!* Auf dem städtischen Basar wurden gestohlene Industriemaschinen feilgeboten, Pakete der humanitären Hilfsorganisationen und Munition aller Formen und Kaliber: *beispiellose Shopping-Gelegenheiten auf dem Basar von Grosny!* Noch bevor ich zum ersten Checkpoint kam, hatte ich *erstklassige Sicherheit* notiert. Der Text schrieb sich wie von selbst; die wahre Herausforderung bestand darin, Bilder zu finden, die ihn glaubhaft machten. Die Belagerung hatte der Stadt schließlich eine neue Topographie gegeben. Schuttberge lenkten Straßen durch verlassene Lagerhäuser – einmal sah ich einen Verkehrsstau in einer Fabrikhalle –, und wo nicht umgelenkt wurde, war alles dem Erdboden gleichgemacht worden. Ein Foto des heutigen Stadtbildes würde mein schönschwätzverstärktes Trugbild des romantischen Paradieses für heterosexuelle Liebespaare wie eine Kanonenkugel zerfetzen. Aber in den zerstörten Archiven waren keine geeigneten Fotografien aus dem Vorkriegs-Grosny aufzutreiben. Am Ende verzichtete ich einfach auf Fotos und nahm als Bildmaterial die Januar-, April- und Augustblätter des Kalenders vom Museum für Heimatkunst aus dem Jahr 1984. Auf den drei Landschaftsbildern aus dem 19. Jahrhundert schossen Schwalben über reifenden Weinreben herum, und ein Hirte hütete im Sonnenuntergang seine Herde; die Bilder porträtierten ein von Krieg und Kommunismus unberührtes Land und wirkten neben meinen Beschreibungen des pittoresken Tschetschenien nicht völlig deplatziert.

*

Nachdem ich die chinesische Öltroika beim Innenministerium abgeliefert habe, fahre ich nach Hause. Als ich hochsteige, fliehen die Straßenkinder aus dem Treppenhaus, lassen aber ihre Überlebenswerkzeuge zurück: einen Eisenspieß zum Taubenbraten und einen Meißel, um Mörtelreste von den Ziegelsteinen abzuschlagen, die sie dann für einen Rubel pro Stück an die Maurertrupps verkaufen.

Ich klopfe an die Tür der Nachbarwohnung und sage meinen Namen. Nadja öffnet mit Kopftuch und Sonnenbrille. Sie wendet mir die narbenlose Gesichtshälfte zu und bittet mich hinein. »Wie war die Jungfernfahrt?«

»Ein voller Erfolg«, sage ich. »Sie sind eingeschlafen, bevor wir die schlimmsten Schutthalden erreicht hatten.«

Nadja lächelt und geht mit vorsichtigen Schritten zum Primus-Kocher. Auf dem Weg zur Arbeitsfläche braucht sie den weißen Stock nicht. Ich suche das Zimmer nach Hindernissen ab, aber alles ist in Ordnung. Auf den Dielen sieht man nur den Pfad aus Kopekenmünzen, die ich ihr aufgeklebt hatte, damit ihre nackten Sohlen sich in den ersten Monaten ihrer Blindheit ins Badezimmer, in die Küche und zur Wohnungstür tasten konnten. Am Ende eines solchen Pfades steht ein Tisch mit säuberlich aufgestapelten Schwarzweißfotos, früher die Quellen ihrer Dissertation über Bildmanipulationen im Stalinismus. Während sie Wasser aufsetzt, schaue ich mir ein paar davon an. Nadja hat auf jedem Bild ein Gesicht umkringelt. Es ist immer dasselbe Bild beziehungsweise dieselbe Person, die in den Hintergrund der Fotografien retuschiert worden ist, mal als Kind, mal als älterer Mann – die Signatur des anonymen Zensors.

In der Küche pfeift der Kessel. Wir trinken Tee aus nicht zusammenpassenden Bechern, an denen Staubringe von der Tischplatte haften bleiben. Sie hat sich so hingesetzt, dass ich ihre linke Gesichtshälfte nicht sehen kann.

»Die Touristenbroschüren werden nächste Woche fertig«, sage ich. »Eine davon muss ich unseren Genossen aus Peking schicken, wenn die Gemälde gut genug herauskommen. Ossetischen Druckern traue ich nicht.«

»Du hast drei aus dem Sacharow-Saal genommen?«

»Ja, drei Sacharows.«

Ihr Schatten nickt an der Wand. Der Sacharow-Saal, die größte Einzelabteilung des Museums, war auch ihr Lieblingssaal gewesen. Dort war ich ihr das erste Mal begegnet, 1987, an ihrem ersten Tag als neu eingestellte Restauratorin des Museums.

»Eine musst du für mich zurücklegen«, sagt sie. »Für später, wenn ich sie sehen kann.«

Ihr letzter Satz hängt einen langen Augenblick in der Luft, bevor ich antworte. »Ich habe dir einen Umschlag mit fünftausend Rubel für deine Reise mitgebracht. Ich lege ihn dir auf den Nachttisch.«

»Ruslan, bitte.«

»Sankt Petersburg ist eine Stadt, die sich darauf eingestellt hat, Touristen auszunehmen. Das weiß ich. Das ist schließlich meine Branche.«

»Du musst nicht auf mich aufpassen. Das sag ich dir doch immerzu«, sagt sie und drückt mir fest, aber verständnisvoll die Finger. »Ich habe meine Erwerbsunfähigkeitsrente gespart. Es reicht für den Bus, und wohnen kann ich bei der Kusine einer Kommilitonin.«

»Es ist nicht für dich. Es ist für Filme, für Videokassetten«, sage ich eine Spur zu schnell. Slapstick und romantische Komödien waren in den letzten Jahren meine Lieblingsgenres. »Such ausländische Sachen.«

Sie sieht mich direkt an, oder in Richtung meiner Stimme, und vergisst einen Augenblick lang, was aus ihrem Gesicht geworden ist. Sie war bei mir, als die Granaten drei Stockwerke Kunst in eine Flammenhölle verwandelten, die sie fast nicht überlebt hätte. Die Verbrennungen dritten Grades zogen sich zu einer rissigen Leinwand aus Narbengewebe zusammen, die sich über ihre linke Schädelseite legte. Mit den Fingern kann sie ertasten, was früher ihr Gesicht war, aber sie kann es nicht sehen, und so ist ihre Blindheit auch ein

Geschenk des Feuers, das ihr alles andere nahm. Ihr linkes Auge gibt es nicht mehr. Sie könnte die leere Augenhöhle in Richtung Mittagssonne drehen, und es bliebe darin Mitternacht. Aber ihre rechte Seite blieb teilweise verschont. Dort gehen die Narbenschründe in Auen aus glatter Haut über. In der Hitze sind ihre rechten Lider verschmolzen und haben ihr Auge vor den schlimmsten Flammen versiegelt. Mit diesem Auge sieht sie manchmal Licht flackern und ganz schwache Bewegungen. Hier besteht eine gewisse Chance, das Sehvermögen wiederherzustellen, hat ein Augenarzt ihr erklärt. Aber jeder Augenarzt, der genügend Sachverstand hätte, eine so heikle Operation durchzuführen, verfügte auch schon vor langer Zeit über den gesunden Menschenverstand, aus Grosny zu fliehen. Nadja hat keine Termine, will nächste Woche in Sankt Petersburg aber ein halbes Dutzend Augenärzte aufsuchen. Wenn eine Operation möglich ist, hat sie gesagt, und wenn diese Operation gelingt, dann zieht sie nach Schweden. Ich habe Angst davor, was in einem Land aus ihr wird, dessen Einwohner gezwungen sind, ihre Möbel selbst zusammenzubauen.

»Wenn der Eingriff Erfolg hat, musst du nicht weggehen«, sage ich.

»Aber jetzt muss ich schlafen.«

Zurück in meiner eigenen Wohnung, kratze ich die eingetrockneten Reste meiner morgendlichen Buchweizengrütze auf eine Scheibe Brot. Die Körner verkeilen sich zwischen meinen Backenzähnen. Ich wasche mir am Spülbecken die Hände und lasse das Wasser noch weiterlaufen, als sie schon sauber sind. Die Innentoilette ist vor einem halben Jahr wieder angeschlossen worden. Über der Tür klebt ein Autoaufkleber, *Gott ist dir näher als du meiner Stoßstange,* den eine amerikanische Kirche einer Kiste mit Bibeln beigelegt hatte, als wir um Hilfspakete gefleht hatten.

Ich hole ein Dutzend versengte Leinwände aus der Abstellkammer und breite sie in zwei Sechserreihen auf dem Boden aus. Für die Ausstellung in der Tretjakow waren sie zu stark zerstört. Keins dieser Bilder wurde nach 1879 gemalt, und doch erinnern sie an surreale Visionen eines drogenbenebelten Geistes. Die meisten sind durch und durch verkohlt, einige nur noch aufgespannte Asche, die eher an die angesengten Schlitzbilder von Alberto Burris Tachismus erinnern als an den Klassizismus der Kaiserlichen Kunstakademie. Auf anderen haben die in der Hitze geschmolzenen Ölfarben aus fotorealistischen Porträts zerfließende Traumlandschaften gemacht.

In der Abstellkammer steht noch eine letzte Leinwand, der Sacharow, den ich gerettet habe. Ich lege ihn auf den Couchtisch und betrachte im Licht einer schirmlosen Lampe die Pinselführung. Die nahtlos ineinanderfließenden Farbabstufungen, die nahezu unsichtbaren Pinselstriche: klassischer Sacharow. Auch die drei Jahre, die ich auf meine Dissertation über Pjotr Sacharow-Tschetschenez verwendet habe, konnten meine Faszination an seinem Werk nicht mindern. Geboren 1816 in den Kaukasuskriegen, denen Puschkin, Lermontow und Tolstoi in ihren Gedichten und Erzählungen vom »Gefangenen im Kaukasus« später ein Denkmal setzten, war er schon vor seinem vierten Geburtstag eine Kriegswaise. Seine Brillanz überstrahlte seine Verhältnisse aber dermaßen, dass er es bis auf die Kaiserliche Kunstakademie schaffte, und obwohl ihm Stipendien, Stellen und Schirmherren wegen seiner ethnischen Herkunft versagt blieben, wurde er zuletzt Hofmaler und Mitglied der Akademie. Da haben wir mal einen Tschetschenen, der es lernte, nach den Regeln seiner Unterdrücker Erfolg zu haben, darin dem Innenminister nicht unähnlich – man kann sie bewundern und bedauern.

Eine Wiese, ein Aprikosenbaum, eine Steinmauer, die diagonal durchs Gras mäandert, die Wiese, die in einen Hügel übergeht, ein überdachter Brunnen und eine Datscha. 1937 malte der Zensor, der später zum Gegenstand von Nadjas Dissertation werden sollte, den Parteivorsitzenden von Grosny neben die Datscha. Über fünfzig Jahre lang füllte der Apparatschik wie eine deplatzierte Statue des Sozialistischen Realismus die linke untere Bildecke aus. Das sowjetische Dogma hatte schon die gesamte Gegenwart durchdrungen, und hier wurde man daran erinnert, dass auch die Vergangenheit jederzeit revidiert werden konnte, für Änderungen genauso anfällig war wie eine unvollendete Leinwand. Als 1989 die Berliner Mauer fiel, die sowjetischen Satellitenstaaten wegbröckelten und die Politiker und Sicherheitsapparate drängendere Sorgen hatten als Landschaftsgemälde aus dem 19. Jahrhundert, bat ich Nadja, den Sacharow zu restaurieren. Sie hatte eine hervorragende Ausbildung und brachte großes Einfühlungsvermögen mit – eine geborene Restauratorin, und im Lauf einiger Wochen entfernte sie den Bonzen aus dem Bild. Wir gingen nicht auf die Straße; wir brachten keine Regierungen zu Fall und stürzten keine Diktatoren; unser Aufstand fand auf zehn mal zehn Zentimetern Leinwand statt.

Das Bild gehört zu Sacharows Nebenwerken. Da haben wir einen Künstler, der Porträts von Zar Nikolaus I. malte, von General Alexei Jermolow, von Großfürstin Marija Nikolajewna und schließlich von der berühmten Kapitulation von Imam Schamil, und was ich hier vor mir liegen habe, zeigt nur, was sein Titel besagt: *Leere Wiese am Nachmittag.*

Ich bin im Hochland im Süden aufgewachsen, nur wenige Kilometer von dieser Wiese entfernt. Ungebildete Dörfler ohne jeden Kunstverstand rühmten sich des Erdstreifens, den Sacharows Pinsel geadelt hat. Obwohl er eigentlich zu einer Kolchose gehörte, wurde hier nie etwas angepflanzt, und die Herden durften nicht grasen, weil niemand die Vorstellung mochte, dass sich Schafe auf Sacharows Wiese erleichterten. In der Mittelstufe machten wir eine Klassenfahrt zum Museum für Heimatkunst in Grosny, und ich stand endlich vor der Leinwand, die in den Überlieferungen des Dorfes mehr zum Leben erwacht war, als das an einer Museumswand je möglich gewesen wäre.

Das Gemälde gab den Ausschlag für meinen Wunsch, Kunstgeschichte zu studieren. An der Uni lernte ich Liana kennen und heiratete sie. Bis weit in unsere Zwanziger hinein wohnten wir in beengten Verhältnissen bei meinen Eltern und konnten uns nur in menschenleeren öffentlichen Räumen ungestört unterhalten: auf dem Dach der Dorfschule, im Wartezimmer vom ehemaligen Dorfkrankenhaus, auf Sacharows Wiese. Nach meiner Promotion und dem Stellenantritt im Museum bezogen wir eine eigene Wohnung in Grosny und erfuhren, wie es ist, sich im Bett zu unterhalten.

Die UdSSR ging unter. Wir bekamen einen Sohn. Dank der Unterstützung des Innenministers erwarb ich im Zuge der fieberhaften Privatisierungen in den nachsowjetischen Vorkriegsjahren die Datscha auf Sacharows Wiese. Als der erste Krieg ausbrach, blieb ich in Grosny und versuchte nach Kräften, das Museum sowohl vor den vorrückenden Invasionstruppen als auch den heimischen Rebellen zu schützen. Meine Frau und mein Sohn lebten in der Datscha, weit weg vom Krieg.

Bei meinen Recherchen für das Fremdenverkehrsamt erfuhr ich, dass die Republik in den beiden Tschetschenienkriegen zu einem der am schlimmsten von Minen verseuchten Gebiete in der Geschichte der Menschheit wurde. Nach UN-Schätzungen wurden etwa fünfhunderttausend Tretminen verlegt, auf eine Mine kommen also rund zwei Tschetschenen. Ich kannte diese Zahl noch nicht, als ich im ersten Krieg die Datscha besuchte und die Vorräte mitbrachte, die ich in der zerstörten Hauptstadt hatte auftreiben können, ein paar Mitbringsel, für die ich teuer bezahlt hatte, Teeblätter für meine Frau und neues Zeichenpapier für meinen Sohn. Aber ich wusste schon genug, um ihnen einzuschärfen, niemals auf die Wiese hinauszugehen. Bis Mai 1996 befolgten sie meine Warnung. Ich weiß nicht, was passiert ist, warum sie auf die Wiese gingen, ob sie gejagt wurden, ob sie vor Maskierten flohen, ob die verminte Wiese ein Zufluchtsort war im Vergleich zu den Misshandlungen durch ihre Verfolger, ob sie Angst hatten, ob sie um Hilfe riefen oder ob sie nach mir riefen. Diese Fragen sind mit dem Augenblick unbeantwortbar geworden, in dem sie die Hintertür aufschwangen, die Treppe hinab gingen und durch den brachliegenden Kräutergarten liefen. Ich male mir aus, dass der Tag so schön war, dass sie es einfach nicht schafften, der Hügelkuppe fernzubleiben, dem weiten Himmel, dem strahlenden Blau. Ich male mir aus, dass meine Frau ein Picknick auf dem Hügel vorschlug. Ich male mir aus, dass der Augenblick vor ihrem letzten Augenblick lieblich und freudvoll war, um die wahrscheinlicheren Szenarien am Rande meiner Phantasie in Schach zu halten. Ob entsetzt oder fröhlich, ob erniedrigt oder beglückt, sie bleiben bis zum bitteren Ende meine Frau und mein Kind – daran muss ich mich immer wieder erinnern, denn in dem Geheimnis, das ihre letzte Stunde umgibt, sind sie mir Fremde. Ich war in Grosny im Museum und habe die Explosion nicht gehört.

In den zwei Wochen, die Nadja in Petersburg verbringt, versauere ich an meinen Abenden. Russische Funktionäre, potenzielle Investoren, regierungstreue Journalisten und die allgegenwärtigen Ölleute füllen meine Vor- und Nachmittage, aber wenn ich in meine Wohnung zurückkehre, werde ich unsanft daran erinnert, dass ich eigentlich allein bin. Zweimal gehe ich in Nadjas Wohnung, um ihren Schlafzimmerschrank zu putzen, die hintersten Winkel ihrer Regale, die Fliesen hinter der Toilette – all die Stellen, an die sie selbst mit ihrem Putzfimmel nicht herankommt. Mir wird unwohl, wenn ich mich frage, warum ich es so nötig habe, mich unter dem Vorwand der Sorge in ihr Leben zu drängeln. Natürlich mache ich mir Sorgen um sie. Manchmal fahre ich nachts aus Alpträumen hoch, in denen sie über einen Stuhl, einen Schuh oder einen Besen gestolpert ist, den ich nicht aus dem Weg geräumt habe. Aber in seltenen Augenblicken – wie jetzt, wo

ich den Schimmel von ihren Badezimmerkacheln scheure –
wird die trübe Brühe meines Alltags von der Klarheit durchdrungen, dass ich mich zielstrebig zu einer Krücke gemacht
habe, die sie nicht so einfach wegwerfen kann. Mir ist bloß
nicht klar, ob ich das aus Liebe oder aus Einsamkeit getan
habe, oder ob Absichten in dieser verkehrten Welt, in der Dä-
cher auf den Straßen liegen, längst kein moralisches Gewicht
mehr haben.

An einem Mittwoch bin ich trotz der späten Stunde noch
ungewöhnlich wach und betrachte Sacharows Wiese. Von
dieser Leinwand ist noch am meisten übrig, sie hat zwar
Asche- und Rußflecken, ist aber nicht so stark beschädigt. Am
schlimmsten ist das Brandloch in der Mitte, oben auf dem
Hügel, und auch wenn die Museumsbrände das Loch in die
Leinwand gefressen haben, ist es für mich der Krater, den
die Explosion der Landmine riss, das Loch, in dem alles verschwand. Noch vor ein paar Jahren hätte Nadja das binnen
weniger Tage restauriert.

Ich habe eine Idee. Ich schließe mir wieder Nadjas Wohnung auf und hole ihre Restaurationsutensilien. Sie liegen
auf ihrem Tisch, neben den Schwarzweißfotos, die der Pro-
pagandabeamte retuschiert hat, der auch den Parteibonzen
von Grosny in den Vordergrund des Sacharow gemalt hat.
Nachdem Nadja den Bonzen wieder aus dem Gemälde entfernt hatte, schlug der Zensor selbst sie in Bann, zumal sie
entdeckte, dass er Porträts ein und desselben Menschen, mal
im Kindes-, mal im Greisenalter, in Hunderte von retuschier-
ten Bildern eingefügt hatte. Legte man alle diese Fotos nebeneinander, könnte man verfolgen, wie sich das ganze Leben
dieses Fremden im Hintergrund entfaltete. Bei einem halte
ich inne, das eine Bleistiftnotiz auf der Rückseite auf 1937 da-
tiert, aufgenommen in Leningrad. Hier ist er noch ein paus-
bäckiger Junge mit grauen Augen unter dem sanft gewellten
Akzent seiner schimmernden Haare und fällt in der Menge
nicht weiter auf. Er starrt derart intensiv zu mir hoch, dass

ich beinahe das Gefühl habe, er sei ein Wesen aus Fleisch und Blut; sein Blick geht mir durch und durch, als existierten wir im selben zeitlichen Raum, in dem es nur uns beide gibt. Wie ist er gestorben? Diese Frage läuft mir seit fünf Jahren ununterbrochen durch den Kopf wie der Lauftext eines Newstickers, aber bisher galt sie nur dem einem Jungen, der mein Sohn war.

Zurück in meiner eigenen Wohnung, breite ich die Utensilien vor dem Sacharow aus. Plastikfläschchen mit Reinigungsmilch, Neutralisierer, Glanzlack, Spül- und Abbeizmittel. Eine Dose Spachtelmasse. Acht Meter Leinwandkaschierung. Ein fast leeres Päckchen Baumwolltupfer. Ein Dutzend Einmalhandschuhe aus Chloropren. An der Uni hatte ich zwei Semester lang einen Restaurationskurs besucht, aber meine eigentliche Ausbildung habe ich Nadja zu verdanken, denn in den Monaten nach dem Tod meiner Familie vernachlässigte ich meine Pflichten als stellvertretender Direktor, verbrachte die meisten Nachmittage in ihrer Werkstatt und sah ihr beim Arbeiten zu.

Eine Woche lang ziehe ich jeden Nachmittag die Chloroprenhandschuhe an und reinige die Bildoberfläche mit neutralisierergetränkten Baumwolltupfern. Die Reinigungsmilch riecht wie vergorene Wassermelone, und ich trage sie kreisförmig reibend auf, bis die Tupfer grau werden und die Farbe von Sacharows Palette unverfälscht wieder auftaucht. Mit der Spachtelmasse als Dichtungsmittel flicke ich das Brandloch mit einem Stück neuer Leinwand. Und dann – und das ist die eigentliche Herausforderung – male ich.

Das geflickte Loch hat die Größe einer halbierten Spielkarte und liegt leicht rechts von der Mitte der Leinwand, in der Nähe der Hügelkuppe. Das im Sonnenlicht smaragdgrüne Gras muss makellos werden, die Abstufung über alle Kritik erhaben, und ein paar Stunden lang experimentiere ich mit verschiedenen Ölfarbmischungen, bevor ich den Leinwandflicken mit ganz feinen Pinselstrichen bemale. Beim Arbeiten geht mir auf, dass Sacharow sogar bei der Wiedergabe einer Graswiese unnachahmlich ist. Ich lehne mich zurück und suche auf dem Bild wie schon seit Jahren nach den beiden vertrauten Gestalten, aber diesmal ist es anders. Nadja würde es mir nie verzeihen, wenn sie jetzt hier wäre und sähe, wie ich eine Frau und einen Jungen auf das geflickte Loch im Hügel male.

Mit raschen, festen Strichen zeichne ich ihre Silhouetten. Der Junge wirft die offenen Hände in die Luft, und sein Körper streckt sich, während er zur Kuppe hochläuft. Die Frau geht einen Schritt hinter ihm den Hügel hinauf. Die beiden kehren mir die Rücken zu. Die Sonne harkt das Gras, und reife Aprikosen krümmen die Äste. Niemand jagt sie. Sie laufen nicht weg.

Nadja ist zurück, der weiße Tee in unseren Tassen ist nur noch lauwarm, und noch immer hat sie die Petersburger Augenärzte mit keinem Wort erwähnt.

»Gute Nachrichten«, sagte sie, tastet auf dem Boden nach ihrem Koffer und hält mir zwei VHS-Kassetten hin. »Das sind doch die Filme, die du haben wolltest, oder?«

Ich schaue mir die beiden Hüllen an. Leider sowjetische Komödien.

»Ja, das sind genau die, die ich haben wollte.«

»Ich hatte Angst, der Straßenhändler wollte mich betrügen.«

»Nadja, was haben die Augenärzte gesagt?«

Sie schweigt so lange, dass man unterdessen eine Pflaume schälen könnte.

Sie schlägt die Augen nieder und sagt: »Eine rekonstruktive Gesichtschirurgie ist möglich.«

Ich gratuliere ihr mit so viel Elan, wie ich nur aufbringe, und schlage mit der Hand auf den Tisch, aber in mir zieht sich alles zusammen. Was wird aus mir, wenn Nadja mich nicht mehr braucht, nach Schweden zieht und Bücherregale in einem Wohnzimmer zusammenbaut, das ich nie sehen werde? Aber es ist eine gute Nachricht, natürlich, nur ist Nadja keine Freude anzusehen. »Hat die Sache einen Haken? Musst du lange auf die Operation warten?«

»Es wird keine geben.«

»Was? Wieso denn nicht?«

»Zu teuer.« Sie starrt ausdruckslos den leeren Stuhl auf der anderen Tischseite an, weil sie glaubt, ich säße da noch. »Sie kostet hundertfünfzehntausend.«

Hundertfünfzehntausend Rubel. Eine riesige, aber nicht völlig unmögliche Summe. Jahrelanges Sparen, aber im Rahmen des Möglichen, genau wie ein Urlaub in Weißrussland. Ich denke schon an Unterschlagungen im Innenministerium, da sagt sie: »Dollar.«

Mein Herz macht einen Purzelbaum und landet irgendwo in der Magengrube. Bei einem Wechselkurs von 1:33 ist das ein unüberwindbares Hindernis. Nadja tastet nach ihrer Brieftasche und zieht ein Scheckbuch heraus.

»Was ich dir für die Reise schulde. Hilf mir mal beim Zusammenrechnen«, sagt sie. Einen Augenblick lang erbost mich das instinktive Vertrauen, das sie jedermann, sogar mir, entgegenbringt. Ist nicht Argwohn der Naturzustand der Blinden? Hab ich sie nicht immer gewarnt und ihr gesagt, sie solle sich vorsehen und dürfe niemandem vertrauen? Aber durch irgendeine verdrehte Logik ist sie nur immer vertrauensvoller geworden, klammert sich immer mehr an den Glauben, die Menschen wären nicht allesamt geborene Gauner und Betrüger, was wohl der Grund ist, warum meine Videosammlung gerade um *Gentlemen der Erfolge* bereichert worden ist.

»Keine Ursache«, sage ich.

»Ich möchte es dir zurückzahlen.«

»Wenn du Märtyrerin werden willst, geh zu denen in die Wälder.«

»Hilf mir beim Zusammenrechnen«, beharrt sie mit strenger, kühler und ernsthafter Stimme. »Ich habe noch Geld von meiner Erwerbsunfähigkeitsrente. Ich brauche keine Almosen.«

Natürlich gibt es keine Erwerbsunfähigkeitsrente. Natürlich leistet die Regierung keine monatlichen Zahlungen oder finanziert ihr die Wohnung neben meiner. Das Bargeld, das ich ihr an jedem Monatsersten in versiegelten Umschlägen vom Innenministerium bringe, kommt ebenso von mir wie ihre Miete.

»Ich warte«, sagt sie. Wir wissen beide, dass das eine Farce ist. Aber ich setze mich neben sie. Ich spiele meine Rolle in der Lüge, die die Illusion bewahrt, unsere Freundschaft, unsere Romanze, was immer das hier ist, beruhe auf Zuneigung und nicht auf Bedürftigkeit. Ich zähle die Scheine ab, die ich ihr am nächsten Monatsersten in einem Briefumschlag des Innenministeriums wieder hinlegen werde, und als ich fertig bin, besiegeln wir das mit einem Handschlag wie ein Geschäft, als wären wir uns nichts mehr schuldig, als gäbe es keine ausstehenden Zahlungen und keine offenen Verpflichtungen.

Im Bett fahre ich mit den Fingern durch die Haare, die ihr geblieben sind, betaste mit den Fingerspitzen ihre Wangen, gleite darüber, als wäre ich der Blinde von uns beiden und wollte die in ihr Gesicht geritzten Braillezeichen entziffern. Meine Hand fährt an ihrem Oberkörper hinab, über die Wölbung ihrer linken Brust, den Haken ihres Hüftknochens und die Schenkel, so glatt und ungezeichnet, dass sie nur in der Dunkelheit die ihren sind. Sie dreht sich weg.

Hier im Bett vergisst du beinahe die fallenden Raketen, das einstürzende Museum, das Aussehen des klaren Himmels, unglaublich weit entfernt, und die Betonschalsteine, die herumrutschten wie Eiswürfel in einem Glas. Du hieltst den Sacharow in den Händen, als du sie fandst, mit klappernden Zähnen und halb verbranntem Gesicht. Du vergisst beinahe, wie du auf ihre Wange bliest, um sie zu kühlen, und wie ihre versehrten Augen nach dir suchten, während ihr Kopf in deinen rußigen Handflächen lag.

Du vergisst beinahe, wie oft du sie vor den Unmenschen gewarnt hast, als wären sie ein eigenes Volk, das hinter Türen lauerte und nur darauf wartete, die Schwächen der Blinden und Verletzlichen auszunutzen. Während sie sich von dir wegdreht und sich das Laken unter die Hüfte klemmt, vergisst du fast, dich zu fragen: »Was für ein Unmensch bin ich heute geworden«

Am Morgen kehre ich in meine Wohnung zurück und finde die Leinwände so vor, wie ich sie auf dem Boden habe liegenlassen. Das Tageslicht verleiht den Versengungen und Brandspuren eine seltsame Schönheit, als hätte das Feuer die Kunstwerke nicht zerstört, sondern sie in etwas verwandelt, was der brutalen Gegenwart Rechnung trug. Ich greife nach der nächstbesten Leinwand, einem Familienporträt, das ein Adliger als Hochzeitsgeschenk für seinen zweiten Sohn bestellt hatte. Das obere Drittel ist verbrannt und hat die Köpfe des Adligen, seiner Frau, des ersten Sohns und der Frischvermählten ausgelöscht, aber ihre Körper sind noch da, tragen rußfleckige Reithosen und Reifröcke, und zu ihren Füßen hockt ein so fetter Dackel, dass seine Beine kaum den Boden berühren, das einzige Lebewesen, das – auf einem Bild, das die unsterbliche Ehre der Familie vermitteln sollte – unversehrt geblieben ist.

Ich hänge die Leinwand an einen krummen Nagel in der Wand, trete einen Schritt zurück und staune, weil ich zum ersten Mal seit Beginn meiner Berufstätigkeit ein modernes Kunstwerk aufgehängt habe. Ich schleife die Möbel in die Küche, hänge im Wohnzimmer die anderen Bilder auf und komme schließlich zum restaurierten Sacharow, den ich erst wieder in die Abstellkammer zurückbringen und in der Dunkelheit lagern möchte, wo er nur für mich allein existiert, aber mein Kuratoreninstinkt setzt sich durch, und ich hänge den Sacharow an die Wand, wo er hingehört. Die Straßenkinder haben schon vor langer Zeit mein letztes Türschild gestohlen. Ich kritzle wieder etwas auf Karton und nagle es an die Tür: *Museum für Heimatkunst, Grosny.*

Jetzt zu den Wachen. Ich werfe einen zerknüllten Hundertrubelschein die Treppe hinunter, weil ich mir sage, dass die sich einen Haken mit Köder so wenig entgehen lassen wie eine Forelle in der Sunscha. Eine kleine Hand greift um die Ecke, ich packe sie und reiße an dem spillerigen Arm, um auch den Rest des Kindes einzufangen. Der Junge wehrt sich wie wild, will mich in die Handgelenke beißen, aber ich schüttle ihn, bis er den Widerstand aufgibt, und biete ihm eine Stelle als Museumswärter an.

Er beruhigt sich, vielleicht im Schock, und ich schließe seine Hand um den Hundertrubelschein. Seine Fingernägel sehen rostig aus. Sein Hemd ist so durchscheinend wie zusammengenähter Ruß.

»Banditen stehlen die Schilder von meiner Tür«, erkläre ich ihm. »Wenn du und deine Freunde aufpassen, gebe ich euch dreihundert Rubel die Woche.«

In den nächsten Wochen führe ich alle meine Gruppen durchs Museum. Eine Delegation vom Roten Kreuz. Neue chinesische Ölleute. Einen Schwergewichts-Boxmeister. Einen britischen Journalisten. *Dies ist, was bleibt,* rufen die verkohlten Leinwände. *Asche kann man nicht verbrennen! Schutt lässt sich nicht schleifen!* Da ich neben den Straßenkindern der einzige Museumsangestellte bin, genehmige ich mir die längst überfällige Beförderung. Ich bin kein Stellvertreter mehr. Ab sofort bin ich Direktor des Museums für Heimatkunst von Grosny.

Eines Morgens klingelt das frisch angeschlossene Telefon, und die düstere Stimme des Innenministers grüßt mich. »Wir sind am Arsch.«

»Freut mich, von Ihnen zu hören«, sage ich. Ich bin noch im Schlafanzug und komme mir selbst für ein Telefonat unangemessen gekleidet vor.

»Die Chinesen sind raus. Haben ihre Bohrrechte für ein paar russische Kampfflugzeuge an Rosneft verscherbelt.«

Ich nicke. Das erklärt, dass die chinesischen Beauftragten weder die Hellsten noch die Nüchternsten gewesen waren.

»Dann fördert ab jetzt also Rosneft Öl?«

»Ja, und das ist noch nicht das Schlimmste«, würgt er hervor. »Ich werde vermutlich zum Stellvertretenden Minister degradiert.«

»Ich war jahrelang Stellvertreter. Das ist besser, als Sie fürchten.«

»Wenn die Welt scheißen geht, sitzt immer der Stellvertreter in der Kacke.«

Das ließ sich nicht leugnen. »Welche Folgen hat das für das Fremdenverkehrsamt?«

»Sie machen noch eine Führung, danach müssen Sie sich wohl einen neuen Job suchen. Oleg Woronow. Von Rosneft.«

Ich brauche einen Augenblick, um den Namen einzuordnen. »Der vierzehntreichste Mann Russlands?«

»Inzwischen der dreizehnte.«

»Mit Verlaub, ich mache Führungen für Menschenrechtsaktivisten und Printjournalisten, Leute ohne Macht oder Bedeutung. Ich bin nicht qualifiziert, einem Mann dieses Ranges Kunst zu zeigen. Warum will er überhaupt eine Führung?«

»Das wollte ich auch wissen! Seine Frau, die Filmschauspielerin Galina Irgendwassowa, hat irgendwie von dem Museum gehört, das Sie da auf die Beine gestellt haben. Was haben Sie denn jetzt schon wieder angerichtet?«

»Das ist eine lange Geschichte.«

»Sie wissen, dass ich Geschichten nicht abkann.«

»Jawohl.«

»Zeigen Sie ihm halt unsere vielgerühmte tschetschenische Gastfreundschaft. Bieten Sie ihm ein Glas unabgekochtes Leitungswasser an. Bescheren wir Russlands dreizehntreichstem Mann Darmparasiten!«

»Machen Sie sich keine Sorgen, ich bin der Chauffeur.«

»Ich fall schon auf die Füße, Ruslan. Lassen Sie sich wegen mir keine grauen Haare wachsen. Vielleicht flieg ich nach Amerika. Ich hätte Lust auf Muskegon, solang ich noch so jung und gesund bin, dass ich es richtig mitbekomme.«

Drei Wochen später ist Oleg Woronow da, er sitzt mit seiner Frau, der Schauspielerin Galina Iwanowa, im Fond des Mercedes. Vorn auf dem Beifahrersitz sitzt seine Assistentin, ein platinblondiertes Duracell-Häschen, das auch dann mitschreibt, wenn keiner was sagt. Aber ich bringe für Woronow beim besten Willen keinen Hass auf. Bisher war er maulfaul, geistesabwesend und desinteressiert, kurz: der ideale Tourist. Galina dagegen hat Chassan Geschilows *Ursprünge der tschetschenischen Kultur* gelesen und kann mit obskuren historischen Details aufwarten. Wir rumpeln über die Bürotüren toter Verwaltungschefs hinweg, und sie stellt überlegte Fragen, behandelt mich nicht als Muschkoten oder bloßen Reiseführer, sondern als Gelehrten. En passant erwähne ich die Landminen, die Straßenkinder, die Vergewaltigungen, die Folterungen und das allen gleichermaßen zugefügte Leid, aber Woronow und seine Frau schütteln nur teilnahmsvoll die Köpfe. Ich kann sagen, was ich will, nichts macht sie zum Inbegriff des Bösen, als den ich sie gerne sähe.

Die Führung endet vor meiner Haustür. Ich zögere, einen Mann seiner Statur in die kleine Welt des Museums zu lassen, aber seine Frau besteht darauf. Als wir die Treppe hochgehen, schaut Woronow auf die Uhr, ein billiges Plastikding, und da wird mir klar, dass ich ihn unmöglich so hassen kann, wie er es verdient hätte.

»Das ist alles, was von Grosnys Museum für Heimatkunst übrig geblieben ist«, sage ich und öffne die Tür. Woronow und seine Assistentin durchstreifen das Zimmer. Ich werfe einen Blick auf die Spüle, aber ein Glas unabgekochtes Leitungswasser ist ein Erlebnis, das ich nicht einmal einem russischen Oligarchen gönne.

Woronow und Galina gehen an den angesengten Rahmen vorbei zum Bild der Wiese. »Ist es das?«, fragt er sie. Sie nickt. »Ein Sacharow, oder?«, fragt er, die Hand am Revers, als er sich zu mir dreht. »Von dem gab's mal eine Ausstellung in der Tretjakow, wenn mich mein Gedächtnis nicht täuscht.«

Erst jetzt erkenne ich die Monster, die ich in mein Haus geladen habe. »Nach der Bombardierung des Museums haben die Feuer den größten Teil der Sammlung zerstört. Was gerettet werden konnte, haben wir in die Tretjakow geschickt.«

»Das hier aber nicht?«

»Das nicht.«

»Ziemlich leichtsinnig, finden Sie nicht? Eine solche Trouvaille in einer Wohnung aufzuhängen, die nur von Straßenkindern bewacht wird?«

»Das ist ein Nebenwerk.«

»Ob Sie's glauben oder nicht, meine Frau hat dieses Bild gesucht. Für sie hat es persönliche Bedeutung. Ich weiß, ich weiß. Ich habe eine Schwärmerin geheiratet.«

»Kann ich Ihnen ein Glas Wasser anbieten?«

»Sie können mir dieses Bild anbieten.«

Ich zwinge mich zu einem Lachen. Er lacht auch. Wir lachen. Ha-ha! Ha-ha! Das ist alles ein Witz. »Das Bild ist nicht zu verkaufen«, sage ich.

Sein Lachen verstummt. »Doch. Wenn ich es kaufen will.«

»Wir sind hier in einem Museum. Sie können ein Bild nicht einfach mitnehmen, bloß weil Sie es haben wollen. Der Direktor der Tretjakow verkauft Ihnen doch auch nicht die Kunst von seinen Wänden, bloß weil Sie sich leisten können.«

»Sie sind nur der Stellvertretende Direktor, und das ist hier nicht die Tretjakow.« Echtes Mitleid liegt in seiner Stimme, als er die Asche mustert, die von den Bildern flockt, das schmutzige Geschirr in der Spüle, und doch, jetzt endlich hasse ich ihn.

»Kommen Sie, ich habe in Moskau eine Penthouse-Galerie. Temperatur und Feuchtigkeit werden ständig kontrolliert.

Erstklassige Sicherheitsmaßnahmen. Niemand außer mir, Galina und ein paar Gästen bekommt es je zu sehen. Ihnen ist doch wohl klar, dass ich Ihnen sehr entgegenkomme.« Mit einer nicht besonders subtilen Drohung nickt er durchs Fenster auf die Straße, wo sich seine drei bewaffneten Gorillas um den Land Rover herum aufgebaut haben. »Wie viel wollen Sie für das Bild haben?«

»Es kostet«, setze ich an, aber was soll ich sagen? Welchen Preis hat der letzte Sacharow in Tschetschenien, das letzte Bild meiner Heimat? Mir fällt eine Zahl ein, aber sie macht mir Angst. Wäre das nicht das schlimmste denkbare Resultat? In ein und demselben Geschäft den Sacharow und Nadja zu verlieren? »Nehmen Sie ihn einfach mit«, sage ich. »Sie haben uns schon alles andere genommen. Nehmen Sie auch das noch.«

Woronow wirkt gereizt. »Ich bin kein Dieb. Sagen Sie wie viel.«

Mein Blick irrt durch den Raum und landet auf dem Autoaufkleber *Gott ist dir näher als du meiner Stoßstange.* Wem steht er näher? Jim Carrey wäre jetzt tapfer. Egal, wie schwer es ist, am Ende tut Jim Carrey immer das Richtige. Ich schließe die Augen. Alles in mir sträubt sich dagegen, es auszusprechen. »Hundertfünfzehntausend. US-Dollar.«

»Eins-fünfzehn?«

Ich nicke.

»Das macht so siebenunddreißig, achtunddreißig Millionen Rubel, was? Sagen wir vierzig, das ist eine glatte Summe«, sagt Woronow und klatscht einmal fleischig in die Hände. Seine Frau hat das Bild die ganze Zeit unverwandt angesehen. Er wendet sich an seine Assistentin, die ihm durchs Zimmer gefolgt ist und die ganze Zeit mitgeschrieben hat. Die Assistentin zieht eine riesige Geldtasche hervor, holt acht Bündel Fünftausendrubelscheine in Bändern heraus und legt sie auf den Boden. »Vertrauen Sie nie einer Bank«, sagt Woronow. »Den Rat geb ich Ihnen gratis. War mir ein Vergnügen.« Er klopft mir auf die Schulter, weist die Assistentin an, die Leinwand mitzunehmen, und wendet sich zur Tür.

Dann ist er weg. Galina steht immer noch vor dem Sacharow. Auch jetzt, wo ich es verliere, bin ich stolz, weil mein Gemälde eine so anhaltende Reaktion hervorrufen kann.

Sie deutet auf die Strichzeichnungen meiner Frau und meines Sohnes und lächelt, während sie sich die Augenwinkel betupft. »Sie können das nicht verstehen, aber ich habe jemanden geliebt, der auf dieser Wiese gestorben ist.«

Auch sie klopft mir auf die Schulter und wendet sich zur Tür.

Dann ist sie fort, und ich bin mit der Assistentin allein. Ich schließe die Augen und versuche, mir vorzustellen, wie die Dunkelheit zu ewiger Nacht wird, mir vorzustellen, dass wir durch unsere Leben taumeln wie durch einen Traum, aber ich kann es nicht, denn auch nachts weiß ich, dass es wieder Morgen wird, und auch mit zusammengekniffenen Augen weiß ich, dass ich sie wieder öffnen werde. Was wird Nadja sehen, wenn sie ihre aufschlägt? Wen wird sie sehen, wenn sie mich sieht?

»Wir bräuchten von Ihnen dann noch eine verbindliche Beschreibung, die wir auf einem Informationstäfelchen anbringen können«, sagt die Assistentin.

Sie hält mir den Notizblock hin, und ich bleibe lange vor meinem Bild stehen, bevor ich zu schreiben anfange: *Achten Sie darauf, wie die Schatten auf der Wiese die Wolken am Himmel spiegeln,* schreibe ich. *Wie die Blätter am Aprikosenbaum in dieselbe Richtung geweht werden wie die Grashalme auf der anderen Wiesenseite. Für einen solchen Meister ist kaum eine Wirklichkeitsnähe gut genug. Achten Sie darauf, wie die weiße Steinmauer das Bild diagonal teilt. Wie sie der Horizontlinie Tiefe gibt und sie gleichzeitig aufhebt. Auf der linken Seite der Leinwand sehen Sie Furchen aufgeworfener Erde den Hügel hinauflaufen. Man könnte darin frisch ausgehobene Gräber oder jüngst verlegte Landminen vermuten, auf den zweiten Blick sieht*

man aber, dass es die Beete eines frisch angelegten Kräutergartens sind. Die ersten Rosmarinschösslinge sind schon zu sehen.
Sacharow porträtiert auf diesem Bild all den Frieden und die
Beschaulichkeit eines Frühlingstages. Die Sonne scheint nach
alter Weise, und bis zur Nacht sind es noch Stunden. Unterhalb
der Hügelkuppe scheinen sich am Horizont die aufsteigenden
Figuren einer Frau und eines Jungen abzuzeichnen. Achten Sie
nicht weiter darauf, das sind nur gescheiterte Fingerübungen
eines angehenden Restaurators. Sie sind nur seine Schatten. Sie
sind nicht da.

Ein Gefangener im Kaukasus
Tschetschenisches Hochland, 2000

Rumpelnd erreichen sie den Bergkamm und rollen auf eine grüne Terrasse. Der Motor des Schischiga ächzt zweimal und verabschiedet sich. Danilo, ein Söldner mit einem Körper wie ein Mehlsack und einem IQ unter der Nachweisgrenze, verflucht erst den Schischiga, dann die Mutter Jesu Christi und setzt auf beides noch einen drauf, indem er dreimal in den Motorblock und dreimal in die Wolken schießt. Ihre Pechsträhne begann zwar schon Jahre, bevor sie im Rebellengebiet liegengeblieben sind, aber es gibt keine Pechsträhne, die Danilo nicht noch schlimmer machen könnte: Durch die Einschusslöcher in der Motorhaube züngeln Flammen. Trotzdem ist ein Teil von Kolja erleichtert, als er aus dem LKW klettert, und dieser Teil ist sein Magen. Die nächste asphaltierte Straße ist mehr als fünfzig Kilometer weit weg, und der von Felsgeröll übersäte Weg, auf dem sie heraufgekommen sind, hat sie mit seinen unzähligen Dellen und Buckeln mehr durchgeschüttelt als ein Sturm auf hoher See. Dreitausend Meter über dem Meeresspiegel, und Kolja ist seekrank.

»Du bist eine Schande für dein Volk!«, brüllt Danilo, während er seine Trinkflasche über dem qualmenden Motorblock ausleert. »Solche Motoren aus Blechbüchsen und Schafscheiße sind der Grund, warum Putin eine Karre von den Deutschen fährt.« Er zählt die Zumutungen auf, die die Teutonen der westlichen Zivilisation aufgebürdet haben: Karl Marx, Adolf Hitler, Claudia Schiffer. »Das Land exportiert nur Scheiße, und trotzdem bauen sie bessere Motoren als wir.«

Vornübergebeugt und würgend, beobachtet Kolja durch

seine gespreizten Beine die Szene über Kopf. Aus einer anderen Perspektive ergibt die Welt für ihn keinen Sinn mehr. Als Sohn eines Mechanikers führt Danilo mit den meisten Fahrzeugen der Einheit langjährige Missbrauchsbeziehungen, deshalb erstaunt es Kolja nicht, als er dem zerschossenen Motor irgendetwas zusäuselt. Es kostet ihn einige Anstrengung, sich aufzurichten, und er sieht sich um. Wie eine grüne Treppe ziehen sich Terrassen den Bergrücken hinauf. Ganz unten im Tal geht eine schmal zulaufende Spur aus weißen Felsen in einen Ausläufer aus schlammüberzogenem Gestrüpp über. Sie sind irgendwo am Arsch der Welt in Tschetschenien, auf der wahrscheinlich beknacktesten Mission, auf der Kolja bisher war, und das bei einer Laufbahn, in der sich die Gipfel der Sinnlosigkeit schier endlos aneinanderreihten. Hinter einem dieser jadegrünen Felsbrocken hockt ein dumpfbackiger Oberst, der Leichensäcke geordert hat. An sich nachvollziehbar. Aber Kolja weiß, dass der Oberst sich eine *Banya* bauen will, und in Sachen Isolation kann nichts, was Gott, der Mensch oder ein Deutscher erschaffen hat, Dampf besser halten als die dicke schwarze Plastikfolie eines Leichensacks der Föderalen Armee.

Kolja geht zurück zum LKW. Danilo setzt sich wieder hinters Steuer. Er spielt mit der Zündung, tritt pumpend aufs Gas. Der Anlasser würgt. Danilo sieht Kolja an und schüttelt langsam den Kopf. »Springt nicht an.«

»Weil du drauf geschossen hast«, sagt Kolja.

»Meinst du, deshalb?«

»Keine Ahnung«, seufzt Kolja. Manchmal erwacht sein erloschener Glaube an Logik und Rationalität lange genug zum Leben, um ihn glauben zu lassen, dass es für alles irgendeinen Grund gibt. Es ist so tröstlich, wie an Väterchen Frost zu glauben, aber am Ende fühlt er sich jedes Mal wie ein Arsch, weil er den Gedanken nicht loswird, dass irgendetwas von dem Schmerz, den er entweder anderen zufügt oder selber erleidet, irgendeine Bedeutung jenseits der sinnlosen Tatsache seiner Existenz hat. »Nein, Mann, vergiss es.«

»Einmal bin ich angeschossen worden, als ich gerade beim Wichsen war, und weißt du, was ich gemacht hab?«

»Kommt drauf an, wo du getroffen worden bist.«

Danilo sieht ihm in die Augen, als wollte er sagen: Ohne Scheiß, Mann. »Ich hab mich zusammengerissen und die Sache zu Ende gebracht. War nicht so schwer mit dem Foto von deiner Mum im Leo-Bikini.«

Kolja stößt ihm den Ellbogen in die Niere.

»Bleib locker«, sagt Danilo. »Ich hab es so gefaltet, dass man dich und deinen kleinen Bruder nicht sieht. Ist auch kein einziger Tropfen Blut draufgekommen.«

»Wegen Blut mach ich mir keine Sorgen.«

»Was ich sagen will: Ich hab meine Mission zu Ende gebracht. Nicht wie diese Scheißkarre hier.« Danilo hämmert mit der Faust auf die Lenksäule, und Kolja wartet einen Moment, bevor er vorschlägt, dass sie ihre Möglichkeiten neu überdenken. Sie steigen aus dem LKW und breiten ihre Karte auf dem Boden aus. Kolja hat sie selbst zusammengeschustert, indem er Notizbuchseiten auf den Computer des Kommandostabs geheftet, darauf die durchscheinenden Bilder antiker Karten von Tschetschenien abgepaust und sie anschließend in der, wie er hoffte, richtigen Anordnung zusammengeklebt hat.

»Wo ist Norden?«, fragt Danilo.

Kolja zieht einen Kompass heraus, der Norden immer in der Richtung anzeigt, nach der man ihn ausrichtet. »Wo hättest du es gern?«

»Am besten schauen wir auf die Karte«, mutmaßt Danilo.

Sie schauen auf die Karte. Weil die Karte keine Legende hat, betrachten sie sie angestrengt, blicken mit zusammengekniffenen Augen zum Horizont, drehen die Karte um neunzig Grad, blicken mit gerunzelter Stirn wieder zum Horizont und wiederholen das Ganze ein halbes Dutzend Mal, ohne irgendetwas von der Karte in der Landschaft oder irgendetwas von der Landschaft auf der Karte zu entdecken.

»Wir finden Norden weder auf der Karte noch hier in dieser Pampa. Wir sind am Arsch«, sagt Kolja.

»Die Karte ist im Arsch. Uns geht's gut.« Danilo sucht mit den Augen den Bergkamm ab. »Der alte Fettsack muss hier irgendwo stecken. Die Fahrt dauert einen Tag, hieß es, oder? Wie lange sind wir gefahren, fünf Stunden? Ist doch ein Tag.« Kolja kommt von der falschen Seite des Polarkreises, aus Kirowsk, wo ein Wintertag ein fünfzehnminütiges Leuchten am Horizont ist. »Stimmt«, sagt er.

Sie müssen zu Fuß weiter, so viel steht fest. Sie haben ein Funkgerät, aber das funktioniert schon seit Jahren nicht mehr, und sie schleppen es mehr als Glücksbringer mit sich herum, aber selbst in dieser Funktion ist es unbrauchbar. Sie packen so viele Leichensäcke wie möglich ein, um zu beweisen, dass sie keine Deserteure sind, falls eine Patrouille sie aufgreift. Mit zwei Fallschirmtaschen voller Leichensäcke und allem, was sie an Proviant und Munition einstecken können, machen sie sich auf den Weg.

Sie sind gerade mal fünfzig Meter weit gekommen, als Danilo plötzlich seine Tasche fallen lässt. »Warte mal«, sagt er, joggt zurück zum Schischiga und feuert die restlichen Patronen aus seinem Magazin in den Motorblock ab. Die acht Stakkato-Kracher hallen als kurzer, aber donnernder Applaus für Danilos Gnadenstoß von den Talwänden zurück. Als Danilo zurückkommt, wirkt er besser gelaunt.

»War das nötig?«, fragt Kolja. Er sollte wütend auf Danilo sein, auch weil er Munition verschwendet hat, vor allem aber, weil er sämtliche Rebellen im Umkreis von zehn Kilometern auf sie aufmerksam gemacht hat. Es ist April 2000, und die Armee hat den Großteil der tschetschenischen Rebellen in dem topographisch abgegrenzten Territorium der Berge im Süden eingeschlossen, ein Gebiet, in das die Generäle ihre Befehle ähnlich wirkungslos hineinbrüllen wie Zoowärter etwas in einen Käfig. Aber Kolja kann sich nicht mehr angemessen entrüsten. Der Krieg hat den Selbsterhaltungstrieb, mit dem ihn Mutter Natur sicher einmal ausgestattet hat, gemildert, ihn abgestumpft und in eine ironische Gleichgültigkeit gegenüber der Sterblichkeit im Allgemeinen und seiner eigenen im Besonderen verwandelt.

»Mach dir mal keine Sorgen«, sagt Danilo. »Wir wissen zwei Dinge über unseren verehrten Herrn Oberst. Erstens, er liebt *Banyas.* Zweitens, er ist ein feiger Hundesohn. Der zieht doch seltener in den Einsatz als meine linke Hand. Wenn er hier irgendwo in der Gegend ist, sind wir so sicher wie im Schoß meiner Oma.«

Kolja setzt zwar kein großes Vertrauen in irgendwen, der Anteil an Danilos Erziehung hatte, aber er schultert seine Fallschirmtasche und seine Kalaschnikow und folgt ihm ins Tal.

Die Nacht verbringen sie in den Leichensäcken, die Reißverschlüsse bis zum Hals zugezogen. Am Morgen trinkt Kolja aus einem Bach, in dem klareres Wasser fließt als aus jedem Wasserhahn, den er je aufgedreht hat. Auf den zweiten Blick ist es kein Bach, sondern ein alter Bewässerungskanal, der die Terrassen auch ein Jahrhundert, nachdem der Boden zum letzten Mal bestellt wurde, noch versorgt. Sie beschließen, bergab zu gehen, und Kolja hält den kaputten Kompass talwärts, damit die Richtung offiziell stimmt. Stattliche Bäume am Talgrund gehen nach und nach in hüfthohes Gras über, als sie den nächsten Hügel hochsteigen. In unregelmäßigen Abständen unterbrechen senkrechte Furchen aus weißem Stein die grünen Hänge. Das Brennen von Koljas wunden Fersen ist weniger ein Schmerz als eine körperliche Gegebenheit, die ihm so wenig auffällt wie seine Augenfarbe.

Hinter dem nächsten Berg liegt eine smaragdgrüne Wiese, die von Bäumen begrenzt wird. Mit dem Fernglas sucht Danilo den Waldsaum jenseits der Wiese ab. Sie überqueren sie schnell und geben dabei zwei lächerliche Figuren ab; gebückt und halb in der Hocke, schlurfen sie durch das offene Gelände, als wäre es zu einem engen Tunnel zusammengerollt. Kolja fährt jedes Mal wieder der Schreck in die Knochen, wenn der Wind das Gras bewegt oder der Schatten eines Vogels über den Boden gleitet. Wenn sich eine Panikattacke ankündigt, konzentriert er sich auf seinen Atem, um sie ein wenig hinauszuzögern. Im Laufe des vergangenen Jahres hat er ein tiefes Misstrauen gegenüber freien Flächen entwickelt, und jetzt kann er keine mehr durchqueren, die breiter ist als ein Türrahmen, ohne sich zu fragen, ob er geradewegs einem Scharfschützen ins Visier läuft.

Als sie die Bäume erreichen, reißt Danilo plötzlich wortlos die Arme hoch.

Kolja erstarrt.

Danilo furzt.

»Du Wichser«, murmelt Kolja und boxt Danilo gegen die Schulter. »Wegen dir krieg ich noch einen Herzinfarkt, bevor mich die Rebellen überhaupt in die Finger bekommen.«

»O nein«, sagt Danilo. Sein Gesicht, sonst dominiert von diagonalen Linien – mittig hochgezogene Augenbrauen, eine verächtlich schiefe Lippe und ein spitz zulaufendes Kinn, alles in allem die grobe Skizze eines Dämons –, sackt völlig in sich zusammen.

»Scheiße«, sagt Kolja.

»Ein Herzinfarkt wird nicht nötig sein.« Danilo nickt in den Wald, wo Kolja ein Dutzend Rebellen entdeckt, die um die Reste eines Lagerfeuers versammelt sind. Von Danilos Flatulenz offenbar in Alarmbereitschaft versetzt, halten sie in der rechten Hand ihre Gewehre und in der linken Schalen mit Buchweizengrütze. Zwölf Gewehrläufe zielen auf Kolja, und die Angst, die ihren Griff um seine Brust gelockert hat, seit sie die Wiese überquert haben, quetscht sein Herz nun mit beiden Händen.

Sie lassen ihre Taschen fallen, heben die Arme und bekommen Waffen, Munition und Stiefel abgenommen. Der Mann, der Kolja von Kopf bis Fuß abklopft, übersieht die Kassette in seiner zugeknöpften Brusttasche. Die Rebellen haben Vollbärte, schlanke Taillen und tragen schlammbespritzte Sandalen aus Plastik oder Leder. Einer trägt ein grünes Stirnband mit einem unruhigen arabischen Schriftzug. Der, der Koljas Fußknöchel nach versteckten Seitenwaffen abklopft, hat die geradesten weißesten Zähne, die er je gesehen hat. Der knochige Junge mit den Mandelaugen hat zwar noch keinen Rebellenbart, aber Kolja weiß, dass er tief im Inneren schon einer ist, genau wie er selbst befürchtet hatte, einen Mord begehen zu können, lange bevor er je eine Waffe in die Hand nahm.

»*Kontraktniki*«, flüstern die Rebellen. Ihren Tätowierungen und schwarzen, ärmellosen Hemden nach zu urteilen, sind Danilo und Kolja eher Söldner als Wehrpflichtige. Mit gefangenen Wehrpflichtigen – schlecht ausgebildete und ängstliche Teenager – gehen die Rebellen nachsichtiger um als mit Söldnern, die sich allesamt wie russische Rambos benehmen, nur dass sie wahlloser auf alles ballern, was sich bewegt.

Ein großer, schweigsamer Mann in einem Tesco-T-Shirt tritt Kolja die Beine unter dem Körper weg und bindet ihm die Hände hinter dem Rücken mit Draht zusammen. Er liegt neben Danilo auf dem Boden. Hinter ihnen durchwühlen jüngere Rebellen ihre Sachen. Der Hüne weicht ihnen nicht von der Seite. Heute sterben wir, das wird Kolja plötzlich klar, aber statt dass ihn diese Erkenntnis beängstigt oder überrascht, fühlt sie sich an wie das erste Luftholen nach einem langen, dunklen Tauchgang.

Der große Mann breitet zwei Leichensäcke vor Kolja und Danilo aus. »Rein da«, befiehlt er.

Danilo will protestieren, aber ein Schläfenhieb mit dem Gewehrkolben unterbricht seinen Einspruch. Kolja sieht zu, wie zwei jüngere Rebellen Danilo in den Plastiksack packen wie einen schlecht geschneiderten Anzug in eine Kleiderhülle. Der zweite Leichensack liegt offen auf dem Boden, und Kolja steigt seufzend mit den Füßen voran hinein, dann wird der Reißverschluss zugezogen.

Eine Weile liegen sie da, während die Rebellen sich auf Tschetschenisch unterhalten. Koljas gesamte Körperwärme staut sich in dem Leichensack. Das ganze Drecksding riecht wie sein Stiefel von innen. Der Reißverschluss ist zwei Zentimeter geöffnet, und Kolja setzt die Lippen auf die Öffnung wie auf eine Brustwarze und saugt. Die ganze Zeit wartet er auf rieselnde Erde, das Klingeln eines Spatens auf Gesteinsbrocken, und als mehrere starke Hände den Leichensack an den Ecken anheben, schnürt sich seine Kehle zusammen, und er denkt: *Jetzt ist es so weit, jetzt, jetzt, jetzt.* Aber statt dass er fällt, wird er hochgehoben. Statt Erde spürt er die Plastikrillen einer LKW-Pritsche, die sich unter ihn schieben.

Trommelnd startet der Motor. Todsicher ein deutsches Fabrikat. Mit einem Ruck fährt der LKW an.

Die Sekunden verstreichen, und in der schwülen Dunkelheit ertappt sich Kolja bei der Frage, was Danilos Frau wohl gerade macht. Wo sie ist, was sie anhat, welche Gedanken ihr durch den hübschen Kopf gehen. Nur vier Männer in der Einheit sind verheiratet, und ihre Frauen sind zum Gemeingut geworden. Diese vier Ehefrauen in ihren sibirischen Kleinstädten werden nie erfahren, dass sie in Tschetschenien polygam leben, dass Soldaten, die sie nie im Leben gesehen haben, sich nach ihnen verzehren und sie begehren. Manche verfassen lange Liebesbriefe, die nie abgeschickt werden. Andere ändern ihre Testamente, um ihre bescheidenen Habseligkeiten – ein Jagdmesser, einen Munitionsgurt – Frauen zu vermachen, die sie nur aus ihren Wunschträumen kennen. Danilos Frau war in Irkutsk aufgewachsen, die Enkelin eines Barbiers, dem nachgesagt wurde, er habe Stalin einmal den Schnauzer gestutzt. Als Kind wollte sie Geige spielen, aber der Geigenlehrer hatte nach einem kurzen Blick auf ihre Zigarrenstummelfinger gesagt, sie solle lieber Posaune spielen, auch wenn sie ein Mädchen war. Als eine Getreideknappheit über die Stadt hereinbrach, hatte ihr die Posaune vielleicht das Leben gerettet: Die hohen Tiere der Partei wünschten sich einen kernigen Posaunenchor, der für Fanfaren auf Abruf bereitstand, falls sich Besuch aus Moskau ankündigte, deshalb stockte man ihr Kontingent an Lebensmittelkarten auf, während der Geigenlehrer hungern musste. Danilos Frau hat Augen so grün wie nasses Gras und ein Diskobeleuchtungsset der Marke Prometheus. Ihre ganze Kindheit hindurch hatte ihr Vater immer gesagt, dass es nichts umsonst gibt außer den Käse in der Mausefalle, aber sie war schon von zu Hause ausgezogen und konnte ihm diesen Spruch nicht mehr unter die Nase reiben, als er seine gesamten Ersparnisse bei einer Bank einzahlte, die eine Jahresrendite von fünfhundert Prozent versprach. Auf Wunsch spielt sie immer noch patriotische Fanfaren, aber sie mag lieber Big-Band-Jazz, und wenn sie »When the Saints Go Marching In« spielt, klingt ihre einzelne Posaune wie eine Zwölf-Mann-Band. Aus dem Rohmaterial von Danilos Geschichten hat sich Kolja ein ganzes Leben mit ihr aufgebaut. Nie hat er sich Gottes Gnade näher gefühlt als in den Momenten, in denen er an die bedingungslose Liebe einer Frau glaubt, die er nie gesehen und nie kennengelernt hat.

Er wälzt sich herum. »Bist du da?«, fragt er durch das Zwei-Zentimeter-Loch.

Danilo wälzt sich ebenfalls herum. Sie liegen nebeneinander, in Säcke verpackte Körper, die sich fast berühren, und geben dieselbe Atemluft durch den kleinen Schlitz in den Reißverschlüssen hin und her. Der LKW unter ihnen macht einen Ruck.

»Ich glaub schon«, antwortet Danilo. Sie spekulieren gar nicht erst, was wohl als Nächstes passiert, das haben sie sich abgewöhnt.

»Summ noch mal dieses Lied von den marschierenden Heiligen für mich«, flüstert Kolja. Aber was auch immer Danilo summt, es geht im böigen Fahrtwind des LKWs unter.

Danach sagen sie nichts mehr, aber der feuchte, stockdunkle Sarg kommt Kolja erträglicher vor, wenn er daran denkt, dass Danilo genauso leidet. In dem Leichensack verschwimmen die Stunden und Minuten, und Kolja hat nicht die geringste Ahnung, wie viel Zeit vergangen ist, als der LKW schließlich anhält. Kolja wird hochgehoben und dreißig Schritte getragen. »Eins, zwei, drei«, zählt jemand auf Tschetschenisch, und dann ist Kolja schwerelos, schwebt und fällt. Zwei Sekunden später schlägt ihm die Wucht des Aufpralls sämtliche Luft aus den Lungen und die linke Schulter aus der Gelenkpfanne. Sein Atem findet einige Momente vor seiner Schulter den Weg zurück. Wie gelähmt vor Schmerzen liegt er da in seinem Leichensack und wartet, dass die ersten Erdklumpen auf ihn niederprasseln. Ein näher kommender Schrei und ein dumpfer Schlag kündigen Danilos Ankunft an. Kolja macht sich mit den Zähnen am Reißverschluss zu schaffen und kann ihn schließlich weit genug aufziehen, um den Kopf hindurch zu stecken.

»Wo sind wir?«, fragt Danilo. Sie befinden sich in einer Grube, die einmal ein weiter Brunnenschacht gewesen sein könnte. Die Steinmauern erheben sich vier oder fünf Meter bis zu einem engen blauen Kreis – dem Himmel. Für einen Brunnen ist es breit, aber für ein Gefängnis nicht, zweieinhalb Meter im Durchmesser, schätzt Kolja. Er windet sich aus dem Leichensack und öffnet den von Danilo. Rücken an Rücken sitzend, knoten sie sich gegenseitig die Handgelenkfesseln auf.

Die Wochen schrumpfen von sieben Tagen auf fünf zusammen, gezählt zuerst an Koljas linker Hand, dann an seiner rechten, dann an Danilos linker Hand und schließlich an dessen rechter Hand. Jeden Morgen erscheint oben am Schachtrand ein Paar sonnengebräunter Hände und lässt Wasserkrüge herunter, die gegen Mittag zu Latrinen geworden sind. In irritierend unregelmäßigen Abständen fallen Brotfladen vom Himmel und plumpsen in den Schmutz. Nach zwei Wochen sind Kolja und Danilo fast so bärtig wie die Rebellen, die sie in dieses Loch geworfen haben. In der dritten Woche fällt ein streichholzschachtelgroßes Stück Seife herunter. Es stammt aus einem saudi-arabischen Hotel. Kolja taucht es in einen Wasserkrug, aber er kann dem blöden Ding nicht das geringste bisschen Schaum entlocken. Danilo reißt es ihm aus der Hand. Er zieht sein Hemd aus und zeigt Kolja das Einschussloch in seiner linken Schulter, wo ihn eine Kugel beim Wichsen getroffen hatte. Es hat sich zu einer rosa Münze aus Narbengewebe verhärtet. Danilo hat noch sechs weitere, die auf seinem Torso und seinen Beinen verteilt sind, jedes von einer selbstgemachten Tätowierung umgeben: Iris, Lid und Wimpern. Als Danilo sich bückt, um mit dem knochentrockenen Stück Seife seine Füße zu bearbeiten, fühlt sich Kolja regelrecht angestarrt.

In kalten Nächten steigt Kolja in seinen Leichensack und zieht ihn bis zum Kinn zu. Auch wenn die beiden Leichensäcke eindeutig identisch sind, hängt Kolja inzwischen richtig an seinem. Um ihn unverwechselbar zu machen, hat er die verschweißten Nähte aufgerissen und mit Schlamm seinen Namen auf die Tragegriffe geschrieben, alles im Bemühen, sich seinen einzigen Besitz so weit zu eigen zu machen, dass er ihm den Glauben zurückgeben kann, tatsächlich am Leben zu sein und nicht in irgendeiner metaphysischen Zwischenzone festzusitzen, denn die paar Tage mit Danilo in einer Grube haben ihn alles über die Ewigkeit gelehrt, was er wissen muss. Manchmal denkt Kolja an seinen Vorgesetzten, Hauptmann Feofan, der immer seine Uniform trägt, selbst zum Schlafen. Die Soldaten spotteten hinter seinem Rücken, dass er ohne seinen Drillich, der ihn zusammenhielt, wie loses Stroh auf den Boden rieseln würde. Allmählich fühlt sich der Leichensack für Kolja so an, wie die Uniform sich für Feofan anfühlen muss.

Wenn er alle anderen Erinnerungen aufgebraucht hat, denkt er an zu Hause. Den See aus Industrieabwässern mit dem Kiesstrand, an dem seine Mutter, sein kleiner Bruder und er im Sommer mal in der Sonne gelegen und sich vorgestellt hatten, sie würden Urlaub am Schwarzen Meer machen. Die Nickelschmelzöfen, die endlose Ausrufezeichen aus Rauch ausstießen. Die Luft, die so schmutzig war, dass man aus den Schneewehen Nickel gewinnen konnte. In der Abenddämmerung das an rohen Fisch erinnernde Rot und Pink des Himmels, an dem sich Schwefel- und Palladiumwolken türmten. Hier wölbt sich eine Sternenkuppel über die offene Grube. Mit achtzehn hatte Kolja zum ersten Mal Sterne gesehen, in seiner ersten Nacht in Tschetschenien.

Er hat immer noch das Mixtape, das ihm sein Bruder vor seinem ersten Einsatz gegeben hatte. *Für Kolja. Für den Notfall!!! Vol. 1.* Hier unten einen Kassettenrekorder aufzutreiben ist ungefähr so aussichtslos, wie auf dem Mond auf eine Steckdose zu hoffen, aber er hütet das Geschenk wie seinen Augapfel und fragt sich, was sein Bruder wohl für ihn aufgenommen hat. Es ist die einzige Frage, auf die er vielleicht irgendwann eine Antwort bekommen wird, sie gemahnt ihn, lange genug am Leben zu bleiben, um eines Tages auf Play drücken zu können.

Eines Morgens erscheinen wie immer die ledrigen Hände am Grubenrand, aber diesmal halten sie ein Hanfseil mit Knoten, an denen man hochklettern kann. In der Grundausbildung ist Kolja ein doppelt so langes Seil in dreißig Sekunden hochgeklettert. Für dieses hier braucht er zwei Minuten. Die beiden braunen Hände, für Kolja sowohl Sinnbild seiner Gefangenschaft als auch seiner täglichen Nahrung, gehören zu einem älteren Mann mit einem gewaltigen Schnauzbart. In einer hält er eine schwarze Makarow, die Lieblingspistole auch von Koljas Vorgesetzten, in der anderen zwei Paar Fußfesseln.

»Ein Geschenk von einem eurer Generäle«, sagt der alte Mann mit einem stolzen Blick auf die Waffe. Er wirft die Fußfesseln zwischen die beiden. Kolja schließt die Augen und konzentriert sich auf die durchdringende Wärme der

Sonnenstrahlen. Der Boden der Grube bekommt pro Tag nur eine halbe Stunde direkte Sonne, und Kolja hat das Gefühl, er wäre aus einem langen arktischen Winter direkt in den hellen Juni gestiegen.

Der alte Mann führt sie an einem Haus aus weißem Stein und einem eingestürzten Werkzeugschuppen vorbei zu einem schräg ansteigenden Feld. Ohne Fußfesseln wäre das Feld der beste Fluchtweg. »Landminen«, sagt der alte Mann und erstickt Koljas zarte Hoffnung im Keim. Auf halbem Weg den Hügel hinauf klafft ein Explosionskrater. »Könnt ihr gern ausprobieren.«

Er führt sie zu einem mit Unkraut überwucherten Beet etwas abseits, in dem zwei Spaten stecken. »Los«, befiehlt er.

Das war's, denkt Kolja. Jetzt schaufeln wir unsere Gräber. Sollen sie fliehen? Sollen sie versuchen, den alten Mann zu überwältigen? Sie könnten ihm den Spaten ins Gesicht schlagen, bevor er sie beide erschießen kann. Er versucht, einen Blick von Danilo zu erhaschen, aber Danilo ist gar nicht mehr so erpicht darauf, am Leben zu bleiben, und Kolja eigentlich auch nicht, wenn er es sich recht überlegt. Die Fußfesseln machen es schwer, mit dem Spaten eine halbwegs anständige Hebelwirkung zu erzeugen, aber er kann drei ordentliche Ladungen Erde herausschaufeln, bevor ihn der alte Mann plötzlich unterbricht.

»Russen«, murmelt der Alte, als wäre die Sprache, die Kultur und das Volk ein Schimpfwort. Er nimmt Kolja den Spaten ab, rammt ihn in den Boden und sinkt auf ein Knie, um Unkraut aus dem gelockerten Boden zu reißen. Nachdem er die grünen Büschel herausgezogen hat, durchsucht er die Erde nach den weißen Wurzeladern. Dann holt er ein paar Samen aus seinem Kittel und streut sie in das Loch. Als Kolja begreift, dass hier nur Samen begraben werden, seufzt er so laut, dass der alte Mann aufsieht und lächelt.

Am Abend wird Kolja zum ersten Mal seit Wochen hart. »Hat dir deine Frau schon Fotos von sich geschickt?«, fragt er Danilo und richtet beide Zeigefinger auf seinen Schritt. An manchen Morgen bekommen die Nippel von Danilos Frau in Koljas Vorstellung genau die Form und Größe der Münzen in seiner Hosentasche, und dann nimmt er ein Ein- oder Zwei-Rubel-Stück zwischen die Lippen, schließt die Augen und drückt die Münze mit der Zunge von unten an die Schneidezähne, während er sich selbst befriedigt, und er hört, wie Danilos Frau stöhnt und ihm befiehlt, schneller zu lecken und kräftiger zu saugen, und er gehorcht ihr, denn näher wird er der Frau, die er liebt, nie kommen, und der scharfe Messingschweiß der Münze erinnert ihn daran, dass er geliebt wird, ein Geschmack, den er den Rest des Tages genießt und bewahrt, indem er auf Essen und Wasser verzichtet. Kolja hat Danilos Frau nie gesehen, aber Danilo behauptet, sie wäre so hübsch, dass sie in Pornos mitspielen könnte – soweit Kolja weiß, das größte Kompliment, das man jemandem aus Irkutsk machen kann.

»Nee, aber ich hab immer noch das Bild von deiner Mum in dem Leo-Bikini«, sagt Danilo.

Kolja betrachtet die Pyramide in seinem Schoß. Sein Schwanz fühlt sich an wie der dichteste von all seinen kalziumhungrigen Knochen. Er hat so lange keine Frau mehr gesehen, dass er mit so ziemlich jeder zufrieden wäre. Danilo reicht Kolja das verknickte Foto, immer noch so gefaltet, dass Kolja und sein kleiner Bruder nicht zu sehen sind. Kolja schüttelt den Kopf. Hätte ihm jemand gesagt, dass er eines Tages in einem Brunnenschacht leben und sich auf ein Foto seiner Mutter einen runterholen würde, nun ja, dann hätte er sich wahrscheinlich in der Schule mehr angestrengt. Genau genommen hätte er so ziemlich alle Entscheidungen seines Lebens noch einmal überdacht, nur um sicherzugehen, dass er Zugang zu einem sauberen Bett und ein paar vernünftigen Pornos hätte.

»Da ist überhaupt nichts dabei«, sagt Danilo, der Koljas Zögern bemerkt. »Die alten Griechen wollten es auch immer mit ihren eigenen Müttern treiben. Und diese kranken Typen haben die Zivilisation erfunden.«

Für einen Moment hat Kolja das Gefühl, dass er fast so weit ist, es zu tun. Aber er ist zweihundert Kilometer von allem entfernt, was er auch nur annähernd als Zivilisation beschreiben würde, und der Moment geht vorbei. Er faltet das Foto zusammen und schiebt es in die Tasche. »Erzähl mir lieber irgendwas von deiner Frau«, sagt er.

»Ich erzähl dir doch nicht von meiner Frau, während du dir einen runterholst. Das geht dann doch zu weit.«

»Nein, erzähl mir irgendwas Schönes. Vielleicht noch mal, wie du sie kennengelernt hast.«

Danilo seufzt und erzählt zum x-ten Mal die Geschichte, die Kolja inzwischen auswendig kennt wie ein Lied. Danilo hatte sein letztes Schuljahr schon abgebrochen, als er das Mädchen kennenlernte, das eines Tages seine Frau werden sollte. Sie war mit ihren Freunden unterwegs, er mit seinen, und die verhuschten Blicke, die sie wechselten, waren Einladungen zu einer Veranstaltung, für deren Besuch sie beide zu nervös waren. Nachdem sie gegangen war, erfuhr Danilo, dass sie aus irgendeinem noch kälteren und entlegeneren Winkel Sibiriens nach Irkutsk gezogen war. Er ging wieder zur Schule, nur um mit ihr zu reden. Immer wieder fragte er sie, ob sie mit ihm ausgehen würde, und immer sagte sie, »Ein andermal«, und er ging weiter zur Schule, um sie wieder zu fragen. Danilo hatte eine Verabredung gewollt und einen Schulabschluss bekommen. Kurz vor der Abschlussfeier sagte sie Ja. Kolja sitzt unter der hohen, im Schatten liegenden Decke der Aula. Kolja folgt ihr auf die Bühne. Das Publikum applaudiert. Er lächelt, verbeugt sich und sinkt in einen traumlosen Schlaf.

Die Wochen vergehen, und Kolja und Danilo bewegen sich auf einem schmalen Grat, sind halb Gefangene und halb Gäste. Die Fußfesseln, die sie am ersten Tag außerhalb der Grube anlegen mussten, tragen sie immer noch, aber sie sind lockerer, weil die beiden abgenommen haben, und so spröde, dass sie mit einem kräftigen Hammerschlag entzwei wären. Aber der alte Mann hat ihnen größere Freiheit gewährt. Vormittags arbeiten sie im Garten, jäten Unkraut, pflanzen und düngen nach Anweisung des alten Mannes. Sie säen einen Kräutergarten, der bis zum Fuß des verminten Hügels reicht. Der einzelne Krater auf halber Höhe des Hügels saugt jede noch vorhandene Fluchtphantasie in sich auf. Manchmal legt Kolja die Hand auf eine umgedrehte Erdscholle und beobachtet die Würmer und Asseln, eine namenlose Unterwelt aus blinden kleinen Mistviechern, die herauskrabbeln und über seine offene Hand spazieren, und er fühlt sich zurückversetzt in jene Zeit in seinem Leben, als er noch die Chance hatte, jemand anders zu werden, und ist für ein paar Minuten davon befreit, wer er ist. Mittags bringt ihm der alte Mann einen Eimer Wasser und öliges Fladenbrot. Manchmal unterhalten sie sich ein paar Minuten – die institutionelle Inkompetenz ihrer jeweiligen Armee liefert immer ein dankbares Gesprächsthema.

Nachmittags bauen er und Danilo den eingefallenen Schuppen und die weiße Steinmauer wieder auf. Die Abende gehören ihnen. Die Vorstellung einer Flucht kommt ihnen vor wie eine Gnade, vage und undefinierbar, und ihre Gespräche darüber sind ähnlich abstrakt, wie Gespräche über Gott es wären. Sicher, den alten Mann könnten sie überwältigen, aber was dann? Dann wären sie zwei stiefellose Idioten mitten in den Bergen. Solange der alte Mann lebt, sind sie wenigstens Kriegsgefangene. In den Schuppentrümmern findet Danilo ein Stück Angelschnur und knotet es ans Ende des Hanfseils. Wenn der alte Mann abends das Seil hochzieht, hängt die Angelschnur in die Grube wie eine Reißleine, die sie nur bei einem echten Notfall ziehen würden.

Als sie eines Tages für den alten Mann Schneeballbeeren pflücken, die seine Halsschmerzen lindern sollen, kommt durch den Wald auf einmal ein Schischiga auf die Datscha zugerollt. Sie kommt näher, bis in der Motorhaube die Löcher von Danilos Schüssen zu erkennen sind. Die beiden rennen darauf zu, so gut man mit Fußfesseln eben rennen kann. Als der alte Mann aus der Datscha tritt und die Hände nicht zum Zeichen der Kapitulation, sondern zum Gruß hebt, bekommt Koljas Hoffnungsblase den ersten feinen Riss. Als ein Soldat aus dem LKW springt und den alten Mann freundschaftlich umarmt, fällt sie ganz in sich zusammen.

»Wowa?«, ruft Danilo, als sie sich dem Soldaten so weit genähert haben, dass sie ihn erkennen. Der Soldat macht zwei Schritte, legt den Kopf auf die Seite und runzelt die Stirn. Hinter ihm dreht der alte Mann unbekümmert seine Gebetsperlen zwischen den Fingern.

»Ich bin's. Danilo.«

Wowa kommt aus Omsk und gehört zu der Sorte Mann, den man wegen seines fliehenden Kinns und sonst nicht viel im Gedächtnis behält. Er war als Wehrpflichtiger zur Armee gekommen und erst sechs Monate zuvor zum Söldner aufgestiegen, was ihn zum Underdog der Einheit und zum Ziel von Danilos Schikanen gemacht hatte. Wowa lächelt. »Bist du das unter dem ganzen Gestrüpp, Danilo?«

»Was soll das werden? Du bist doch hier, um uns zu befreien, oder?«, fragt Danilo.

»Ein andermal«, sagt Wowa, und es bereitet ihm so viel Vergnügen, dass er sich zur Ladefläche umdreht, um es zu verbergen. Er wuchtet einen Eimer voll Patronen herunter. »Wir wussten nicht, was mit euch ist. Den LKW haben wir gefunden, aber keinen Danilo oder Kolja. Helft ihr mir mal damit?«

Kolja und Danilo tragen je zwei Eimer loser Munition in den Schuppen, den sie in den letzten Wochen wieder aufgebaut haben. Es sind Patronen der russischen Armee, hergestellt in Russland, wohin sie eines Tages zurückkehren werden, doppelt versiegelt: im Fleisch toter russischer Soldaten und in schwarzen Leichensäcken.

Nachdem der alte Mann mit einem fröhlichen Grinsen zugesehen hat, wie sie Gewehre und rote Benzinkanister in den

Schuppen tragen, gibt er Wowa einen Umschlag voll grüner Scheine. Schnell zählt Wowa das Geld. »Soll ich Hauptmann Feofan irgendwas ausrichten?«

Danilo starrt ihn verblüfft an. »Sag ihm, er soll uns verdammt noch mal hier rausholen!« Er hält inne, findet für einen Moment nicht die Worte, um sich aus dieser Logikschleife zu befreien, die ihn gefangen hält wie seine Fußfesseln. »Aber der Hauptmann kann ja nicht mal auf den Pott gehen, ohne vorher irgendwelche Papiere nach Moskau zu schicken. Setz dich am besten auch mit meiner Frau in Verbindung.«

Während Danilo Adresse und Telefonnummer seiner Frau auf einen der minzgrünen US-Dollar schreibt, fragt Wowa den alten Mann, wie hoch das Lösegeld wäre. Der stützt sich auf seinen Stock und streicht sich bedächtig den Schnurrbart. Er sieht Kolja an. »Der da ist ein hervorragender Gärtner. Arbeitet sorgfältig und fleißig. Der Knoblauch wird wunderbar dieses Jahr. Für den will ich tausend US-Dollar. Aber den Esel da«, sagt er und wendet sich zu Danilo, »den kannst du für ein Fass Speiseöl haben.«

Danilo will gerade den Finger heben, um gegen die ungleichen Preise zu protestieren, überlegt es sich dann aber doch anders. »Kannst du uns Geld leihen, Wowa? Damit wir uns sofort freikaufen können?«

Der Mann aus Omsk mit dem fliehenden Kinn strahlt. Wie es aussieht, hat er den feuchtfröhlichen Abend nicht vergessen, an dem Danilo ihn gezwungen hatte, das Kleid einer Toten anzuziehen. »Sklavenhandel ist verboten«, sagt er. »Als euer Genosse kann ich euch das nicht erlauben.«

»Jetzt haben wir Wowa gar nicht gefragt, ob der Oberst eigentlich seine *Banya* gekriegt hat«, sagt Kolja am Abend im Brunnenschacht.

»Die haben bestimmt zwei andere Idioten mit einem LKW voller Leichensäcke losgeschickt, als wir nicht angekommen sind. Wahrscheinlich dampft er sich jetzt im Moment gerade das Fett aus dem Arsch.«

»Warum hast du dich eigentlich verpflichtet?«, fragt Kolja ein paar Minuten später. Danilo runzelt die Stirn. Zu Recht. Man stellt keine Fragen über das Leben vor dem Krieg, es sei denn, man kennt schon die Antwort, und die sollte nach Möglichkeit mit Alkoholeskapaden und unverantwortlichem Sex zu tun haben.

»Beim ersten Mal, um aus dem Knast zu kommen«, antwortet Danilo ohne Umschweife. »Zehn Jahre Knast oder zwei hier. Nach diesen ersten zwei Jahren haben meine Frau und ich geheiratet und sind in so eine winzige Einzimmerwohnung gezogen. Ich wollte lange wach bleiben und trinken, und sie wollte früh aufstehen und Posaune üben. Das geht in einer Einzimmerwohnung aber nicht. Also hab ich mich noch mal verpflichtet. Damit wir uns danach eine Zweizimmerwohnung leisten können, hab ich ihr gesagt, aber eigentlich wollte ich bloß meine Ruhe. Keine Ahnung, wie ich auf die Idee gekommen bin, die würde ich ausgerechnet in einem Krieg finden. Ich war halt noch nie die hellste Kerze im Leuchter, wie mein Vater gern gesagt hat.« Danilo schließt die Augen, und ein Ausdruck stillen Sehnens glättet die Falten auf seinem Gesicht. »Ich hab mir gesagt: Solange sie drauf besteht, vor zwölf Uhr rumzutröten, unterschreib ich alles, was mir diese Wichser mit ihren Messingknöpfen vorlegen. So funktioniert Liebe.«

»Meinst du?«

»Das weiß ich, Mann«, erklärt Danilo. »Manche Leute brauchen mindestens tausend Kilometer Abstand, um eine glückliche Ehe zu führen. Aber ich glaube, so bin ich nicht mehr. Wenn man in einem Erdloch lebt, kriegt man eine andere Sicht auf die Dinge, weißt du? Ich meine, dass ich keine größeren Sorgen hatte, als morgens von Musik geweckt zu werden ...« Danilo merkt offenbar gar nicht, dass er weint. »Aber wenn ich bloß irgendwie zurückkomme, ist alles in Ordnung.

Meinetwegen können wir in eine Besenkammer ziehen, in die sich das ganze Philharmonieorchester von Irkutsk zum Proben mit reinquetscht. Aber Schluss damit. Warum hast du dich verpflichtet?«

»Wegen diesem Armeemenschen«, beginnt Kolja. »Der hat mir von so einem Typen erzählt, der auf eine Landmine getreten ist. Zack, beide Beine weg, aber das war schon okay, er saß sowieso gern, er hatte einen schönen Diwan und durfte nach Hause. Aber er merkte ziemlich schnell, dass keine Frau mit einem Krüppel vögeln will. Dabei war das das Einzige, wozu er Talent hatte. Eine Tragödie.«

»Wie diese griechischen. Apropos, du hast dir das Foto von deiner Mutter echt ziemlich lange angesehen. Bist du sicher, dass du keine Griechen in der Familie hast?«

»Vergiss es«, sagt Kolja. Er zieht das Foto aus der Tasche und gibt es Danilo zurück. »Jedenfalls, dieser Mann von der Armee hat gesagt, es wäre okay. Was die Armee nimmt, gibt sie auch wieder zurück. Sie bezahlen dem Krüppel einen Sexersatz.«

»Was ist ein Sexersatz?«

»Hab ich ihn auch gefragt. Eine Ärztin, die man ficken darf.«

»Wie in einem Porno? So in der Art: Wir müssen ihr Fieber messen, und dein Schwanz ist das Thermometer?«

»Nein, eine richtige Ärztin, die Latein redet und alles.«

Eine Supernova aus Unglauben bringt Danilos Augen zum Leuchten. »Jetzt mal langsam. So eine richtige Medizin-Ärztin? Ein weiblicher Doktor Schiwago zum Vögeln?«

»Ja, so ungefähr. Ein weiblicher Doktor Schiwago zum Vögeln.«

»Und das hast du ihm geglaubt?«

»Was soll ich sagen? Ich bin ein hoffnungsloser Romantiker. Wer würde nicht gern glauben, dass irgendwo ein Krüppel auf Kosten der Armee einen weiblichen Doktor Schiwago vögelt? Wer würde nicht gern an eine Welt glauben, in der es so gerecht und logisch zugeht? Und jetzt sitze ich hier und

142

werde andauernd gefickt, nur nicht so, wie sie es mir versprochen haben.« Kolja weiß nicht mehr genau, ob dieses Gespräch mit dem Armeemenschen wirklich so stattgefunden hat oder ob der Wahnsinn, der seine Gegenwart regiert, so allmächtig ist, dass er auch seine Vergangenheit manipuliert hat. Er zündet sich eine von den Zigaretten an, die Wowa ihnen dagelassen hat. »Weißt du, eigentlich bin ich froh, dass wir hier gefangen sind. Ich meine, wir verbringen unsere Tage mit Gartenarbeit.«

»Hast du sie noch alle? Wir sind Sklaven, Kolja.«

»Ach, komm schon.«

»Wie würdest du das denn nennen? Wir tragen Ketten. Wir arbeiten auf dem Feld. Und Gartenarbeit hin oder her, wir leben in einem Erdloch.«

Stimmt, aber Kolja ist das egal. Die letzten Monate waren die friedlichsten seines Erwachsenenlebens. Aus dem Ballungsgebiet in seinem Kopf ist eine ruhige Landstraße geworden. Er erledigt seine Arbeit, isst sein Brot und schläft abends in dem Wissen ein, dass sein Tag der Summe menschlichen Elends nichts hinzugefügt hat. Er hätte nie gedacht, dass er einen solchen Frieden je verdient haben könnte. »Wir müssen hier keinen erschießen«, sagt er einfach.

Danilo schlägt nach der Angelschnurreißleine, dann spuckt er Kolja die Hülse eines Sonnenblumenkerns an den Kopf. »Jemand wie du? Du bist doch der geborene Killer. Die Armee bringt dich nicht dazu, Leute zu erschießen. Die Armee bringt dich bloß dazu, die richtigen Leute zu erschießen.«

Kolja versucht sich zu erinnern, wie viele Menschen er erschossen hat. So um die dreizehn vielleicht, aber wer weiß das schon? Das moralische Versagen hält ihn nachts immer noch wach, auch wenn er die Gesichter des runden Dutzends vergessen hat. Lydia war die Erste, damals zu Hause, aber er versucht, nicht mehr an sie zu denken. Den bescheidenen Lohn und die Kriegsbeute hat er nach Hause geschickt, als

Schmiergeld, damit sein kleiner Bruder an die Uni gehen kann. Jetzt studiert er Philologie. Er wird nie mitzählen müssen.

»Mein Bruder hat vor einer Weile eine Geschichte über uns gelesen«, sagt er. »Zwei Arschlöcher in Tschetschenien. Sie geraten in Gefangenschaft und werden in ein Erdloch geworfen.«

»Im Kolja-Clan gibt's Leute, die lesen können?«

»Ja, schockierend, ich weiß.«

»Und wie endet die Geschichte?«

Soweit Kolja sich erinnert, kann der eine fliehen und der andere bleibt zurück. Aber nach so einer Geschichte ist ihm heute Abend nicht zumute. »Sie bekommen jeder einen Sexersatz.«

Danilo lacht. »Solche Literatur mag ich.«

»Ich glaube, Tolstoi hat das geschrieben.«

»Ja, und Puschkin und Lermontow auch, die ganzen alten Säcke haben über zwei Arschlöcher geschrieben, die in Tschetschenien in einem Erdloch hocken.«

»Woher weißt du das?«

»Haben wir in der Schule gelesen«, antwortet Danilo. »In meinem letzten Jahr. Als ich wieder hingegangen bin, um meine Frau zu fragen, ob sie mit mir ausgeht. Da war sie noch nicht meine Frau, aber ich wusste genau, dass sie es eines Tages wird.«

»Erzähl mir irgendwas Neues über sie. Was ist ihr Lieblingsbuch?«

»Nein«, sagt Danilo leise. »Heute Nacht gehört sie mir allein.«

Der Sommer lässt die Luft zu einer feuchten, stichfesten Hitze gerinnen. Sommer in Kirowsk, das waren vierundzwanzig Stunden gemäßigten Pulloverwetters, und Kolja möchte die tschetschenischen Julitage mit dem matten Grün in allen Schattierungen, den Vögeln ohne russische Namen und der schwülen Luft, in der man zu ertrinken droht, wenn man zu tief einatmet, nicht mehr missen. Stundenlang pflanzt er und hegt die kleinen grünen Stängel, die sich aus der Erde schieben. Er hat keine Ahnung, was irgendetwas davon ist. Als er klein war, kam das Essen aus Dosen, die mit LKWs und Eisbrechern angeliefert wurden. Er weiß bis heute nicht, was alles in einem Laib Brot steckt. Er harkt die Erde glatt und staunt, wie locker sie ist, wie warm. Das eine Mal, als er damals zu Hause eine Leiche vergraben musste, musste er ein ganzes Magazin in den gefrorenen Boden abfeuern, um ihn so weit aufzulockern, dass er mit dem Graben anfangen konnte. Als sich der Stiel des blauen Spatens löst, wirft er ihn ins Gebüsch und erledigt von da an sämtliche Arbeit mit den Händen, und am Abend sind sie so schwarz, dass er sie kaum wiedererkennt.

Der Sommer ist Gefechtszeit, und alle paar Wochen kommen Rebellen und holen sich Nachschub aus dem Munitionslager, das Wowa in dem wieder aufgebauten Geräteschuppen angelegt hat. Wenn der alte Mann in der Ferne Rebellen sichtet, jagt er Kolja und Danilo schnell in Richtung Grube, und seine kurzen, strammen Beine sind wie durch ein Wunder geheilt, obwohl er sonst einen Gehstock braucht. Er reibt ihnen Schlamm ins Gesicht, zerzaust ihnen das Haar und lässt sie an dem Hanfseil in den Brunnenschacht klettern, wo sie die Hände hinter dem Rücken halten und von Zeit zu Zeit stöhnen sollen.

»Warum?«, ruft Kolja hoch.

»Russen«, jammert der alte Mann, als wäre ihre Volkszugehörigkeit das Bedauernswerteste an ihrem derzeitigen Zustand. Er schaut über den Rand der Grube, sein Gesicht eine pechschwarze Silhouette vor der hellen Sonne. »Wenn sie glauben, dass ich euch prügele, dann halten sie es selbst nicht mehr für so nötig.«

Eine Stunde später schauen zwei Rebellen in die Grube. Mit ihren Bandanas und ihren dicken Sonnenbrillen erinnern sie eher an die Mitglieder einer späten Beatles-Coverband als die einer Dschihadistengruppe. Wie auf Kommando stöhnen und winden sich Kolja und Danilo, und sie nicken zufrieden.

Am Morgen darauf ruft der alte Mann Kolja in die Datscha, damit er ihm beim Aufräumen hilft. Die verstreuten Abfälle vom Besuch der Rebellen – benutzte Teetassen, Brotrinde, getrocknete Reiskörner, Tücher voller Waffenschmiere und Zünder von selbstgebauten Chattabka-Granaten – lassen darauf schließen, dass der alte Mann in der Rebellentruppe keinen besonders hohen Rang hat. Die Wände und der Boden sind von so vielen sich überlappenden Webteppichen bedeckt, dass Kolja zuerst nicht genau erkennt, wo der Boden zu Ende ist und wo die Wände beginnen. Manche der üppigen Arabesken ähneln Säbeln, andere den Tagträumen eines verdrehten Geistes, aber alle zeugen von einer akkuraten Kunstfertigkeit, die so antiquiert wirkt wie die Teppiche selbst. Kolja befühlt den zu seinen Füßen und weiß nicht, wann er zuletzt etwas so Feines berührt hat.

An der Wand am anderen Ende des Wohnzimmers stehen Bücherregale. Die Bücher mit den gerissenen Lederrücken sehen aus, als wären sie im selben Jahrhundert gebunden worden, in dem auch die Teppiche gewebt wurden. »Ist da was Gutes bei?«, fragt Kolja.

»Die gehörten alle der vorigen Bewohnerin«, sagt der alte Mann. Dem Wort *vorigen* haftet eine bleischwere Traurigkeit an. Seufzend erhebt sich der alte Mann vom Diwan und zieht ein braunes Buch aus dem unteren Regalfach. Es hat einen Goldschnitt, wie ein heiliges Buch.

Der alte Mann legt den Band in seinen Schoß, schlägt ihn auf und zeigt auf die Reproduktion eines Ölgemäldes, die sich über zwei glänzende Seiten erstreckt. Es ist eine Landschaft, die man sich durch ein Autofenster nicht zweimal ansehen würde, das Gemälde ist einer von diesen monumental öden Schinken, die Koljas Verdacht nähren, dass Künstler ihn immer irgendwie verarschen wollen. »Und, erkannt?«, fragt der alte Mann.

Es kommt Kolja tatsächlich bekannt vor. Einen Moment, und das Gefühl von Vertrautheit steigert sich zu einem Wiedererkennen. Die Wiese, die sich zwei Drittel der Leinwand hinauf erstreckt, der Brunnen, der Geräteschuppen und die weiße Steinmauer, die Danilo gerade ausbessert. Es ist die Landschaft vor dem Fenster. »Wo ist unsere Grube?«

»Hier«, sagt der alte Mann und tippt vergnügt auf den gemalten Brunnen. »Siehst du, dass es weder einen Eimer noch eine Winde gibt? Der Brunnen war wahrscheinlich schon damals trocken und hat als Gefangenengrube gedient, als das gemalt wurde.« Er haucht seine Brille an und putzt sie mit einem Zipfel seines weißen Kittels. Ohne Brille wirkt sein Gesicht wie aus loser Haut, die einmal einem kräftigeren Mann gehört hat. Wann hat Kolja zuletzt einen alten Mann gesehen? Die durchschnittliche Lebenserwartung von Männern liegt in Kirowsk irgendwo um Ende vierzig, und ältere Männer sind zwar keine Sagengestalten, aber irgendwie auch nicht ganz von dieser Welt.

»Dann soll unsere Arbeit die Landschaft also wieder so herrichten, wie sie damals war, als das gemalt wurde?«

Der alte Mann nickt anerkennend. »Du bist also doch kein hundertprozentiger Idiot«, sagt er. Kolja nimmt es als Ausdruck von großem Respekt. »War doch ein friedliches Fleckchen Erde hier vor dieser ganzen schrecklichen Sache, oder? Wir sorgen dafür, dass es wieder so aussieht. Das ist die Vorlage.«

Auf dem Gemälde erstreckt sich der Garten linker Hand bis auf halbe Höhe des Hügels, der jetzt vermint ist und in dem ein Explosionskrater klafft. Der Garten, den Kolja angelegt hat und pflegt, endet viel weiter unten. »Weiter hoch können wir aber nicht mit dem Garten, oder?«

»Nein, nicht mit den Minen dort.« Der alte Mann stippt schweigend eine Mandel in einen Aschenbecher voll Honig.

»Wer hat vor Ihnen hier gewohnt?«, wagt sich Kolja vor.

»Meine Tochter und mein Enkel.«

»Tut mir leid«, sagt Kolja, nachdem er ein paar lange, unbehagliche Sekunden in den Aschenbecher mit Honig geblickt hat, um dem alten Mann nicht in die Augen sehen zu müssen. Ihm fällt auf, dass er diese drei Worte zum ersten Mal im Zusammenhang damit sagt, dass jemand getötet wurde. Und dieses Mal hat er nichts damit zu tun.

Eine Woche später arbeitet Kolja gerade im Garten, als das asthmatische Keuchen des Schischiga Wowas Rückkehr ankündigt. Die Federung hängt tief durch unter Unmengen von Kalaschnikows, Granatwerfern und Panzerfäusten, ein so umfangreiches Waffenarsenal, dass das Dach des Kofferaufbaus abgenommen wurde, damit alles Platz hatte. Als sich der LKW die steinige letzte Steigung zur Datscha hochkämpft, schießt Dampf durch die durchlöcherte Motorhaube.

»Und?«, fragt Danilo.

Mit dem feierlichem Ernst, der einer päpstlichen Bulle angemessen wäre, faltet Wowa ein Blatt Papier auseinander, setzt eine Lesebrille auf seine Himmelfahrtsnase, holt tief Luft, räuspert sich, holt noch einmal tief Luft und liest vor: »Sehr geehrter Nikolai Kalugin, sehr geehrter Danilo Beloglazow. Ich hasse Sie. Möge Sie der Teufel holen. Hochachtungsvoll, Hauptmann Feofan Domaschew.«

Danilo lacht kurz auf, aber das war's. Wowa faltet den Brief und steckt ihn zusammen mit seiner Lesebrille in die Brusttasche.

»Die *Banya* des Obersten konnte wegen eurem kleinen Ausflug erst drei Wochen später gebaut werden«, erklärt Wowa. »Der Oberst hat beim Hauptmann ein Riesenfass aufgemacht, und das kippt euch der Hauptmann jetzt auf die Köpfe. Der Weg der Befehlskette.«

»Was ist mit meiner Frau?«, fragt Danilo. »Kann sie mich freikaufen?«

»Danilo. Mann, ich fürchte, ich habe schlechte Neuigkeiten«, sagt Wowa mit einem Grinsen. Noch nie wurden schlechte Neuigkeiten derart gut gelaunt übermittelt. »Ich musste sie dran erinnern, wer du bist.«

»Sie ist halt vergesslich«, blafft Danilo.

»Sie *kennt* dich gar nicht, Bruder.«

Danilo springt ihn förmlich an, und Kolja streckt instinktiv den Arm aus und hält ihn zurück, wie eine Mutter ein Kind in einem plötzlich bremsenden Auto. »Wowa«, sagt Kolja. »Ich weiß, dass du mit Danilo noch ein Hühnchen zu rupfen hast, aber nicht jetzt und hier. Was hat seine Frau wirklich gesagt?«

»Glaub, was du willst. Ich habe sie angerufen, und sie dachte, ich will sie auf den Arm nehmen. Sie hat ein paar Minuten gebraucht, um sich an einen Spinner namens Danilo Beloglazow zu erinnern, der im letzten Schuljahr dauernd mit ihr ausgehen wollte.«

»Sie, sie ...« Danilos Stimme bricht. »Sie lügt.«

»Sie sagt, sie ist seit fünf Jahren mit einem Elektriker verheiratet. Sie haben einen vierjährigen Sohn.«

Danilo stützt die Wangen in die großen Hände. Seine roten Augen strahlen das Substrat von Schmerz aus, einen so tiefen und alles erschütternden Kummer, dass er für Kolja einem Erdbeben gleichkommt. Und Kolja, Kolja ist schwindelig. In einer Einheit, in der mehr Lügner, Gauner und Dummschwätzer versammelt sind als in der Duma, hatte niemand an der Existenz von Danilos Frau gezweifelt. Ein halbes Dutzend Soldaten haben dank ihrer Phantasie-Ehen mit ihr den Krieg überlebt. Die Hoffnung, die sie der Einheit gegeben hat, ist real und unzweifelhaft und in diesem Sinne ein Akt der Großzügigkeit, die Kolja in Tschetschenien für ausgerottet gehalten hatte. Kolja denkt an das Gemälde, das ihm der alte Mann gezeigt hat, und ist ein bisschen angewidert davon, dass irgendein Syphilitiker aus dem 19. Jahrhundert, der in seiner Einfallslosigkeit bloß die Wirklichkeit reproduziert hat, verehrt wird, während am Grund des detailgetreu gemalten Brunnens ein quasi Geistesgestörter vor sich hin vegetiert, der kaum schreiben, aber Wunder vollbringen kann. Der Wundervollbringer zittert inzwischen wie ein betäubtes Tier, das allmählich wieder zum Leben erwacht.

»Nimm uns mit«, fleht Danilo in einem Ton, der nur noch ein Wimmern ist. Am liebsten würde Kolja seinen Freund in die Arme nehmen und ihn hin und her wiegen wie damals seinen kleinen Bruder, wenn er aus Alpträumen von dunklen, endlosen Wäldern erwachte. Ihm war nicht klar gewesen, dass Danilo immer noch schockiert werden konnte, schockiert und enttäuscht, und er beneidet und bemitleidet ihn gleichzeitig. Der alte Mann kommt mit einer blauen Kekstüte voller Geldscheine aus der Datsche. »Bitte. Jetzt sofort«, sagt Danilo. »Jag ihm eine Kugel zwischen die Augen, und dann fahren wir einfach.«

»Kann ich nicht machen«, sagt Wowa. »Das sind unsere Geschäftspartner.«

»Sie sind unsere Feinde.«

»Sie sind unser Gegenüber. Aber ich hab auch gute Nachrichten: Ihr beide seid offiziell für tot erklärt worden.«

»Was soll daran gut sein?«, fragt Kolja.

»Vorher wart ihr offiziell Deserteure.«

Kolja führt Wowa ein paar Meter von dem tränenüberströmten Danilo weg. »Kein Wort zu den anderen wegen Danilos Frau, verstanden?«, sagt Kolja und sieht Wowa so lange in die Augen, bis er sicher ist, dass der Mann aus Omsk mit dem fliehenden Kinn ihm gehorchen wird.

»In Ordnung. Und tut mir leid«, sagt Wowa und sieht mit finsterem Blick zwischen Danilo und Kolja hin und her, unsicher, wem er kondolieren soll. »Mein herzliches Beileid.«

Kolja und Danilo, seit ganzen drei Minuten Witwer, senken die Köpfe und blicken auf die Erde.

Später am Nachmittag kommen Rebellen, um sich mit neuer Munition einzudecken. Bis spät in der Nacht sind ihre Stimmen aus der Datscha zu hören, auch noch, als Danilo ankündigt, dass er fliehen will. »Ich muss zurück. Meine Frau braucht mich«, sagt er.

Ein Halbmond hängt tief am sternengesprenkelten Himmel. Als Kolja sich aufsetzt, fährt ihm ein stechender Schmerz durch den Rücken, vom Nacken bis hinunter in die Lendenwirbel. »Wir müssen uns vorbereiten. Wir brauchen eine Karte und Proviant. Und vor allem Stiefel«, mahnt er.

Danilo sieht ihn aus stumpfen Augen an. »Ich gehe heute Nacht.« Ohne weitere Erklärung schaufelt er mit bloßen Händen Erde in seinen Leichensack. Als er mit einer mageren Gestalt aus Erde gefüllt ist, steht Danilo auf und betrachtet sein Werk. »Muss reichen. Solltest du auch machen, Kolja. Dann denken sie morgen, wir schlafen bloß aus.«

Kolja hat seinen Leichensack bis zur Hüfte zugezogen. Er drückt den Kopf nach hinten an die Brunnenmauer und zeichnet bedeutungslose Formen in den Staub. Dieser Brunnen, diese Grube ist sein Bau geworden. Er geht die möglichen Endstationen einer Flucht durch – erneute Einberufung, Tod, Zuhause – und das beste Ergebnis, das er sich vorstellen kann, ist das hier: wieder in Gefangenschaft zu geraten und dazu verurteilt werden, hier ein friedliches Stück Land zu bestellen. Mehr Hoffnung gibt es für ihn nicht mehr. Er hat länger gelebt, als er je erwartet hätte, länger als ihm zustand, und er ist müde. Es sind noch drei Wochen bis zu seinem dreiundzwanzigsten Geburtstag.

»Auf diese Mission musst du dich allein machen«, sagt Kolja. Danilo sieht ihn lange an, dann zieht er das Foto von Koljas Mutter im Bikini aus der Tasche und hält es ihm hin. Kolja faltet die beiden zerknitterten Flügel auf, auf denen er und sein Bruder stehen, ohne T-Shirt in Badehosen, die Arme um die bleiche, fleischige Taille ihrer Mutter geschlungen. Er weiß nicht mehr, von wem das Foto gemacht wurde, wann oder wo oder warum. Er erinnert sich kaum noch an diese kleine Familie, diese Drei-Mann-Republik in den Grenzen eines Polaroid-Rahmens. Würde er sich jetzt und hier die Hose aufknöpfen, würde er nicht das kleinste bisschen Scham empfinden.

»Strapazier das Foto nicht zu sehr«, sagt Danilo. Mit einer dramatischen Armbewegung zieht er die Reißleine aus Angelschnur, und das gelbe Seil mit den Knoten fällt über den Grubenrand. Kolja faltet das Foto zu einem festen Päckchen zusammen, und als Danilo oben ankommt, wirft er es ihm zu.

»Schick das meinem Bruder. Sag ihm, du bist der Arsch, der abgehauen ist.«

Das Mixtape in seiner zugeknöpften Brusttasche behält er, *Für Kolja, für den Notfall!!! Vol. 1*. Irgendwann, sagt er sich, wird er hören, was darauf ist.

Danilo fängt das zusammengefaltete Foto, salutiert zum Abschied halb gebückt in die Grube und watet hinaus in die tuscheschwarze Nacht. Er hat sich das Hemd um die Beine gewickelt, um das Rasseln der Fußfesseln zu dämpfen. Viele Fluchtwege gibt es nicht. Er kann versuchen, über den Hügel zu kommen, was auch immer dahinter liegen mag, aber dort lauern die Minen. Er kann den Schotterweg nehmen, auf dem die Rebellen gekommen sind, aber da sucht man ihn als Erstes. Das Beste ist der Wald, überlegt er sich schließlich. Er ist fast dort angekommen, als aus der Erde plötzlich etwas in seinen rechten Fuß schießt. Der Schmerz wogt vom Ballen aus das Bein hoch bis in die Brust und tritt als unwillkürlicher Aufschrei durch seine Kehle aus. Eine Landmine, denkt er, und sackt ins Gras. Aber es gibt keine Explosion, keine Flamme, nur stumme Qual, die seinen Fuß einhüllt. Er beißt sich ins Handgelenk, um das unkontrollierte Keuchen in den Griff zu bekommen, und untersucht den Fuß. Blut sickert aus der Wunde und läuft an einem Spatenblatt hinunter, das tief in seinem Fleisch steckt. Mit beiden Händen greift er es und zieht es mit einem kräftigen Ruck heraus, und die Leere füllt sich mit einem so reißenden Schmerz, dass es vor seinen geschlossenen Augen weiß aufblitzt. Bevor der Adrenalinschub nachlässt, schleppt er sich bis zu den ersten Bäumen.

Unter einem Schirm aus schlaffen grünen Blättern bricht Danilo zusammen. Wo sein Fuß war, hängt jetzt ein grausames Folterinstrument, das einzig und allein dazu da ist, ihn zu quälen. Ein Atemzug löst sich aus seiner Brust und tritt als schriller, fremd klingender Schrei über seine Lippen. Kapitulierend hebt er vor den Bäumen die Hände. »Ich gebe auf«, verkündet er, und es ist ihm jetzt egal, ob ihn die Rebellen hören, ihm ist alles egal. Wann hat er angefangen, den Leuten zu erzählen, sein Schulschwarm aus der Mittelstufe wäre seine Frau? Es muss einmal einen Moment bewusster Täuschung gegeben haben, aber in seinem Kopf herrscht schon so lange so ein Durcheinander, dass er ihn nicht mehr ausmachen kann. Er erinnert sich an seine Hochzeit, als wäre sie gestern gewesen. Er trug einen Dreißigtausend-Rubel-Anzug. Sie konnte gar nicht mehr aufhören, ihn zu küssen. Die Flitterwochen verbrachten sie in Moskau, machten Fotos vor dem Kreml, der Basilius-Kathedrale und dem Warenhaus GUM. Sein Vater kam zurück von dort, wohin er zehn Jahre zuvor verschwunden war, schüttelte Danilo die Hand und sagte: »Ich habe dir Unrecht getan.«

Die Nacht ist ein schweißnasser Fiebertraum. Seine Frau steht an ihrer blitzblank geputzten Spüle und trägt die gemusterte Schürze, die er ihr an einem Frühlingstag geschenkt hatte, viereinhalb Monate nach Neujahr und viereinhalb Monate vor ihrem Geburtstag, an dem Tag im Jahr, an dem sie am weitesten von einem Geschenk entfernt war, und also an dem Tag, an dem Danilo am dringendsten das Bedürfnis hatte, ihr eins zu machen. Sie trägt die gemusterte Schürze, die ihr vor Freude die Röte auf die Wangen getrieben hatte, als sie sie aus dem rosa Seidenpapier gewickelt hatte; nicht dass die Schürze selbst der Grund für das liebliche Leuchten ihrer Wangen gewesen wäre, nein, keine Schürze in rosa Seidenpapier hat einem Beschenkten je etwas anderes als Enttäuschung bereitet; der Grund für das liebliche Leuchten ihrer Wangen war Danilo selbst, denn er hatte die Tage von Neujahr bis zu ihrem Geburtstag gezählt, den Tag in ihrem jährlichen Orbit berechnet, an dem sie am weitesten von einem Geschenk entfernt war, und sie mit einer gemusterten Schürze überrascht, über die sie zum Neujahrstag oder an ihrem Geburtstag enttäuscht gewesen wäre, aber die ihr genau an diesem Tag und in genau diesem rosa Seidenpapier das Gefühl gegeben hatte, unendlich geliebt zu werden. Sie trägt die gemusterte Schürze und steht mit dem Rücken zu ihm an ihrer blitzblank geputzten Spüle, so dass er ihr Gesicht nicht sieht. Sie steht in einer Schürze am Spülbecken und sticht mit einem Messerchen schwarze Stellen aus einer Kartoffel. Sie sticht sie aus, bis von der Kartoffel nur noch so viel übrig ist, dass es auf einem Teelöffel Platz hat. »Sogar die faulen haben einen guten Kern«, sagt sie und wirft den Knubbel ins kochende Wasser, seine Frau an ihrer blitzblanken Spüle, den Rücken zu ihm, so dass er ihr Gesicht nicht sieht, die ganze Zeit in der gemusterten Schürze.

Ein einzelner Schuss reißt ihn aus den Träumen von seiner Frau ins fahle Morgenlicht. Sein Puls jagt los wie ein Luchs, wenn er Beute sieht. Danilo liegt am Waldrand, wo er in der Nacht ohnmächtig geworden ist. Als ihm klarwird, dass die Schüsse nicht ihm gelten, untersucht er seinen Fuß. Die Wunde ist jetzt ein verkrusteter schwarzer Spalt, der von den Zehen bis zum Spann reicht. Eine weitere Gewehrsalve. Er schleppt sich so weit, bis er am Fuße des verminten Hügels ein halbes Dutzend Rebellen sieht. Der jüngere, hagere richtet seine Kalaschnikow in den Himmel und schießt noch einmal. Neben ihm steht der alte Mann und streicht sich mit einer Hand seinen rebellischen Schnauzer glatt, während er in der anderen ein großes, sperriges Buch hält. Ganz allein auf halber Höhe des Hügels, etwa dreißig Meter weiter oben, kniet Kolja.

Im ersten Moment glaubt Danilo, dass die Rebellen auf

Kolja schießen, aber der Schütze richtet sein Gewehr auf die Morgensonne und schießt, um Kolja anzutreiben, nicht um ihn zu töten. Auf Knien gräbt Kolja ein Loch in den Boden. Wie es aussieht, folgt er den Anweisungen des alten Mannes, der den dicken Kunstband als Landkarte benutzt. Sie lassen ihn Minen suchen, begreift Danilo. Aber nein, das ist es auch nicht, denn jetzt holt Kolja eine Handvoll irgendwas aus der Tasche – Dillsamen? –, streut sie in das Loch, das er gegraben hat, und füllt es wieder mit Erde.

Irgendetwas in Danilos Bauch verhärtet sich wie Beton, als er begreift, dass Kolja gezwungen wird, den Kräutergarten den verminten Hügel hinauf zu erweitern. Eine Strafe für Danilos Flucht? Er will es nicht wissen. Mit gefalteten Blättern verbindet er seinen Fuß. Während der nächsten Gewehrsalve schlägt er mit dem Spatenblatt auf seine Fußfessel. Beim dritten Versuch zerspringt die rostige Kette. Zum ersten Mal seit Monaten spreizt er die Beine, und ein herrliches Gefühl der Erleichterung sickert durch seine Sehnen. Das Unterholz polstert seinen verwundeten Fuß, und so schnell es der Schmerz erlaubt, hinkt er davon. In der Luft hängt der süße Duft von Bratkartoffeln in Butter. Seine Frau deckt den Mittagstisch. Eine Explosion hallt vom verminten Hügel in den Wald, aber es ist nichts, nur ein Teller, der vom Tisch gefallen ist. Überall liegen kleine Scherben von Blümchenporzellan. Seine Frau zieht ihre Schürze hoch und kniet sich mit einem Bein auf den Boden. Sie breitet die Arme aus und sammelt sie alle ein.

PAUSE

Der Zar von Liebe und Techno

Sankt Petersburg 2010; Kirowsk, 1990er

1

Galina rief an und sagte, sie hätte mir eine Fahrkarte erster Klasse nach Moskau gekauft, und dann sagte sie, mein Bruder wäre tot. Ich konnte mein Glück kaum fassen. Seit vor sechs Jahren der Postdienst wieder eingeführt worden war, hatte ich nie auch nur einen Erste-Klasse-Brief bekommen, ganz zu schweigen von einem Zugabteil in der Ersten Klasse. Was Kolja anging, na, der war schon seit Jahren mausetot.

Sie wohnte in einem Penthouse im obersten Stockwerk mit atemberaubendem Ausblick und hochflorigen weißen Teppichen, die womöglich aus Eisbärfellen bestanden. Wohlstand zeigt sich in Dingen, die leicht kaputtgehen und schwer zu reinigen sind. Die Stühle waren kurvenreiche Kunstwerke, die das Sitzen zu einer Yogaübung machten. Jasmin- und Pflaumenduft schwängerte die Luft. Aus dem Bose schnulzte ein Chansonnier drauflos. Im Regal meditierten schlafmützige Bronzebuddhas. Ich fragte mich gerade, ob es in Tibet wohl Sammlerschnösel mit einem Kruzifix-Fetisch gab, als Galina kam. Ihr locker zugeknoteter Kimono gähnte an Brust und Knien.

»Meine. Güte. Verrat mir den Namen deines Haarstylisten!«, rief sie aus.

Ich hatte, ehrlich gesagt, noch nie eine Frisur, die zu meinem Kopf gepasst hätte. Der einäugige Onegin fräst mir immer mit seiner Schermaschine über den Schädel, aber Tiefenwahrnehmung war noch nie seine Stärke. Außerdem bin ich ziemlich sicher, dass er sich mit dem Gerät auch die Schamhaare frisiert.

»Ich hab eigentlich keinen.«

»Egal, wie du's machst, bleib dabei. Sehr avantgardistisch.«
Wenn eine kaputte Uhr zweimal am Tag die richtige Zeit
zeigt, ist eine üble Frisur zweimal im Jahrzehnt angesagt.

Noch länger als ein Jahrzehnt war es her, seit ich Galina das
letzte Mal gesehen hatte, seit mein Bruder zu seinem ersten
Einsatz abkommandiert worden war, seit sie berühmt geworden war und seit sie sich zum letzten Mal im Leben gesehen
hatten. Man vergisst leicht, wie jemand wirklich aussieht,
wenn man ihn ständig überall sieht. Auf den Plakatwänden
wird ihr Gesicht immer retuschiert, bis es glatt ist und glänzt
wie ein inneres Organ, und ihr Verhältnis von Brust zu Taille und Taille zu Hüfte kommt in der Natur nur im Kopf eines Dr. Frankenstein mit Photoshop-Kenntnissen vor. Die
Galina, die da in einem Keil Mittagssonne vor mir stand, ge-
schminkt und manikürt, in einem raffinierten Kimono, für
den zehn Millionen Seidenlarven ihr Leben gelassen hatten,
sah menschlicher aus als die Galina der Plakatwerbungen,
Boulevardblätter und Kinoleinwände.

»Der Morgen war einfach brutal, Alexei«, sagte sie. Leute,
die es leicht haben, erzählen einem immer, wie schwer sie es
haben.

»Hast du die Nachrichten über das Erdbeben in Indonesi-
en verfolgt?«, fragte ich.

»Was? Nein, ein Flittchen von der Royal Shakespeare Company hat sich die Rolle der russischen Verführerin-Schräg-
strich-Spionin im neuen Bond gekrallt. Hat wahrscheinlich
Leo den Löwen gefickt, um sie zu kriegen.«

»Du hättest sie garantiert bekommen, wenn irgendwer in
Hollywood *Lügengespinst* gesehen hätte«, versuchte ich, sie
zu trösten. Ihr Blick krachte im Sturzflug zu Boden. Manche
Leute sind einfach nicht aufzuheitern.

»Ich weiß, ich sollte mich glücklich schätzen, aber Schät-
zungen überlass ich meinen Steuerberatern.«

»Muss komisch sein, du zu sein.«

»Es ist voll schräg, Alexei. Als wir Teenager waren, hätte ich mir nie träumen lassen, dass ich mal ein Penthouse mit Chauffeur, Leibkoch und Butler haben würde. Und jetzt, wo ich's habe, bedeutet es mir nichts. Bin ich sehr schlimm, wenn ich das sage?«

»Nur ein bisschen.«

»Das Leben ist ein bisschen schlimm, fürchte ich. Da drehen sich diese bedauernswerten Kreaturen auf einem gefühllosen Stein um eine sterbende Sonne in einem dunklen und gleichgültigen Kosmos, und *trotzdem* verweigern sie mir die Rolle im neuen Bond. Streiten sich um Streichhölzer, während die Welt lichterloh brennt, hm?«

»Genau«, sagte ich und überlegte, ob es wohl unhöflich war, mir ein fünftes *konfeti* zu nehmen, obwohl sie sich noch gar keins genommen hatte. Nö, war es nicht.

»Wie läuft's bei dir denn so? Du bist doch inzwischen nicht mehr an der Uni, oder?«

»Doch«, strahlte ich. Durch reine Beharrlichkeit und unermüdlichen Einsatz hatte ich es geschafft, ein auf fünf Jahre angelegtes Studium der Philologie bis ins zehnte Jahr zu strecken. Es war ein Wunder der Größenordnung Speisung der Fünftausend. Das Universum ist vielleicht dunkel, kalt und gleichgültig, aber wer an der Uni ist, kriegt die ganze Nacht Designerdrogen und den ganzen Tag Schlaf. »Ich sitze jetzt an der Diplomarbeit. Über die *Geschichten aus Odessa*. Den Titel hab ich schon: ›Babels Gebabbel‹. Weiter bin ich noch nicht.«

»Bringt's das?«

»Ich hab's nicht gelesen«, sagte ich. »Ich wollte nicht, dass Textkenntnis meine Interpretation beeinflusst.«

Ein sechstes Gebäckteilchen verwandelte sich in mehlige Pampe und saugte mir die Spucke von der Zunge. Wir schwiegen eine Weile.

»Du hast das von Lydia gehört?«, fragte ich schließlich.

Das gesamte Rouge aus einem Kosmetikkoffer hätte die Blässe nicht von Galinas Wangen vertreiben können. »Ja«, sagte sie. Ihre Augen richteten sich auf eine sichere, leere Stelle irgendwo an der Wand hinter meiner Schulter. »Alina hat mir von ihr und ihrer Mutter erzählt, und von deinem Bruder natürlich. Dann hat Olga es mir erzählt. Dann Lara. Dann Darja. Dann Zlata. Und Tamara muss es mir ein Dutzend Mal erzählt haben« – die sechsköpfige Gänseschar, die sich von den Krümeln nährte, die vom Tisch von Galinas Ruhm herabfielen; Lydia war die Siebte im Bunde gewesen – »ich verstehe nicht mal, wie die immer an meine Nummer rankommen. Ich lass sie alle paar Monate ändern, hauptsächlich, um ihnen zu entkommen, aber sie finden sie immer raus. Die Amerikaner sollten sie auf Al-Qaida ansetzen. Nach einem zehnminütigen Telefonat mit Tamara würde jedermann seinen tiefsten Überzeugungen abschwören« – sie zündete ein Räucherstäbchen an, das nach sonnenverwöhnten Lavendelfeldern duftete –, »aber wo waren wir? Lydia. Mal ehrlich, eine Intelligenzbestie war sie ja nicht gerade, oder? Ich will ja nicht behaupten, sie hätte es besser wissen müssen, als sich denen anzuvertrauen, aber jetzt mal im Ernst. Man könnte was in ein Megafon flüstern, und es würde diskreter behandelt. Ich habe die Filmrechte an ihrer Ermordung gekauft, aber es ist ja leichter, einer Katze eine Maus durch die Kehle zu zimmern, als ein anständiges Skript bei einem Produzenten unterzubringen.«

»Es ist eine Tragödie«, sagte ich. »Für Lydia, für Vera, für Kolja, für –«

»Das kannst du laut sagen. Es ist ganz einfach eine Schande für das ganze Land, unsere Filmbranche. Wenn es ein Jenseits gibt, ist der Kreis der Hölle *unter* dem für Satan-Judas-Brutus und die ganze Mischpoke den Projektentwicklern vorbehalten, jetzt mal ganz im –«

»Warum hast du mich hergebeten?« Ich zuckte zusammen, als ich mich im Visier ihrer funkelnden Augen wiederfand. Sie war es nicht gewohnt, unterbrochen zu werden.

»Gute Frage, meine kleiner Rettich, die uns zum Kern der Sache bringt – nur werde ich wohl nie verstehen, warum die,

die am meisten Zeit haben, immer am hektischsten drauf sind.« Sie schleifte ihren Stuhl an den Tisch. Bei ihr hatte sogar das Stuhlschleifen etwas Erotisches. Ich war sicher, dass sie mich als Flirt auserkoren hatte. Ich fühle mich geschmeichelt, würde ich sagen, aber das kann ich meinem Bruder Kolja nicht antun, nicht mal, wenn er tot ist. Sie würde haltlos schluchzen und gerade noch hervorbringen, wenn sie mich nicht haben könne, hätte nichts mehr einen Sinn. Unkraut vergeht nicht, würde ich sagen, sie auf den Mund küssen – *mit* Zunge –, und dann würde sie natürlich in Ohnmacht fallen. Ich würde gehen, ohne mich noch einmal umzusehen.

»Pass auf«, sagte sie und schob ihre Hand über den Tisch, bis man zwischen ihre Finger und meine gerade noch einen Schmetterlingsflügel hätte stecken können. »Ich war vor ein paar Jahren noch mal in Tschetschenien. Mit Oleg. Der war geschäftlich da, musste Öl und seine Assistentin bohren. Die Schlampe. Während er damit beschäftigt war, hab ich ein paar Lazarette und Stützpunkte besucht. Ich dachte, die Hauptrolle in einem Biopic über den Großen Vaterländischen Krieg würde reichen, aber nein, mein PR-Manager bestand darauf, ich müsste persönlich mit den armen Schweinen reden. Zu einem *wunderbaren* SA-Mann fehlen dem nur noch die Knobelbecher, also meinem PR-Manager jetzt. Jedenfalls hab ich mich bei einem Armeesprecher nach deinem Bruder erkundigt.«

»Ich habe mich nach Kolja bei jedem einzelnen Armeesprecher in jedem einzelnen Heeresamt erkundigt, das über eine Adresse und eine Telefonnummer verfügt«, sagte ich. »Keiner weiß was.«

»Du bist ja wirklich herzallerliebst«, sagte sie, und ihre Augen vereisten. »Wenn du wichtig bist, kannst du eine Frage stellen, und noch der hinterletzte Sesselfurzer beim Militär beantwortet sie dir.«

Sie griff über den Tisch und umschloss meine Finger mit ihrer warmen Hand. Ihr Puls pochte an meinem Handgelenk, als telegrafierte ihr Herz mir eine Botschaft, die ich entschlüsseln sollte. Meine Synapsen japsten.

»Man hat mir gesagt, er wurde gefangen genommen und starb auf der Wiese da.« Sie deutete auf das schlichte Bild einer Wiese, das in einem Rahmen aus goldgelben Klumpen und Schnörkeln an der Wand hing. »Das ist in der Gegend ein Wahrzeichen, weil irgendein Maler aus dem 19. Jahrhundert es gemalt hat. Muss 'ne öde Gegend sein, wenn *das da* das majestätischste Panorama ist. Aber es hing mal im Museum, also muss es wichtig sein, und ich hab's gekauft.«

Ich hinterließ Fußspuren im dicken weißen Teppich, als ich zu dem Bild hinüberging. Es war nicht gerade was fürs Auge, was ein Gemälde doch eigentlich sein sollte. Eine leere Wiese, die zu einem Hügel hin anstieg. Eine Datscha. Ein Kräutergarten. Eine hüfthohe weiße Steinmauer, die sich diagonal durchs Bild schlängelte. Aber auf einem aufgesetzten Stück Leinwand von der Größe einer halben Spielkarte liefen zwei schlanke Gestalten den Hügel hoch. Die eine war anderthalb Köpfe größer als die andere. Ein schmaler Streifen grünes Gras trennte ihre dunklen Hände, und ich hätte nicht sagen können, ob sie die Hand des anderen suchten oder gerade losließen.

»Da ist Kolja gestorben? Auf dem Hügel?«, fragte ich.

»Hat der Militäradjutant jedenfalls gesagt.«

Ich drehte mich zum Bild zurück, zu den beiden Strichmännchen, die mit ausgebreiteten Armen den Hügel hochliefen. »Wer sind die beiden?«

»Weiß ich nicht genau. Ich hätte den Vorbesitzer fragen sollen. Der hat letztes Jahr angerufen, weil er das Bild für eine Sacharow-Retrospektive zurückhaben wollte. Übrigens in deiner Ecke. Der Teplow-Galerie in Petersburg, kennst du die? Ich habe ihm präzise erläutert, wo er sich diese Anfrage hinstecken könne, und ich kann dir sagen, der Briefkasten war das nicht. Was sich manche Leute aber auch erlauben. Heute verkaufen sie dir ein Bild, und morgen sollst du es zurückspenden. Diese Akademiker sind doch nichts als Schlangen, die man am Busen nährt.«

Die letzten Zeilen des Informationstäfelchens lauteten: *Achten Sie nicht weiter darauf, das sind nur gescheiterte Fingerübungen eines angehenden Restaurators. Sie sind nur seine Schatten. Sie sind nicht da.*

Ich hatte feuchte Hände, als ich zum Tisch zurückkam. »Erinnerst du dich noch an die Kassette, die wir für Kolja aufgenommen haben, bevor er das erste Mal nach Tschetschenien ging?« Ich weiß nicht, warum ich sie das fragte, aber ich muss noch heute oft an diese Kassette denken.

Sie strahlte über das ganze Gesicht. Ihr erster ehrlicher Gesichtsausdruck am ganzen Vormittag. »Mensch, die hatte ich völlig vergessen. Aber gut, ich möchte so gut wie alles vergessen, was mit Kirowsk zu tun hat. Ich war damals ganz schön verkorkst, was?«

Sie wollte ein *Nein* hören, als sagte ich »ja«.

»Ich hoffe bloß, dass es davon keine Kopie gibt. Wenn die ins Netz gestellt würde, würde da wohl nie Gras drüber wachsen. Da könnte ich auch gleich einen Porno drehen.«

Der Mythos eines Stars verflüchtigt sich, sobald dieser den Mund aufmacht. Ich ließ das achte Teilchen auf meine Untertasse fallen. »Mir hat er erzählt, dass er sich die Kassette so spät wie möglich anhören wollte. Dass er damit warten würde, bis er das so dringend bräuchte wie den letzten Tropfen Wasser in der Feldflasche. Glaubst du, dass er sie je gehört hat?«

Ich wollte ein *Ja* hören, also sagte sie »nein«.

»Und wahrscheinlich hast du recht.« Teilchen neun und zehn landeten unter kleinen Puderzuckerexplosionen auf meiner Untertasse. Ich schwöre, ich wollte nur nicht, dass sie im Müll landeten.

»Ach, ich hab da noch was«, sagte sie und ging durchs Wohnzimmer zu einem uralten Sekretär mit Fantastillionen Schublädchen, in die allenfalls Büroklammern und Briefmarken passten. Sie kam mit einem zusammengefalteten Polaroid zurück, das ich Kolja vor seinem ersten Einsatz gegeben hatte. Ich durfte es auf gar keinen Fall vor ihr anschauen. »Das hat mir der Militäradjutant in Grosny gegeben.«

»Warum erzählst du mir das alles erst jetzt?«

Sie starrte ihr trübes Spiegelbild in der Tasse an und verrührte es schnell mit dem Teelöffel. »Ich habe dich nicht hergebeten, um über deinen Bruder zu sprechen. Weißt du ... mein Mann lässt sich von mir scheiden. Manche Leute finden, ich hätte mich in Interviews der letzten Zeit ein bisschen zu offen über die Lage hier bei uns geäußert. Erst kritisiert man nur die Besetzungsentscheidungen eines bestimmten Regisseurs, und auf einmal vergleicht man Putin zu dessen Nachteil mit Lord Voldemort. Keine Ahnung, wie so was passieren kann.«

»Und was hat das mit mir zu tun?«

»Das Bild, du Idiot. Der Sacharow. Olegs Anwälte sind Blutegel mit Schlips und Kragen. Die würden Anspruch auf meine Zehen erheben, wenn die nicht angewachsen wären.«

Ich stand immer noch auf dem Schlauch.

Sie starrte trübe vor sich hin. »Ich schenk dir das Bild. Es ist mir lieber, wenn du es hast und nicht die Anwälte.«

Endlich schaltete ich.

Ich wickelte das Bild in Noppenfolie, die ausgereicht hätte, um eine Dogge zu mumifizieren. Sie folgte mir in die Diele. Ich würde ihr Herz im Sturm erobern und mit ihr forttanzen. Vergiss die schlafende Tochter im Nebenzimmer. Die Klatschgazetten würden mich herzlos nennen, aber die Tochter eines anderen adoptiere ich nicht. Wir würden uns eine Villa an der Riviera kaufen, und ich würde all die Gewohnheiten der Neureichen lernen, mir Manschettenknöpfe kaufen und mich über die Arbeitsmoral der Armen lustig machen. In Marseille würde ich sie mit gebrochenem Herzen abservieren. Sie würde sich nie erholen. Die Klatschgazetten würden mich als Schuft bezeichnen, aber ich setze mich über die Regeln der guten Gesellschaft hinweg. Mein ganzes Leben würde sich auf einen Schlag verändern. Ich musste sie nur küssen.

Ich schüttelte ihr die Hand.

»War schön, dich zu sehen, Alexei«, sagte sie, schloss die Tür, und ich wusste, dass sie es ernst meinte. Sie ist keine besonders gute Schauspielerin.

2

Über Kirowsk hängt immer ein Fallschirm aus gelbem Qualm, mit dicken Schwaden an den Schornsteinen festgezurrt. Die zwölf Schornsteine, die höchsten Gebäude im Umkreis von fünfhundert Kilometern, nennen wir die Zwölf Apostel. Sie umstellen den Quecksilbersee, einen künstlich angelegten See aus Industrieabwässern, dessen silbrige Wellen mit exotischen Chemikalien so gesättigt sind, dass sie das ganze Jahr über an die schotterpockigen Ufer schlagen und nicht einmal im Februar eine Eisdecke bilden. Der Mond ist hinter den hirnförmigen Rauchwolken nur zu erahnen. Kirowsk konkurriert mit dem chinesischen Linfen alle Jahre wieder um den Titel der Stadt mit der höchsten Schadstoffbelastung der Welt. Das Rösten von Nickelerz produziert schwefelhaltigen Qualm, der so dicht ist, dass er den Boden färbt und so stark angereichert wird, dass Schneewehen zu Flözen werden. Und der Weiße Wald umgibt Kirowsk. Auf Wunsch der Frau vom Parteiboss hin angelegt, sollte er Kirowsks Ruf als gefrorener Schadstoffkloake entgegentreten. Auf den Fotos, die in den Fachhochschulen für Ingenieurwissenschaft in Moskau und Leningrad in Umlauf sind und die aussichtsreichsten Studenten verführen, Jobs beim Nickelkombinat anzunehmen, macht der Wald einen guten Eindruck, aber vor Ort merkt man dann, dass das ein seltsamer Wald ist. Die Bäume werfen im Winter kein Laub ab. Sie wachsen nicht und sterben nicht ab. Keine Tiere halten in den Baumstämmen Winterschlaf.

Die Stadt triumphierte über die Realität und gab einen ganzen Wald falscher Bäume in Auftrag. Im Lauf der Jahre hat der Wind einen Gutteil des Plastiklaubs von den Stahlstämmen geblasen, und heute ist der Weiße Wald ein Feld verrosteter Antennen, und unter seinen nackten Ästen liegt faktisch die Mülldeponie der Stadt. Im Weißen Wald endet Lydias Geschichte und meine beginnt.

Ich muss zehn gewesen sein und Kolja dreizehn, als wir eines Nachmittags Zeugen wurden, wie zwei Männer einen dritten ermordeten. Aber dazu gleich. Wir erwachten in unserem gemeinsamen Zimmer, weil Vater mit dem Teekessel um die Wette brüllte. Kolja stieg aus dem Bett. Sein Haar war verstrubbelt, es sah aus wie ein überkritzelter Tippfehler. Er schlug mich wie fast an jedem Morgen, um mich zu stählen. Es war nur zu meinem Besten, aber brüderliche Dankbarkeit ist schwer aufzubringen, wenn man gerade verprügelt wird. Wir schlitterten in unseren Wollsocken über die Dielen in die Küche.

Vater lieh Kolja seit einiger Zeit seine Pullover. Kolja wuchs und leierte Hals- und Schulterpartien der Pullover aus, und wenn Vater sie dann wieder trug, hatte man immer das Gefühl, er würde langsam einschrumpeln. An diesem einen Morgen wirkte er aber Jahre jünger, stärker und größer. Seine Augen leuchteten förmlich. Er ging vor der verrußten Herdplatte auf und ab.

»Bingo, Jungs!«, rief er. »Das ist die Ausstellung, die das Moskauer Kosmonautenmuseum im Mülleimer der Museumsgeschichte versenken wird.«

Vater war ein Weltallfreak in einer Stadt, deren Umweltverschmutzung so starken Smog erzeugte, dass er hundert Kilometer weit rausfahren musste, wenn er die Sterne sehen wollte. Ein paar Jahre zuvor hatte er in einem Augenblick des Übermuts oder der Geistesverwirrung seine auskömmliche Stellung als Hochofentechniker gekündigt, um seinen Traum zu verfolgen und ein Kosmonautenmuseum zu eröffnen. Seine

Leidenschaft wurde nur von seiner Unfähigkeit übertroffen, und er leitete das Kirowsker Museum für Innenwelten und Kosmos als Gründer, Direktor, Dozent, Archivar, Pressesprecher, Eintrittskartenkontrolleur und Wärter in Personalunion. Das Museum befand sich in einem stillgelegten Lagerhaus in unmittelbarer Nachbarschaft eines der Verhüttungswerke der Stadt und war nicht nur das Reich von Vaters unerfüllten Ambitionen, sondern auch mein Spielplatz, mein Klassenzimmer und – in der darüberliegenden Wohnung – mein Zuhause.

Wenn Sie das Museum nicht gesehen haben, belassen wir es vielleicht bei der Aussage, dass es zu den unverwechselbarsten Wissenschaftsmuseen der Welt zählen dürfte. Falls Sie es besucht haben, kann ich nur um Entschuldigung bitten. Man könnte sagen, Vater hätte eine potemkinsche Raumstation gebaut, er hätte jedes einzelne Exponat gefälscht, er rivalisiere einseitig, aber intensiv mit dem Moskauer Kosmonautenmuseum. Man kann aber auch sagen, dass sich Vaters Bagatelldelikte im Vergleich zu den größeren Grausamkeiten unserer Stadt geradezu tugendhaft ausnehmen.

»Was ist denn mit dem los?«, fragte Kolja Mutter, unsere Familiendolmetscherin, die uns Vaters Delirien übersetzte. Sie stand an der Spüle. Über dem Wasserhahn klebte eine Postkarte vom Schwarzen Meer. Während das trübe Spülwasser Mutters Fingerspitzen aufweichte, sah sie in die Brecher, die auf den Sandstrand schlugen. Vielleicht flanierte sie in Gedanken die weiß gestrichene Uferpromenade entlang, um das Handgelenk eine dünne Leine, eine Dame mit Hündchen. Vielleicht malte sie sich einen Kurschatten aus, den Nervenkitzel unbekannter Hände, die ungewohnte Wärme des Sonnenlichts auf den Schultern, das Meerwasser, das tuschelnd ihre Zehen umspülte. Zwischen ihren abgeschabten Ecken barg die Postkarte eine sonnige Welt, in der Mutter in tausend Phantasieidentitäten zersplitterte, von denen keine Koljas Frage beantworten konnte.

»Das Ende!«, deklamierte Vater. Er bekräftigte seinen Ausruf mit einem Fausthieb auf den Küchentisch, der das Besteck klirren ließ.

»Das Ende wovon?«

»Das Ende von allem. Ein Exponat über alle Enden, die Enden des Tages, des Lebens, einer Zivilisation, eines Planeten, eines Universums. Das wird das Museum in die Reiseführer bringen.«

Bei der Museumseröffnung im Vorjahr hatte Vater die Eingangstür mit einer Flasche zuckersüßen Sowjetchampagners getauft. Er war spiegelglatt gefroren und bescherte unserem dritten Besucher eine gebrochene Hüfte. Vater ging in die Knie und krallte jedem von uns eine Hand in die Schulter. Er zog uns zu sich, verkabelte uns drei mit seinem Griff, und seine Leidenschaft setzte unsere Muskeln unter Strom. »Geht in den Wald. Sucht Dinge, die wir brauchen können.«

Der Weiße Wald war in den Jahrzehnten seit seiner Erbauung zur Schutthalde geworden. Im Lauf der Zeit hatten Kolja und ich eine Reihe von Kühlschranktüren gefunden, ein Dutzend undichte Giftmüllfässer, einen Aktenschrank mit Geheimdokumenten, Messer und Patronenhülsen in Asservatentüten der Kriminalpolizei, eine in einen Käfig gesperrte Katze, einen schluchzenden Betrunkenen in einem Auto, das er irgendwie auf einen stählernen Baumstamm gespießt hatte, und einen Heizlüfter, der noch prima funktionierte. Die meisten Exponate in der Halle Unerklärlicher Phänomene stammten von dieser Mülldeponie.

Das letzte Haus, an dem wir vorbeikamen, bevor wir das große Feld am Waldrand überquerten, gehörte Lydias Familie. Sie war ungefähr so alt wie Kolja, muss damals also zwölf oder dreizehn gewesen sein. In den Metallskeletten hielt sich der Schnee bis in den späten Frühling. An einigen mit Stacheln versehenen Ästen welkten große Plastikblätter. Sie waren genauso gelb verfärbt wie der Himmel, der Schnee und unsere Lungen. Sie hingen herab wie verstrahlte Menschen, schlaffe Hautsäcke ohne Knochen.

»Was suchen wir denn?«, fragte ich. Bis auf ein paar Injektionsnadeln, mit denen wir uns gegenseitig pikten, hatten wir noch nichts gefunden, was wir behalten wollten. »Das ist doch doof. Wo gehen wir überhaupt hin?«

»Was wir suchen, wissen wir, wenn wir es finden«, sagte Kolja laut und langsam, als wäre ich taub und schwer von Begriff. Unter dem Gleichmut seines sachlichen Tons pochte eine Spur Genervtheit. Ich hatte Angst, ihn enttäuscht zu haben. Sie halten mich wahrscheinlich für einen hochkomprimierten, dehydrierten Block Männlichkeit, eine Trockenpflaume aus Testosteron, wenn Sie so wollen, aber als Kind war ich eine weiche Zwetschge. Mein Familienspitzname war Kleiner Rettich – nicht mal als Pfahlwurzel fand ich zur Größe. Ich hatte praktisch vor allem Angst, vor dem Atomkrieg und vor den Bauchnabeln anderer Leute, und am meisten Angst hatte ich vor Koljas Zorn. Wenn er sauer war, sah er beim Sprechen über meinen Kopf hinweg. Dann fühlte ich mich noch kleiner, als ich eh schon war, und glaubte, seinen Erwartungen an unser Gespräch nur genügen zu können, wenn ich mich auf Stelzen stellte. Wir gingen weiter. Zehn Minuten später hörten wir Stimmen.

»Du hast doch keine Angst, oder?« In der Reibeisenstimme spukten die Geister von zehntausend Zigaretten.

»Angst vor Haien«, antwortete eine zweite, jüngere Stimme. Durch Lücken zwischen den Bäumen sahen wir ein Dutzend Meter weiter zwei Männer stehen. Wir krochen näher, um besser sehen zu können. Der erste Mann musste Anfang dreißig sein und trug die kreisrunden Brillengläser und die gebügelte Hose eines Akademikers mit einer Zukunft im Gulag. Durch eine tiefe Einkerbung erinnerte sein Kinn an die Hoden eines kleinen Hundes. Der andere Mann war noch gar nicht erwachsen, sondern ein Fünfzehn- oder Sechzehnjähriger im Trainingsanzug, das Haar zu einem aerodynamischen Keil gegelt, die Oberlippe mit einem Schnurrbart beflaumt, der so nutzlos war wie eine Bürste, der die Hälfte der Borsten fehlt, die kleinen Zähne unter Zahnfleisch verborgen.

»Haien?«, fragte der Ältere.

Der Jüngere erschauerte, als er das Wort noch einmal hörte. »Die Scheißviecher schwimmen nur durchs Meer und fressen Kinder, beißen Schildkröten die Köpfe ab, kämpfen gegen riesige Tintenfische und all so 'n Scheiß. Und das Übelste ist, sie können nie aufhören mit dem Rumschwimmen und Tintenfischebekriegen und Kinderfressen, weil sie anders als normale Fische nicht diese Heißluftballons im Arsch haben.«

»Da hast du ja Schwein gehabt, dass du als Landsäugetier auf die Welt gekommen bist«, meinte der Ältere.

»Dürfte das Einzige sein, wo ich mal Schwein gehabt hab«, fand auch der junge Mann. Er versetzte dem Kleiderhaufen vor ihnen auf dem Boden einen Tritt.

Aus dem Kleiderhaufen stieg ein Stöhnen auf. Dann bewegte er sich. Da steckte ein Mann in den Kleidern, dem sie den Mund mit schwarzem Klebeband verklebt und die Hände im zugeknöpften Mantel hinter dem Rücken gefesselt hatten. Als er sich hin und her warf, schlugen die leeren Mantelärmel in einem unglückseligen Tanz auf den Boden. Ich wollte weglaufen, aber Kolja hielt mich an den Schultern fest.

»Wenn wir uns bewegen oder das leiseste Geräusch von uns geben, liegen wir sofort neben dem da«, flüsterte er. Zum ersten Mal an diesem Tag sah er mir in die Augen. Diese kleine Bestätigung, dass ich existierte, beruhigte das Entsetzen, das mir in der Brust tobte wie ein in einen Koffer gesperrtes Kätzchen.

Die beiden Männer diskutierten weiter die Gefahren von Haien. Der Jüngere wollte wissen, ob *Der weiße Hai* ein Dokumentarfilm wäre.

Kolja hielt mich fest umarmt; bei einem Bruder mit weniger Format wäre das ein falscher Trost gewesen, aber bei ihm fühlte es sich wie die moralische Verpflichtung eines Besitzes an: *Dir kann nichts passieren, weil du mir gehörst.* Tägliche Liegestütze und Klimmzüge hatten seine früher spindeldürren Arme aufgepumpt, und die hatte er um mich gelegt, mit denen drückte er mich an sich und hielt mich fest. »Pst, kleiner Rettich«, flüsterte er. Er schlotterte nicht, er zitterte nicht, nicht das kleinste Zeichen der Besorgnis. Seine übernatürliche Seelenruhe sickerte durch seinen ganzen Körper und härtete zu einem zweiten Skelett aus. Alles an ihm war von so kompakter psychosomatischer Undurchdringlichkeit, dass eine Kugel an ihm abgeprallt wäre.

Ein Dutzend Meter weiter schlugen die Mantelärmel immer noch ihre gequälten Winksignale auf den Waldboden. Beklommen sahen die beiden Männer weg.

»Ich hab das offene Meer mal in 'nem Film gesehen«, sagte der Ältere. Er zog eine Pistole aus dem Hosenbund und gab sie dem Jüngeren. Mit ekelhaft glattem *ka-tschunk* lud der Jüngere sie durch. Es klang zu sanft, zu glatt, hatte eine Leichtigkeit und Effizienz, die nicht zur Brutalität der vor ihnen liegenden Aufgabe passte.

Der Jüngere schloss die Augen und zielte auf den Mann zu seinen Füßen. Der Gefangene hob den Kopf, und unter dem umgedrehten V der Beine des Älteren trafen sich unsere Blicke.

»Er sieht mich an«, flüsterte ich.

»Wer?«

»Der Mann auf dem Boden.«

Kolja sah hinüber. Der Todeskandidat riss die Augen auf. Er war zornig. Unsere Anwesenheit war vielleicht ein größeres Vergehen als seine drohende Ermordung, oder vielleicht waren wir die eine Erniedrigung, die das Fass zum Überlaufen brachte, und die einzige, die er vor seinem Tod entschärfen konnte. Das Isolierband wölbte sich unter seinen erstickten Schreien.

»Er will sie warnen«, murmelte Kolja ungläubig. »Er will die Männer warnen, die ihn gleich umbringen.«

Aber die beiden Mörder merkten gar nicht, dass sich die

Wut ihres Gefangenen gegen eine zwölf Meter entfernte Lichtung richtete. Der Jüngere biss sich auf die Unterlippe, aber als er abdrückte, hörte man nur ein hohles Klacken.

»Du musst einem aber auch immer Knüppel zwischen die Beine schmeißen, was?«, fragte der Ältere in die Wolken. Die beiden starrten die Pistole an, betätigten den Abzug, klopften mit der Waffe auf einen fast durchgerosteten Ast und musterten das dunkle geölte Innere. Sie nahmen die Waffe auseinander und setzten sie wieder zusammen. Ich stellte mir vor, wie ich in einen Mantel eingeknöpft dalag, mich vor einem Pistolenlauf krümmte, krampfhaft versuchte, durch die schleimverstopfte Nase Luft zu holen, und zwei Knallchargen anflehte, die zu dämlich waren, einen Abzug in die richtige Richtung zu betätigen. Ich hätte nie gedacht, dass etwas so Ernstes und Endgültiges wie der Tod derart lächerlich aussehen kann. Das war das Schlüsselloch, durch das ich erstmals einen Blick auf den Wahnsinn des Lebens erhaschte: Die festen Größen, an die wir glauben, werden uns ins Verderben stürzen, unsere Liebsten werden uns enttäuschen, und der Tod ist ein Klavier, das aus dem Fenster fällt.

»Vielleicht sollten wir ihn fragen«, schlug der Jüngere vor und deutete auf das Kleiderbündel. »Sonst hat er die Leute doch immer erschossen.«

Der Ältere überlegte kurz, beugte sich über den Verurteilten und riss ihm das Isolierband von den Lippen und damit auch ein paar Haare seines braunen Schnurrbarts heraus. Seine Augen waren schwimmbeckenblau, und die ganze Zeit sah er mich unverwandt an.

»Bitte«, machte ich mit den Lippen. Meine Wirbelsäule war ein einziger starrer Knochen geworden. Sein Blick durchbohrte mich. Ich war todsicher, er würde die beiden warnen. Aber er nickte leicht und sah stumm zu seinen Peinigern hoch. Der letzte Gnadenakt in einem gnadenlosen Leben, nahm ich an. Er mochte noch so viel überflüssiges Leid über die Welt gebracht haben, um unseretwillen vergab ich ihm alles.

Mit leiser Resignation erklärte der Verurteilte, wie man das Magazin richtig einrasten ließ. »Jetzt dreh die Pistole um, so dass sie dir ins Gesicht zeigt«, wies er den Jüngeren an. »Schau in den Lauf, ob noch irgendwas blockiert. Dann drückst du ein paarmal den Abzug, um sicherzugehen, dass in der Kammer nichts klemmt.«

Der Jüngere zielte ins eigene Gesicht und spähte ins blinde Teleskop des Laufs, aber bevor er abdrücken konnte, packte der Ältere seinen Arm.

»Halt, halt, halt«, sagte der Ältere. »Er will doch bloß, dass du dich selbst erschießt.«

Der Jüngere sackte unter dem Gewicht des Verrats zusammen. »Echt?«

Der Verurteilte lächelte und schloss die Augen. Der Lauf starrte ohne Blinzeln zurück.

Klack klack. Klack klack. »Das Scheißding ist immer noch ...«

Ich zuckte in Koljas Armen zusammen. Der Knall dröhnte durch den Wald und verhallte. Es gibt mehr Möglichkeiten, sich an einen Menschen zu erinnern, als es Menschen auf der Welt gibt. Egal, was Kolja später auch getan haben mag, für mich bleibt er immer die Hand in meinem Nacken, die Schulter unter meiner Wange, die Stimme in meinem Ohr, die mir Sicherheit verspricht.

Die Mörder stiegen über die Mantelärmel und wandten sich ab. Der einstige Schädel war nur noch eine undichte Schale Borschtsch. Die blaue Trainingshose des Jüngeren war an den Schenkeln rubinrot besprizt. Der Ältere klopfte seinem Schützling ermutigend auf die Schulter. Er hatte einen schlaffen Hühnerhals, labberige Lippen, dunkle Augenringe, und alles hing ein bisschen durch, als ob eine Winde, die in seinem Schädel vergraben war und langsam nachgab, das Gesicht kaum noch straff halten konnte.

Kolja stieß mich weg, als er merkte, dass die beiden Männer an uns vorbeikommen mussten. »Stell dich tot«, flüsterte er. Die Kälte der Erde kroch mir in die Knochen. Wir lagen wie gelähmt. Unsere Finger bohrten sich in den glasigen Boden, bis die Schritte erstarben. Der Ältere der beiden hieß Pawel und war auf dem besten Weg, einer der Bosse im Organisierten Verbrechen von Kirowsk zu werden. In acht Jahren sollte Kolja sein Handlanger werden.

Kolja half mir hoch. »Das ist die falsche Richtung«, rief ich, als er zu der Leiche stolperte.

Der Mann war mit gespreizten Beinen in einer lockeren Hose gestorben, mit hinter dem Rücken gefesselten Handgelenken und verdrehtem Rumpf, so dass sich die linke Schulter in den Frost bohrte und die rechte hochstand.

»Was machst du denn da?«

»Ich warte bloß, bis sie weg sind.« Kolja deutete auf die Ellipse der Fußspuren, die von der Leiche wegführten. Er ging in die Hocke und drehte die Leiche in eine bequemere Lage. Er richtete die Beine des Mannes aus, löste die Handfesseln und schob die Arme in die Mantelärmel. Für einen Mann, dem Stümper den Kopf weggeschossen hatten, sah er erstaunlich friedlich aus.

Ein Pfotenscharren am anderen Ende der Lichtung. Zwei Augen von der Farbe von Scheibenwischerflüssigkeit schauten mich an.

»Kolja«, rief ich. Er hatte ein verdrecktes Betttuch gefunden und deckte den Toten damit zu. »Kolja«, rief ich wieder.

Er drehte sich um, als der Wolf auf die Lichtung getrabt kam. Im Tal zwischen den gespitzten Ohren zeichnete sich eine Narbe ab. An der Schnauze wurde der Pelz dunkler; das Weiß wurde grau und mündete in der Sackgasse der schwarzen Nasenspitze.

»Nicht bewegen«, Kolja trat von der Leiche zurück.

»Das sagst du immer«, blaffte ich. »Immer sagst du, ich soll ruhig bleiben, und immer gehen wir fast drauf.«

Ob nun vom Schuss angezogen oder vom Blutgeruch, der Wolf lief schnurstracks auf die Leiche zu. Er fletschte die gelben Zähne, verbiss sich im Hals des Toten und machte Koljas

Bemühungen um ein Mindestmaß an Pietät zunichte. Wir standen nicht mal einen Meter weit weg. Wir konnten uns nicht rühren vor Angst. Der Wolf schlug die Zähne in den Mantel und zerriss die Wolle mit einer furchterregenden Kopfbewegung. Für einen Wolf war er nicht besonders groß, mehr so das Skelett eines Labrador, das man mit einem verfilzten Wolfsfell überzogen hatte.

Als wir zaghaft zurückwichen, fuhr sein Kopf zu uns herum. Seine Nase, weich und feucht wie eine Schnecke, weitete sich rhythmisch. Ich streckte begütigend die Hand aus, wie man das bei einem Hund macht. Erst als er den Rachen aufriss und ich in der Sonne die geröteten Fangzähne schimmern sah, ging mir auf, dass ich der Bestie ihre nächste Mahlzeit anbot! Die Zunge des Wolfs schoss an den schwarzen Wulstlippen vorbei und beschlabberte meine Finger mit geronnenem Blut. Ich hatte zu viel Angst, um die Hand zurückzuziehen. Einen Augenblick lang standen wir da, und der Wolf beschmadderte mir die ganze Hand mit zerkauten Resten des Toten. Als er fertig war, hob er ein Hinterbein, bespritzte meine Schuhe mit einem gelben Strahl und durchweichte meine Socken. Dann wedelte er mit dem Schwanz. Und dann bellte er.

Kolja stopfte sich die Faust in den Mund, um nicht loszulachen, dann packte er mich an der Schulter und brachte mich nach Hause.

Wir saßen zwischen unseren Betten auf beinlosen, auf Bücherkisten aufgebockten Stühlen (Vater hatte die Schrauben der Stuhlbeine gebraucht, um eine Standuhr an der Wand zu befestigen). Kleine Teppiche hingen vor den tapezierten Wänden. Manchmal fielen sie mitten in der Nacht von den Nägeln und legten sich als zweite, stickige Bettdecken auf uns. Zwischen den Betten hing ein Poster mit dem Periodensystem. Ich hatte die Socken gewechselt und mir die Füße gewaschen. Innerlich fühlte ich mich wie püriert.

Kolja hatte sich vorgebeugt und die Ellbogen auf die Knie

gestützt. Er verzog hochkonzentriert den Mund. Wenn er nachdachte, sah er immer aus, als hätte er Verstopfung.

»Wie ist das, wenn man tot ist, und alle anderen leben noch?«, fragte ich.

»Als wäre man noch am Leben, und alle anderen wären tot«, antwortete Kolja, richtete sich auf und schoss dann hoch. »Ich hab's! Ein Ausstellungsstück könnte sich um den letzten Überlebenden der Menschheit drehen. Weißt du noch, wie Papa mal gesagt hat, er hätte einen Plan der Amerikaner vereitelt, eine Atombombe auf Kirowsk abzuwerfen? Das war nur die halbe Wahrheit.«

Er hockte sich neben mich.

»Weiter«, bat ich ihn.

Kolja lehnte sich zurück, und seine Schultern versanken in den Matratzenwülsten. »Papa hat dir nie was von Plan B erzählt. Der letzten Zuflucht. Der Antwort auf die Frage: Was ist, wenn heute die Welt untergeht?«

»Und dir hat er das erzählt?«

»Natürlich. Ich bin sein Lieblingssohn. Weißt du, nachdem die Amerikaner auf dem Mond gelandet waren, ist Chruschtschow zu Papa gekommen und hat gesagt: ›Pass auf, Papa, wir sind am Arsch. Die Yankees spielen auf dem Mond Baseball und bauen da oben ihre Shopping-Malls. Was machen wir jetzt?‹ Und Papa hat ihn in seinen Plan eingeweiht.«

»Weiter«, bat ich ihn.

»Papas Idee war eine Raumkapsel, in der ein Mensch zwanzig Jahre lang überleben könnte. Selbst wenn die Amerikaner das gesamte Leben auf der Erde in einem Atomkrieg auslöschten, wäre der letzte Überlebende ein sowjetischer Bürger, da oben, auf der Erdumlaufbahn. Chruschtschow hatte eine dieser weiten russischen Seelen, von denen in Romanen immer die Rede ist. Ihm gefiel die Idee. Nur hat Breschnew ihn leider ins Altersheim gesteckt, bevor er Papa bevollmächtigen konnte, das Ding zu bauen. Also ist das jetzt unsere Aufgabe.«

Wir rannten zur Kasse, um Vater alles zu erzählen.

»Meine wahren Erben«, sagte er. »Geborene Wissenschaftler. Ihr werdet es weit bringen.«

Als das Museum am Sonntag zum Putzen geschlossen war, zog Vater an einem Abschleppseil das verrostete Skelett des Führerhäuschens eines Lasters ins Lagerhaus. Er hatte es gegen acht Dutzend Würste eingetauscht. »Die Kapsel!«, verkündete er. Ich musterte sie von allen Seiten. Sie sah weder einem Führerhäuschen noch einer Raumkapsel ähnlich. Eher schon einem abgetrennten Walkopf, der jahrelang auf dem Meeresboden gelegen hatte, erst als Nahrung für eine Großfamilie von Aalen und dann als ihr Zuhause. »Man muss ein bisschen was dran machen«, gab Vater zu, aber seine Wangen glühten rot vor Aufregung und Neurodermitis.

Mit Alufolie verwandelten wir das Führerhäuschen in eine Raumkapsel. Kolja klebte das eine Ende der Folie auf der Motorhaube fest, steckte einen Besenstiel in die Rolle, lief um das Führerhäuschen herum, und neben ihm wurde die silbrige Rolle abgespult. Wir brauchten sechzehn Rollen und Hunderte von Umlaufbahnen. Kolja ging in den Orbit, bis das Häuschen zur voll beflaggten Kapsel geworden war. Sorgfältig schablonierten wir mit schwarzer Schuhcreme *UdSSR* über den Bug. Ein kastanienbrauner Zahnarztstuhl wurde zum Pilotensitz umfunktioniert. Als Fenster in der Einstiegsluke diente ein Fischglas, ein verrosteter Tischventilator als Luftfilter, ein kaputtes Radio als Funkgerät, und ein Kassettenrekorder spielte letzte Nachrichten auf.

Der Sommer war ein vierundzwanzigstündiger Nachmittag. Drei Monate lang taute der Fluss so weit auf, dass er von Schiffen befahren werden konnte, und die *produkti*-Regale wurden mit neuen Konserven und süßen, keksähnlichen Klumpen aufgefüllt. Es wurde so warm, dass man nur mit einem dicken Mantel, Schal, Fäustlingen und Pelzmütze nach draußen konnte, so warm, dass die Fahrer ihre Teerfackeln nur zwei Minuten unter die Benzintanks halten mussten, damit der Eisbrei auftaute. Ach, der Sommer!

Wenn keine Besucher da waren, also so gut wie immer, konnten wir im Museum spielen. Durch die rußigen Fenster im zweiten Stock fiel das Sonnenlicht herein.

»Kosmonaut Kolja«, murmelte ich und stieg in den Keller meines Stimmumfangs. »Der lange befürchtete Tag ist gekommen. Reagan hat im amerikanischen Fernsehen erklärt, er werde lieber die Erde vernichten, als zu kapitulieren. Er schaute dabei in die falsche Kamera. Wir zweifeln an seiner Zurechnungsfähigkeit.«

Kolja ging in Habtachtstellung und schnalzte mit der Zunge, weil seine Gummisohlen beim Hackenzusammenschlagen kein Geräusch machten. »Genosse Alexei, ich bin bereit, in die Weiten des Weltalls vorzustoßen und außerirdische Lebensformen mit den Weisheiten Lenins zu beglücken.« Er marschierte Richtung Kapsel und salutierte noch einmal mit grimmigem Gesicht vor einer unsichtbaren Fahne, bevor er einstieg und sich drinnen zusammenkauerte. Ich schnallte ihn mit Riemen, die wir von einem alten Rucksack abgeschnitten hatten, am Zahnarztstuhl fest und setzte ihm einen Motorradhelm auf den Kopf.

»Eine Sache noch, Kosmonaut«, sagte ich und klappte das Helmvisier hoch. Dann gab ich ihm eine Kassette, ein Notizbuch oder eine Akte mit Instruktionen zu weiteren Abenteuern in den Tiefen des Alls. »Öffnen Sie das nur im äußersten Notfall.«

Ich zählte von zehn herunter, und Kolja summte die Nationalhymne. Manchmal presste er meine Hand an seine Brust, und wenn sein Herzschlag an meiner Hand pochte, fühlte sich das weniger als Teil unseres Spiels und mehr als Probe für ein letztes Lebewohl an.

»Du wirst den letzten Gedanken eines Menschen denken«, flüsterte ich.

»Du wirst dieser Gedanke sein«, sagte er.

»Du wirst das letzte Wort haben.«

»Dein Name wird das letzte Wort sein.«

Wenn der Countdown die Null erreichte, zündeten die Triebwerke der Trägerrakete. Blaue Hitze verbrannte den Sauerstoff in der Luft. Augenblicklich verschlang ein Inferno die uns umgebenden zwei Quadratkilometer und schmolz einen Krater in die Startbahn. Die Glut äscherte meine Nerven ein, bevor sie Schmerzsignale ans Gehirn senden konnten. Eine Millisekunde später war ich nur noch das Echo eines Schreis, der durch den Rauch hallte. Überall fielen amerikanische Sprengköpfe an zarten Fallschirmen. Feuer verschrammte den Himmel. Das war's. Das ist das Ende. Die Schubdüsen liefen an und stemmten die Kapsel durch die aufblühenden Pilzwolken. Lichtkatarakte trugen Kolja aus dieser Welt fort. Durch das Fenster in der Einstiegsluke verfolgte er, wie der Horizont schrumpfte, zur Erde wurde und dann zu nichts.

3

Im Nachtzug zurück saß ein Mann mit mir im Abteil, der mit seiner Tochter zu ihrem Kieferorthopäden nach Petersburg reiste.

»Sie hat die brillantesten Zahnärzte von Moskau sprachlos gemacht«, erklärte der Vater mit offenkundigem Entzücken. Vaterstolz ist ein flackernder und schwacher Scheinwerfer, aber wenn er mit voller Wattleistung auf einem ruht, wird einem warm wie in Sonnennähe. »Mein kleines Wunderkind.«

Baumstämme zuckten am Abteilfenster vorbei. Ich wollte so geliebt werden, wie er die schlechten Zähne seiner Tochter liebte.

»Mach ruhig, zeig sie ihm«, forderte er sie auf.

Sie gähnte weit. Ihr offener Mund war eine Dolomithöhle. Nur göttliche Fürsprache oder diabolisches Schachern konnten da noch was retten. »Schon ein bisschen schief«, sagte ich und gähnte ähnlich weit. »Meine stehen auch ein bisschen schief.«

»Meine sind in einem Handbuch für Zahnheilkunde«, verkündete sie.

Eins zu null für sie. Mit ihren höchstens zwölf Jahren hatte sie schon mehr erreicht als ich im ganzen Leben. Miese kleine Streberin. Ich nahm das Polaroid, das Galina mir gegeben hatte, aus der Brieftasche.

Blasse Knicklinien zogen sich über das Foto, das seinen Glanz schon vor Jahren verloren hatte. Aber da waren wir, Kolja und ich, trugen Bikiniunterteile mit Leopardenfellmuster und standen rechts und links von Mutter. Wir hatten beide noch nie eine Badehose getragen. Im Hintergrund pafften die Zwölf Apostel ihre Wolken. Der Quecksilbersee umspielte unsere Zehen. Spritzer geschmolzenen Lichts tüpfelten unsere Waden. Ich hielt das Polaroid dem Mädchen und seinem Vater hin.

»Mein Bruder und meine Mutter. Und das bin ich, als ich so alt war wie du jetzt«, sagte ich. Ich musste das einfach mit ihnen teilen, sie mussten wissen, dass ich die Aufnahme in ihre Familie verdient hatte, auch wenn meine Zähne weniger verunstaltet waren. Das Mädchen brachte beim Lächeln nicht die Lippen auseinander. Dann sagte ihr Vater, sie solle sich bettfertig machen. Sorgfältig faltete ich das Polaroid und legte es in meine Brieftasche zurück.

Am nächsten Morgen würden wir gemeinsam aus dem Zug steigen, und sie würden von meiner geistreichen Konversation so verzaubert sein, dass sie mich bitten würden, zum Zahnarzt mitzukommen. Sie würden mich in Ordnung bringen, angefangen bei meinen Zähnen. Das Mädchen würde mich als viel älteren Bruder ansehen. Ihr Vater würde mich als viel jüngeren Bruder ansehen. Sie würden mich einladen, zu ihnen in ihr gigantisches Herrenhaus in Moskau zu ziehen. Ich würde mir das Angebot überlegen. Es würde mich in meiner ungebundenen Lebensweise eines Bohemiens einschränken, aber sie würden mich anflehen und mir Unsummen anbieten. Das Geld würde ich ausschlagen. Ich bin nicht käuflich.

Aber ich würde die Einladung in ihre Familie annehmen, natürlich nur ihnen zuliebe. Ich bin ein Samariter. Ich würde dem Mädchen alles über das Erwachsenwerden beibringen und den geschiedenen Vater lehren, über seine erste Ehe hinwegzukommen und sich auf die Suche nach einem neuen Liebesglück zu machen. Ich würde nur wenige Monate bei ihnen bleiben, weil ich mich in keinen goldenen Käfig sperren lasse. Sie würden noch jahrelang andächtig von mir sprechen.

Am nächsten Morgen riss mich der Zugbegleiter am Ohr aus meinem erholsamen Schlummer. Das war zu erwarten, denn die Stellenbeschreibung für Mitarbeiter der Russischen Eisenbahnen fordert lediglich eine aggressionsgeladene Vorgeschichte. Der Vater und seine Tochter waren schon fort. Hatten offenbar vergessen, mir ihren Namen und ihre Telefonnummer zu geben. Was sie wahrscheinlich ihr Leben lang bereuen würden.

4

Im Juli 1990 brach die sowjetische Befehlsgewalt zusammen, Kirowsk erlebte den wärmsten Monat der dreiundfünfzigjährigen Stadtgeschichte, und die Senioren fingen an, im Quecksilbersee schwimmen zu gehen. Morgens sammelten sie sich entlang den Schotterufern, steckten sich die grauen Haare unter Duschhauben und zogen sich bis auf die Unterwäsche aus. Hob jemand den Arm, schlackerte der Trizeps am Knochen. Ein Mann sah auf die Wasserfläche hinaus und tätschelte sich zärtlich den Wanst. Vielleicht hatte er fünfzig Jahre lang überlegt, ob er den nicht als Schwimmweste nutzen könne, und jetzt würde er endlich die Antwort finden. Der Anblick von zwei Dutzend halbnackten Achtzigjährigen ist unvergleichlich. Wir betreten die Bühne des Lebens als Puppen und verlassen sie als Wasserspeier.

»Warum gehen Sie hier schwimmen?«, fragte ich eine der

Frauen. Sie stand neben einem verrosteten Schild, das vor dem Schwimmen warnte. Sie war nicht größer als ich – was nicht heißen soll, dass ich klein war, nur klein für einen Zweibeiner. In ihren haselnussbraunen Augen sah ich undeutlich mein Spiegelbild. Ihre Generation war durch die Hölle gegangen, damit wir im Fegefeuer aufwachsen konnten.

Sie warf einen Blick auf das verrostete Schild. Es zeigte einen Mann mit Grapefruitkopf, der in einem Winkel von fünfundvierzig Grad in den weit aufgesperrten Rachen eines Hais fiel. Vielleicht war sie vor ihrer Festnahme und Verbannung nach Kirowsk an einem See aufgewachsen, und ihr Vater hatte ihr das Schwimmen beigebracht, indem er ihr die Hand unter den durchgedrückten Rücken hielt, und sie wusste, dass sie nicht untergehen konnte, weil er immer da war. Und eines Tages lag sie mit konkavem Rücken auf dem flachen See, die Arme aufs Wasser gekreuzigt, ihre braunen Haare seihten Algen, ihr Blick huschte zu ihrem Vater, und er hob die Hände, als wäre ihr Blick eine geladene Pistole, und einen Augenblick lang strampelte sie, hatte entsetzliche Angst, auf den Seeboden zu sinken, weil er sie nicht stützte, aber sie hielt die Arme wieder still und schnappte nach Luft, sie schaffte das, ganz allein, sie ließ sich treiben. Vielleicht wollte sie mir sagen, dass sie Stalin, die Berliner Mauer und die Sowjetunion überlebt hatte und sich von ein bisschen Schmutzwasser nicht unterkriegen lassen würde. Sie funkelte aber nur das Warnschild an: »Ich hab schon gruslingere Fische in Butter gebraten.«

Sie ging zu den anderen Großmüttern. In nichts als ausgeblichener Unterwäsche und Duschhauben humpelten sie über die Schotterbank. Ringsum quoll unaufhörlich Qualm aus den Schloten der Schmelzhütten. Eine Frau mit einer Schlinge Narbengewebe um den Hals nahm ihren Gehstock mit ans Wasser. Die anderen folgten ihr, und alle wateten gemeinsam hinein. Nach einem halben Jahrhundert Dürre erinnerten sie sich an das Schwimmen.

Ein Mann und seine Frau bewegten sich rückenschwimmend über den See, das Wasser glänzte an den Schultern, die Beine schlugen im Gleichtakt. Sie hatten sich ein Seil um die Hüften gebunden, das sie zusammenhielt, falls einer untergehen sollte.

Ein Einbeiniger paddelte gemächlich mit den Armen vorwärts. Unter Wasser spürte er weder das Gewicht des verbliebenen noch des verlorenen Beins.

Ein Mann, den alle Welt nur Walross nannte, weil er einen Schnurrbart von der Breite seiner Taille hatte, machte seine ersten zögerlichen Schwimmzüge, freute sich über das kühle Plätschern an der Haut, die Freiheit der Bewegungen, und musste mitten im Wasser plötzlich weinen, weil er die Hoffnung schon unzählige Male aufgegeben hatte, unzählige Male gebetet hatte, in den Bergwerken sterben zu dürfen, in den Straflagern, und jetzt, jetzt hatte die Dankbarkeit ihn aufgebrochen, und er dankte Gott, weil er seine Gebete nicht erhört hatte und ihn lange genug hatte leben lassen, um noch schwimmen zu lernen.

Und in der Mitte des Sees ließ sich die Frau treiben, mit der ich gesprochen hatte, lag auf dem Rücken, die Augen geschlossen, als wäre in ihren vielen Lebensjahren absolut nichts schiefgelaufen.

Der August wurde wärmer. Die zentral geplanten Wetterverhältnisse gerieten in offenen Aufruhr. Zur allgemeinen Überraschung liefen die badenden Babuschkas nicht lindgrün an, und ihnen wuchsen auch keine dritten Ohren; wenn überhaupt erneuerte die Chemikalienbrühe ihre längst verbraucht geglaubte Lebenskraft. Bald gesellten sich Großeltern in den Sechzigern zu den geriatrischen Schwimmern, gefolgt von Menschen in den Fünfzigern, dann Vierzigern, und schließlich tunkten auch die kleinsten Kinder der jüngsten Familien ihre Babykrabbenzehen ins Wasser. Niemand glaubte mehr der staatlichen Propaganda: *Die marxistisch-leninistische Philosophie sagt den unausweichlichen Verlauf* der Geschichte voraus; die Bedeutung des Individuums entfaltet sich in seiner Einordnung ins Kollektiv; die Chemikalien im Wasser erzeugen Krebs. Unsere Revolution fand beim Sonntagsschwimmen statt.

Mutter verlangte vom Leben, wie gesagt, nicht mehr als einen Nachmittag am Schwarzen Meer. In jenem August kam Vater mit leopardenfellgemusterten Bikinis nach Hause.

»Was sollen wir denn damit?«, fragte Kolja und musterte einen Zweiteiler.

»Der ist zum Baden. Einmal darfst du raten.«

»Das ist ein Bikini.«

Vater riss Kolja das Oberteil aus den Händen und warf es in den Müll. »Jetzt ist es eine Speedo.«

Diesen Sommer: Quecksilbersee, nächsten Sommer: Schwarzes Meer, versprach Vater. Aber seine Pläne wurden durchkreuzt, denn im nächsten Sommer hatten Mutters Brustschmerzen sie schon zum Arzt gebracht, ins Krankenhaus, ins Krematorium und schließlich ins Wohnzimmerregal, wo ihre Asche heute noch steht und wohl die Ewigkeit verbringen wird, in einem Einmachglas zwischen einer Dose mit losen Einzelknöpfen und zwei Telefonbüchern, obwohl Vater versprochen hatte, sie vor der Küste von Sotschi zu verstreuen.

Aber bevor all das geschah, fuhren wir als Familie an den Quecksilbersee, Mutter im leopardenfellgemusterten Bikini, mein Bruder und ich in den Unterteilen leopardenfellgemusterter Bikinis, wir spritzten im See herum, das Wasser im Mund schmeckte nach dreckigem Kleingeld, meine offenen Augen brannten, wenn ich den um sich dreschenden Gliedern der enthaupteten Schwimmer zusah, und abends, als alle schon von der Sonne berauscht, vom Schwimmen benommen oder einfach nur betrunken waren, in jener Stunde im Sommer, in der sich abnehmende Hemmungen und zunehmende Freiheiten kreuzen, jagte Vater Mutter über die Schotterbank. Mit großen Sprüngen setzte er dem Leopardenfellbikini nach und rief, er wäre ein Leopardopterist, der sie aufspießen und festnageln würde, und mein Bruder und ich jagten die beiden, zwei Leopardenjunge, die ihre Mutter beschützten. Wir fletschten die Zähne und fauchten, wir schlugen mit den Tatzen und knurrten, wir waren wild, uns war alles egal, und unter dem Qualm der Zwölf Apostel lachte Mutter die ganze Zeit, während Vater sie jagte und sie floh; nie hatte ich sie so glücklich gesehen, nie so geliebt, so begehrt, nie hatte ich sie als sexuelles Wesen erlebt, als Beute, auf die man scharf war, als irgendetwas anderes als eine wortkarge und unzufriedene Gestalt an der Küchenspüle, die mir ab und zu die Suppenkelle über die Rübe zog, und obwohl Vater mit Metaphern so wenig anfangen konnte wie mit der Biologie der Katzen oder den Sonnenbadenden, über die er hinweghechtete, obwohl er mein Vater war und sie meine Mutter, und obwohl wir alle am Rand des Abgrunds entlangtaumelten, schaue ich auf diesen Augenblick zurück, auf diesen Nachmittag, die Sehnsucht überflutet mich, und ich denke: *Jeder Mensch sollte das Glück haben, einmal im Leben einen Sonnentag zu haben, an dem er in Chemieabwässern schwimmen kann.*

Am selben Nachmittag lieh sich Vater eine Polaroidkamera und stellte uns am Ufer vom Quecksilbersee in einer Reihe auf. Ich hatte noch nie eine Polaroid gesehen, kannte überhaupt keine Kamera, die moderner gewesen wäre als eine aus der Zenit-E-Reihe. Im schwefelgelben Licht war Koljas Brust so bleich wie Amphibienlaich. Wir stellten uns rechts und links von Mutter auf und lächelten verkniffen, während Vater den richtigen Bildausschnitt wählte. Gänsehaut nadelte Mutters bloße Schenkel; sie waren noch nie direktem Sonnenlicht ausgesetzt gewesen. Wir hatten unsere gewohnten Breitengrade weit überschritten.

Die Kamera klickte, und der Augenblick endete in einem Blitz. Jahrelang hatte ich das Foto bei mir. Ich schenkte es Kolja, als er in den Krieg zog.

Am selben Tag, umstellt von Schornsteinen, kurz nachdem Vater Mutter gefangen, ihre Ellbogen in den Schlamm gedrückt und ihr schmatzend einen Kuss auf die Lippen gedrückt hatte, hustete sie Blut. Eine Galaxie hochroten Schleims sprenkelte den Schotter. Sie wurde rot und stammelte, peinlich berührt, weil sie den Augenblick weltenthobenen Zaubers zerstörte. Wochenlang taten wir so, als wäre nichts passiert. Mutter ließ sich nicht davon abbringen, es wäre eine Sommergrippe, und wir glaubten ihr oder taten so, denn Chemotherapie, Bestrahlung und Thorakotomie waren ein Luxus für Oligarchen, und etwas Besseres als Hustensirup mit Bleichmittelgeschmack konnten wir uns nicht leisten. Die Monate rannen uns durch die Finger, und die Tage wurden kürzer. Als sie im Winter nur noch zwei Drittel ihres Normalgewichts wog, schlug der Rammbock der Realität eine Bresche in Vaters Festung. Der Arzt bestätigte, was wir schon gewusst hatten: »Jeder Zweite in Kirowsk wird an Lungenkrebs sterben.«

Bis zu ihrem Todestag wollte Mutter den Abwasch machen. »Kommt nicht in Frage. Mach dich doch nicht lächerlich«, entgegnete Vater. Sie forderte es aber mit einer Stimme, die durch die Luft fiel wie etwas Zerbrechliches, das wir hektisch auffangen wollten. Heißes Wasser war mehr oder weniger Glückssache, und die Seife war ein chemisches Ätzmittel in Riegelform: Kaum eine Haushaltsarbeit verhieß mehr Elend als das Geschirrspülen. Aber ob Mutter nun eine Masochistin war oder nicht, für sie war es der friedlichste Augenblick des ganzen Tages, wenn sie an der Spüle stehen und die Postkarte vom Schwarzen Meer betrachten konnte, und das ließ sie sich von keiner Krankheit rauben. Damit sie nicht so viel zu tun hatte, teilten Vater, mein Bruder und ich uns einen einzigen Teller, ein Glas, eine Gabel, ein Messer und ein Schälchen. Wir aßen nacheinander, jeder allein am Küchentisch mit nur einem Gedeck.

In jenem Winter stiegen Kolja und ich in der Viertelstunde Tageslicht aufs Dach des Lagerhauses und machten Schneetauchen. Die Straße vor dem Museum bestand aus fünf Meter hohen Schneewehen. Vom Dach des fünf Stockwerke hohen Lagerhauses aus bildeten sie die Dünung eines gefrorenen Meers. Ich hatte noch nie Schneetauchen gemacht. Ich hatte Angst, ich würde einfach durch den Schnee hindurchfallen, auf dem Asphalt zerschmettert werden, und im nächsten Frühling würde man meine blinidünnen Überreste mit einem Spatel abkratzen.

»Iwan hat sich letztes Jahr beide Beine gebrochen. Und eine Windschutzscheibe«, sagte Kolja. Zinnen aus Betonziegeln säumten das Dach. Wir spähten über den Rand. »Das Wichtigste beim Schneetauchen ist, dass man nach geparkten Autos Ausschau hält.«

»Warum springen wir dann auf eine Straße?«, fragte ich. Die Schneewehen waren hoch genug, um ganze Flugzeuge zu verbergen.

»Hast du vor dem Museum schon mal ein Auto parken sehen?«

Auch wieder wahr; aber die Sache konnte trotzdem ins Auge gehen.

»Wir können ja nachsehen, wenn dir dann wohler ist.«

»Ja, wäre es«, setzte ich an, aber noch bevor ich ausreden konnte, hatte Kolja mir die Hand ins Kreuz gedrückt und einen kräftigen Schubs gegeben, der mich über den Betonziegelrand hinaus beförderte, ich ruderte mit den Armen, stürzte und wurde wie eine Staubmilbe mit dem schrecklichen Atem der Luft holenden Erde eingesogen, um mich herum drehte sich der gelbweiße Traum, und ich wusste, dass ich sterben würde, die Luft wurde mir aus den Lungen gepresst, es war herrlich. Ein weicher Handschuh aus Schnee fing mich auf. Wasser hätte mehr wehgetan. Ich schlug die Augen auf und konnte nichts sehen. Die Luft war überall gewesen. Jetzt war sie fort. Im Schmetterlingsstil wühlte ich mich durch den Schnee, ruderte mit den Armen. Durch einen Riss im zusammengedrückten Pulverschnee fiel schräges Sonnenlicht herein. Ich hechtete in seine Richtung.

Ich konnte Koljas Gesicht nicht richtig sehen, um seine Miene zu erkennen. Als er schallend lachte, hörte ich seine Erleichterung heraus.

»Und? Stehen da Autos?«, rief er herab.

»Guck doch selbst!«

Er duckte sich und explodierte, stieß sich in die Höhe, die Beine durchgedrückt, die Arme ausgestreckt, klappte dann in der Hüfte zusammen und fiel in einem langsamen, kontrollierten Rückwärtssalto. Ich erinnere mich an Kolja in der Raumkapsel, wie er dem Klammergriff der Schwerkraft entkam, eine Ewigkeit emporstieg, und ich erinnere mich an den hohen Bogen, in dem er zurückkehrte und in den Schnee fiel. Keuchend und mit hochrotem Gesicht kam er an die Oberfläche geschwommen. Wir rannten zurück aufs Dach.

Unsere kleine Wohnung über dem Museum war an die Entlüftungsanlage des benachbarten Nickel-Verhüttungswerks angeschlossen, und alles stank nach Schwefel, sogar Forellen aus der Dose. Vor nichts hatte Vater solche Angst wie vor Zugluft, aber sogar er verkeilte die dreifach verglasten offenen Fenster und ließ die Polarnacht hereinröhren. »Hier muss gelüftet werden«, sagte er immer wieder als Begründung, Mahnung und Drohung. Wir lebten in unseren Mänteln, Schals und *Uschanki,* während Mutter ruhiggestellt unter einem Dutzend Decken auf dem Diwan lag. Eines Tages kam ich in die Wohnung und fand Vater bei ihr im Bett. Er hielt sie aufrecht, ihr Kopf lag an seiner Schulter, und er wiegte sie in den Armen. Er klopfte ihr leicht auf den Rücken, half ihr beim Aufstoßen, und als ich das sah, erinnerte ich mich wieder daran, wie spielerisch sie miteinander umgegangen waren, wie lustvoll, wie unerschrocken der Körper des anderen sie angezogen hatte. Gletscherwinde fegten durchs Zimmer, als er sie auf eine Kissenpyramide bettete. Auf dem Boden lag ein Zentimeter Schnee. Sie verlor immer wieder das Bewusstsein. Ein Kissen rutschte weg, fiel ihr aufs Gesicht, und sie schreckte aus ihrem Dämmer hoch.

»Da ist nichts«, versuchte er sie zu beruhigen.

»Ich weiß, dass da nichts ist«, antwortete sie, als wäre das die Quelle ihrer Sorgen und nicht deren Beschwichtigung. Er flüsterte ihr weiter ins Ohr, zu leise, als dass ich etwas mitbekommen hätte, und wer weiß, was sie in ihrer Verfassung überhaupt noch verstand, was irgendwer von uns noch verstand, denn im einen Augenblick war sie noch bei uns, im nächsten war sie fort, hatte ohne jedes Trara die dunkle Linie überschritten, die wir alle eines Tages überschreiten, und Vater merkte es nicht, flüsterte weiter und drückte die Lippen auf ihre Haut, als wollte er den Krebs heraufbeschwören und wie ein Gift aus ihr herausziehen, denn wenn von zwei Menschen einer an Lungenkrebs sterben musste, dann wollte er derjenige sein.

Sie wurde an einem Dienstag eingeäschert. Hinterher kamen unsere Nachbarn und Freunde mit Tellern, Töpfen und Platten vorbei. Mutter hatte immer Angst davor gehabt, lebendig begraben zu werden – eine angesichts der Geschichte unserer Stadt nicht ganz unberechtigte Furcht –, und hatte außerdem eine allgemeine Abneigung gegen Friedhöfe, Keller und Untergeschosse, und nachdem sie in Kirowsks neuem Krematorium eingeäschert worden war, wanderte das Einmachglas mit ihrer Asche deshalb ins Regal. Dahinter stellten wir die Postkarte vom Schwarzen Meer auf. An seinem Anblick würde sie sich bis zum Jenseits wärmen. Ein betrunkener Vetter verwechselte die Schale Potpourri mit Kartoffelchips und mampfte Lavendelblättchen, bis der Schalenboden sein zerklüftetes Gesicht spiegelte. Arbeitslose Verhüttungstechniker kamen von einem Tisch mit aufgeklappten Salami-Sandwiches, Fisch, Roter Bete und Kartoffelsalat herüber, um zu kondolieren, und in ihren leisen Stimmen hörte man das Unbehagen ihrer Trauer. Ein kurzes Wort des Beileids, eine unbeholfene Pause, dann gingen sie zum Essen zurück, hatten ihre Pflicht erfüllt, die in ihrer Erinnerung vielleicht zum einzigen unangenehmen Augenblick einer ansonsten großartigen Party werden würde. Ihnen die Hand zu geben war, als wollte man zappelnde Heringe packen, und wenn ich den Tag inzwischen auch größtenteils vergessen habe, werde ich doch nie ihre rankenartigen, salamifettigen Finger vergessen, so gut geölt wie die Maschinen, die sie einst bedient hatten.

Am nächsten Morgen stand Vater vor dem schmutzigen Geschirr, das sich überall in der Küche türmte. Seit dem Tag, an dem Mutter den Abwasch nach dem Essen zurückerobert hatte, hatte nie mehr als ein Gedeck in der Spüle gelegen. Jetzt wuchs das Geschirr über den Rand, zog sich über die Arbeitsfläche, ragte in schmalen Stapeln auf der Herdplatte auf und stieg über eine Treppe aus offenen Schubladen auf den Küchenboden hinab, der von Schalen, Tellern und Gläsern übersät war. Ein Tumor aus Geschirr hatte unser Zuhause überwuchert. Vater griff nach einem Servierteller aus weißem Porzellan und untersuchte ihn neugierig. Oranges Fett tropfte vom Rand. Er versuchte, ihn unter den Wasserhahn zu halten, aber die Spüle war zu voll. Halbherzig wischte er mit dem Putzschwamm darüber hinweg und ließ den Arm sinken. Er sah auf die Spüle hinunter und stieß einen kurzen, lauten Schrei aus. Normalerweise war er ein sehr ruhiger Mensch. Ich hatte nicht gewusst, dass er so laut schreien konnte. Kolja kam aus dem Schlafzimmer gestürzt und fragte: »Ist was?«

Vater drehte sich um. Wir standen in unseren Schlafanzügen da. Er hielt den Servierteller hoch. Ölige Amöben tropften zu Boden. »Ich weiß nicht, was ich damit machen soll.«

Unsere kleine Familie hätte genau in jenem Augenblick enden können, da sich unsere Hilflosigkeit, unser kollektives Versagen innerhalb unseres ungleichmäßigen Dreiecks nur verstärkte. Aber Kolja nahm Vater den Teller ab und öffnete das Küchenfenster. »Hier muss gelüftet werden«, sagte er und warf den Servierteller seelenruhig aus dem Fenster. Vater drehte sich zu Kolja, als wollte er ihn schlagen, aber als der Teller unten in der Gasse zersprang, hellte sich sein Gesicht auf. »Wisst ihr was? Ich glaube, der gehörte Boris' Frau«, überlegte er. »Mutter konnte die nie ausstehen.«

»Die gehört auch ihr«, sagte Kolja und warf eine schwere Schale aus dem Fenster.

»Und das hier«, schaltete ich mich ein und warf ein Glas hinaus.

»Und wem gehörte der hier?«, fragte Kolja und warf einen Suppentopf hinaus, bevor jemand antworten konnte. Ein Glaskrug voller Besteck zerbarst wie ein Schrapnell. Vater nahm einen Stapel Essteller und schob ihn in aller Ruhe über den Fenstersims. Wir warfen Zuckerdosen hinaus, Salzstreuer, Untertassen, Teetassen, große Teller, kleine Teller, Suppenschüsseln und Haferbreischalen. Wir warfen das gesamte Geschirr aus dem Fenster, das Nachbarn, Freunde und Trauergäste mitgebracht hatten, und dann plünderten wir die Küchenschränke und warfen Bratpfannen und Besteck hinaus, Brot- und Schneidebretter. Es war ein Exorzismus. Wir befreiten die Küche von allem Geschirr, sämtlichen Kochgeräten und Bechern, bis nichts mehr übrig war, was je abgewaschen werden musste. Es war der Morgen nach Mutters Einäscherung, und wir standen da und konnten nicht anders als lachen. Wir machten weiter, bis nur noch ein Teller pro Mann übrig war. Als der letzte überzählige Teller unten in der Gasse zerschellte, schloss Vater endlich das Fenster.

5

Ein paar Wochen lang ließ ich das Gemälde in seiner Noppenfolie unter meinem Diwan ersticken. Gut, ich nenne es einen *Diwan.* In Wirklichkeit ist es ein dürftig mit Kissen bestückter Aluminiumklotz, für die Ewigkeit gebaut, aber nicht bequem; ein Möbelstück, das man in einem Atombunker erwarten würde. *Schlafen kann ich, wenn ich tot bin,* sag ich immer zu meinem Freund Jakow. Letztlich bleibt einem nichts anderes übrig. Manchmal finde ich Kondomverpackungen zwischen den Kissen. Die sind definitiv von mir. Die Wohnung gehört einer verwitweten Profitmacherin, die mich im Schlaf in die Sklaverei verhökern würde, wenn ich je schliefe. Ihre beiden erwachsenen Söhne wohnen auch hier. Die halten sich für hart, weil sie im Knast waren, in einer Gang waren und Messerstechereien überlebt haben. Aber bei mir könnten die noch was lernen. Zum Beispiel *Es erfordert weniger Mut, die Entscheidungen anderer zu kritisieren, als hinter den eigenen zu stehen.* Guter Rat. Hat Attila der Hunnenkönig gesagt, und der hat immerhin halb Europa geplündert! Aber für manche Menschen ist Ahnungslosigkeit eine Schlafbrille, die sie mit Kontaktlinsen verwechseln. Eines Tages werden sie mich beim Wort nehmen.

Die beiden Söhne qualmen, als wären sie auf einen Selbstmord durch Lungenemphyseme aus. Ihre Mutter lässt sie nur im Badezimmer rauchen, das sie mit einem Schwarzweißfernseher, einem kaputten Ghettoblaster, einem Dutzend Aschenbechern und einem zersägten Sofa möbliert haben. Es ist ein Mittelding zwischen einer Disco von anno dazumal und dem Büro eines Pornoproduzenten, der seine besten Tage hinter sich hat. Als ich sie am ersten Morgen fragte, ob sie kurz rausgehen könnten, damit ich mein Geschäft verrichten könne, wäre ich tot umgefallen, wenn Blicke töten könnten. Das Bad war ein fremdes Land, für dessen Kultur und traditionelle Lebensweise ich blind war. Ich wich mit erhobenen Händen und niedergeschlagenen Augen zurück. Den Löwenanteil meiner Zeit in Sankt Petersburg, der schönsten Stadt der Welt, verbrachte ich mit der Suche nach einer freien Toilette.

Auf eine der schönsten stieß ich bei meinen Streifzügen in einem Café, das drei Blocks von der Teplow-Galerie entfernt lag, in der es Galina zufolge vor ein paar Jahren eine Sacharow-Ausstellung gegeben hatte. Jakow begleitete mich ein Stück. Er ist ein ausgezeichneter Zuhörer. Wie die meisten

Katzen. Bis auf Siamkatzen, die schwatzhaften kleinen Biester. Natürlich bin ich auch mit ein paar Menschen befreundet. Aber eine Katze macht alles einfacher. Jakow will Fischsuppe aus einer Untertasse schlappen und ab und zu am Kopf gekrault werden. Ich will die Illusion, dass ein Tier, dem das Tauschgeschäft von Zuneigung gegen Futter anerzogen wurde, die Unruhe meiner Seele versteht.

Jakow hatte sich abgeseilt, um in einem Müllcontainer zu stöbern, als ich die Teplow-Galerie erreichte. Der Türgriff war aus Silber. Das Marmorfoyer war der billige Abklatsch eines Sommerpalasts aus der Zarenzeit. Die Kunst hing nie über Augenhöhe, aber die Decke lag irgendwo in der unteren Stratosphäre. Selbst die Luft roch wie aus einem Land importiert, das auf der Rangliste hinsichtlich Lebensqualität weit oben stand.

Der Mann hinter dem Kartenschalter sah so ausgemergelt aus wie ein klatschnasser Pudel. Er trug ein Hemd mit swatch-großen Karos und einen blonden Pferdeschwanz, den man, sofern er nicht für einen Chemotherapiepatienten bestimmt war, sofort hätte abschneiden, anonym beisetzen und totschweigen müssen. Hipness ist ein Seil über dem Abgrund des Deppentums. Er hielt sich mit einem Finger daran fest.

Auf dem Boden vor dem Kartenschalter glitzerten ein paar Rubelmünzen. Waren das einfach nur Münzen, oder war das schon Kunst? Die moderne Kunst hat die Wirklichkeit für Laien ruiniert.

Ich ging zum Kartenschalter. Die ideale Temperatur für einen Fleischkühlraum. Ein paar Touristen studierten einen *Lonely Planet* in Ziegelsteinformat. Scherze machen einem jeden gewogen, und ich war in Stimmung fürs Sprücheklopfen. »Rapunzel, Rapunzel, lass dein Haar herunter!«

»Wie bitte?«, fragte der Typ am Kartenschalter.

»Ich möchte Sie um einen Gefallen bitten«, sagte ich und lümmelte die Ellenbogen auf den Schalter. »Vor einiger Zeit gab es hier eine Ausstellung über einen tschetschenischen

Maler. Ich hätte gern die Telefonnummer der Kuratorin. Sie lebt in Grosny.«

»Hau ab, du Arsch. Verpiss dich.«

»*Herr* Arsch bitte, so viel Zeit muss sein. Und ihre Nummer reicht.«

Wäre ich mein Leben lang ausreichend mit Zuneigung gegossen worden, wäre ich unter seinem trockenen Starren vielleicht nicht verwelkt. Bevor ich meine Verteidigungsanlagen nachrüsten konnte, begegnete ich dem grimmigen Blick eines Orks in Wachmannsmontur. Unsere Atome müssen wie einander abstoßende Magneten polarisiert gewesen sein, denn bei jedem Schritt, den er auf mich zukam, machte ich unfreiwillig einen in Richtung Ausgang. Ein Hort der Hochkultur und eine Knast-Muckibude, der Laden hier.

Die Tür schloss sich hinter mir. Egal, wie verständlich die Gründe für eine Abfuhr sind, man fühlt sich immer unfair behandelt. Das erklärte ich Jakow. Er hatte sich auf einem gelben Citroën niedergelassen, sprang jetzt herab, kam zu mir gehuscht und rieb seine seidige Nase an meinem Schuh. Die kleinen Freuden des Lebens sind der Trost der Verarmten. Aber Jakows Nase an meinem Schuh, und sein heißes Maunzen an meinem Hosenbein – man nimmt, was man kriegen kann.

Ich hätte ins Seminar gehen können, aber da hatte ich mich dieses Semester noch kein einziges Mal blicken lassen und wollte den Professor nicht durch meine Anwesenheit verwirren. Hätte ich so viel Hirnschmalz auf den Abschluss meines Studiums verwendet, wie ich auf die Verlängerung meines Studiums verwendet hatte, dann wäre ich inzwischen wahrscheinlich Nobelpreisträger. Ich war wie einer dieser Gefangenen geworden, von denen man immer wieder liest, die so lange eingesperrt waren, dass sie nach der Freilassung versuchen, ins Gefängnis einzubrechen. Welcher Mensch, der noch bei klarem Verstand ist, würde die Uni verlassen wollen?

Jakow folgte mir über die Straße und acht Straßenblocks mittäglicher Monotonie entlang.

Ein Mann studierte mit stierem Blick einen Straßenbahn-fahrplan hinter Plexiglas, aber wohin er unterwegs war, konnte ihm sowieso kein Plan zeigen.

Ältere Frauen, die letztmals gelächelt hatten, als Gorbatschow noch Generalsekretär war, standen vor dem Postamt Schlange. Sie trugen im Hochsommer Wintermäntel, weil sie jeder Autorität misstrauten, selbst dem Kalender.

Ein Supermodel, schlank und rank wie ein Stiletto, sah mich direkt an. Wahrscheinlich gehörte sie zu einem stilvollen Schwindel à la *Ocean's 11*, checkte mich ab und sah, dass ich die perfekte Besetzung für den Pummelclown war, um den sich die ganze Mannschaft scharte, wenn George Clooney durch seine Wohltätigkeitsarbeit abgelenkt wurde. Wir würden ein Emirat in Dubai bis aufs letzte Hemd ausnehmen. Ich würde meinen Anteil verhungernden Waisenkindern spenden, weil ich das nicht wegen des Geldes machte. Sondern für den Kick. Sie würde George Clooney in die Wüste schicken, und wir würden bis ans Ende aller Zeiten in der menschenleeren Schönheit eines malaysischen Strands leben. Mai Tais zum Frühstück würden nie langweilig werden. Abspann.

»Ihre Hose ist offen«, sagte sie im Vorbeigehen.

Durchhaltevermögen ist der wahre Maßstab der Existenz, sagte ich mir.

Wieder zu Hause, befreite ich das Gemälde erstmals seit meiner Rückkehr aus Moskau von der Noppenfolie. Die Leinwand selbst war kaum größer als ein Briefbogen. Hier war Kolja gestorben. Das wusste ich natürlich schon seit einigen Wochen, aber als ich es vor mir sah, zuckte ich doch zusammen. Ich stellte die Leinwand ins Regal zwischen die beiden Einmachgläser mit der Asche meiner Eltern. Etwas morbide, mag sein, aber das sind Familientreffen ja immer. Ich war achtundzwanzig, zu alt für ein Waisenkind, aber zu jung, um der einzige Überlebende der Sippe der Kalugins zu sein. Meine Güte, wahrscheinlich war ich dazu ausersehen, den

Familiennamen weiterzugeben. Nie wurde jemandem, der so wenig hatte, so vieles von so vielen auferlegt.

Hinter Mutters Glas lehnte die Postkarte vom Schwarzen Meer. Jahrelang habe ich ihr versprochen, ihre Asche dort zu verstreuen.

Der Anblick machte mich wahnsinnig, und ich rief Galina an.

»Ja?«, sagte sie.

»Ich bin's, Alexei.«

»Wer?«

»Alexei Kalugin, Koljas Bruder.«

»Von wem hast du diese Nummer?«

»Von dir.«

Ein abgrundtiefer Seufzer. »Ich stehe mir wirklich am meisten selbst im Weg. Was willst du?«

Alles, sofort, ohne Arbeit, Warten oder Mitwirken. »Einfach nur reden, glaub ich«, sagte ich. »Ich schau mir grad den Sacharow an. Ich hab ihn zwischen die Gläser mit der Asche meiner Eltern gestellt.«

»Du solltest dich mit meinem Mann in Verbindung setzen. Inzwischen Exmann. Der läuft sich ständig die Hacken ab nach neuen Psychopathen für seinen Mitarbeiterstab.«

»Die Scheidung ist durch?«

»Ja.«

»Tut mir leid.«

»Ach, das war nur noch eine rechtliche Formalität. Im Herzen leben wir schon seit Ewigkeiten in verschiedenen Zeitzonen. Ich zieh zurück nach Kirowsk.«

»Im Herzen?«

»Nein, du Idiot, in einem Flugzeug.«

»Warum?«

»Was soll ich sonst machen?« Sie stieß einen langen Seufzer der Resignation aus. »Ehrlich gesagt, ist mir seit Jahren keine ernstzunehmende Rolle mehr angeboten worden, und seit ich politisch in Ungnade gefallen bin, kann ich froh sein, wenn es noch Raubkopien von *Lügengespinst* gibt. Außerdem ist es mir ganz lieb, wenn Natascha nicht in Moskau groß wird. So schlimm ist Kirowsk doch nicht, oder?«

Die Stadt ist eine verseuchte postapokalyptische Höllenlandschaft. »Die Stadt ist ideal, um eine Familie zu gründen.«

»Ehrlich?«

»Ich belüge niemanden« – Anwesende ausgenommen –, »du kannst im Museum wohnen, wenn du willst. Da hat keiner mehr gewohnt, seit Kolja weg ist.«

Sie schnaubte so laut, dass ich Angst bekam, sie hätte sich verschluckt. »Lieb von dir, aber danke, kein Bedarf. Meine Würde haben Olegs Anwälte noch nicht beschlagnahmt. Auch wenn sie wahrscheinlich ganz oben auf ihrer Liste steht.«

»Ich war in der Teplow-Galerie«, sagte ich und kreuzte in unbekannte Gewässer. »Ich wollte die Nummer der Leute in Grosny rauskriegen, denen ihr das Bild abgekauft habt.«

»Wozu das denn?«

»Ich würd gern mal mit denen reden. Über den Ort, wo Kolja gestorben ist.«

»Was ist ein Bild wert, tausend Wörter? Mehr als das, wenn man nach den Wälzern der Schmierfinken geht, die sich über Lindsay Lohans Bärchenbild ausgelassen haben. Und außerdem hab ich dir das Bild *geschenkt,* gerade damit du dir anschauen *kannst,* wo er, na ja, du weißt schon.«

»Ich weiß, aber es ist eben ...« Der Vorschlaghammer der Epiphanie schwang schädelwärts. »Ich hab einfach bloß gedacht, ich fahr da mal hin.«

»Mach dich nicht lächerlich.«

Zu spät, viel zu spät.

»Ich hab gedacht, ich fahr zu dem Hügel, auf dem Kolja gestorben ist«, nahm ich den Faden wieder auf. »Dem letzten Ort, wo er war. Und ich fahr da hin« – die Stimme brach, die Augen flossen über, grüner Rotz lief mir aus der Nase –, »ich fahr da hin. Ich zieh das durch, echt jetzt. Ich stell mich da hin, wo er zuletzt gestanden hat, und sehe, was er als Letztes gesehen hat.«

»Aber wozu denn?«, fragte sie wieder.

Ich warf den beiden Einmachgläsern einen Blick zu. Koljas Überreste hatte ich nie bekommen. Ich sagte ihr, ich wolle da hinfahren, zu der Stelle, an der er gestorben war, und ein Einmachglas mit Erde füllen.

»Okay, vielleicht ist das das Richtige«, sagte sie.

»Echt?« Ich wusste nicht mehr, wann ich meine Tagträume das letzte Mal verwirklicht hatte.

»Was willst du?«

»Was ist denn das für 'ne Frage?«

»Ich mein's ernst, Alexei. Wie hoch ist die Lebenserwartung eines Menschen aus Kirowsk? Vierzig Jahre? Fünfzig? Die Hälfte davon hast du schon durchgebracht. Was erwartest du vom Rest?«

»Ich will zitiert werden.«

»Häh?«

Ich lief so glutrot an, dass es den Hörer schmelzen ließ. »Ich studiere Philologie, und ich lese nicht mal gerne. Oder jedenfalls keine Bücher. Warum sollte ich ein Buch lesen, das sich in einem kernigen Spruch zusammenfassen lässt? Ich mag Epigramme, Glückskekse, abgepackte Miniweisheiten. Aber man muss berühmt sein oder den Mount Everest bestiegen haben oder so, damit die Leute einen als Aphoristiker ernst nehmen.«

»Du willst ein professioneller Aphoristiker werden?«

»Na ja. Ja.«

»O Mann, Alexei. Du warst immer ein süßer Junge, aber du bist kein Junge mehr. Geh nach Tschetschenien zurück. Geh irgendwohin. Tu was.«

Das ist die Grammatik des Erwachsenwerdens: Aus *Würd ich gern* ein *Hab ich* zu machen.

6

Koljas Geschichte kreuzte die von Galina an dem Tag, an dem
er in die Turnhalle beziehungsweise den Heizungskeller der
Schule kam, wo der Rektor, ein fleischiger Mann mit einem
Hals wie ein Seelöwe, die Schüler in Sportübungen einwies.
Roheisenrohre mäanderten über Matratzen und bildeten einen avantgardistischen Turnparcours aus lotrechten Recks
und asymmetrischen Schwebebalken. Aus den Turntrupps
der Männer und Frauen hatte es niemand je bis zu den Olym-
pischen Spielen gebracht, aber das lag nicht an mangelndem
Talent, sondern daran, dass sie wie unbekümmerte Jazzsolis-
ten agierten, die von Klassikkennern bewertet wurden. Der
Rektor betonte seine Worte mit stumpfen Zeigefingerstößen.
Würden Berufe nach Neigung zugewiesen, wäre er der un-
eingeschränkte Herrscher einer vulkanischen Inselrepublik
ohne Bodenschätze geworden. Zwischen den Holzbänken,
die einst in der Gulagkantine gestanden hatten, lümmelten
die versammelten Vierzehnjährigen, vor Langeweile vorzeitig
gealtert, bis sie dieselbe Körperhaltung angenommen hatten
wie ihre Großeltern, die sich einst auf denselben Bänken die
Hintern wundgescheuert hatten.

Nach dem Ende seiner Ansprache verließ der Rektor im
Stechschritt den Raum, in seinem Kopf begleiteten Fanfaren
dröhnend seinen Abgang. Die ältesten Schüler übten da schon
Überschläge über die Heißwasserrohre. Ein paar Dutzend
Erstklässler wärmten sich auf und wuselten herum, aber Kolja blieb sitzen. Er war nur selten nervös oder schüchtern, aber
er war neu an der Schule. An der vorigen war er rausgeflogen,
und hier kannte er niemanden in seiner Klasse. Die Sekunden
tickten vorbei, und Kolja wusste, dass er was Knallhartes oder
Schlaues anstellen musste, um seinen sozialen Rang zu si-
chern, denn jede Schule hat ihre Parias und Spinner, und ich
weiß aus leidvoller Erfahrung, dass man der Kaste der Unbe-
rührbaren nur durch Selbstmord oder Einschreibung an der

Uni entkommt. Kolja nahm Anlauf, um über seinen Schatten zu springen. Die Zeit wurde knapp. Seine Klassenkameraden waren schon zu herumflachsenden Gruppen verklumpt, die sich mit Insidersprüchen gegen Außenseiter abschotteten. Aber ein paar Bänke weiter saß ein schlaksiges, dichtbewimpertes Mädchen ebenfalls allein da.

Sein Blick stieg an ihren Beinen hoch. Als er ihre Augen erreichte, sah sie ihn schon an.

»Ich bin Kolja«, brachte er heraus.

»Galina«, antwortete sie. Ihre flachen Lippen bogen sich an den Enden leicht nach oben. Ein Lächeln. Koljas Brust knöpfte sich von innen auf.

Im dämmrigen Geschichtsraum saß sie neben Kolja. Unsere Schule war zur Zeit von Stalins Säuberungen gebaut worden, ursprünglich ein Gefängnis gewesen, und die Stangen vor den Fenstern warfen breite Schattengitter auf die verzogenen Dielen. Galina konnte nicht stillsitzen. Eine unsichtbare Flamme brannte unter ihrem Stuhl, zu schwach, um das Holz in Brand zu stecken, aber stark genug, um ihr die Haut zu versengen, wenn sie zu lange in einer Haltung dasaß. Sie drehte einen Bleistift zwischen den Fingern, aber ihre Feinmotorik war genauso grottig wie ihre Fußkoordination, und der Bleistift fiel unweigerlich so vom Tisch, dass sie nicht mehr rankam. Kolja hob ihn auf.

»Danke«, flüsterte sie.

»Gern geschehen.«

Aus den täglichen Transaktionen aufgehobener Bleistifte erwuchs eine eigentümliche Intimität. Es wurde zu einem Spiel. Der Bleistift machte einen Salto aus Galinas schlanken Fingern, und Kolja sah zu und bekam einen Kloß in der Kehle. Die Stirnseite des Klassenzimmers, wo sich der Lehrer über die Eroberungen versunkener europäischer Reiche ausließ, war so weit weg wie die mittelalterlichen Schlachtfelder selbst. Er überdeckte ihre Fingerabdrücke mit seinen und machte sich bereitwillig zum Kollaborateur jedes Verbrechens, bei dem der Bleistift mitwirken konnte. Er hielt ihn ihr an der Spitze hin, und sie nahm ihn am Radiergummiende, und zwischen den Fingerspitzen erstreckte sich die gelbe Länge des Stifts. Als er durch das Anspitzen kürzer wurde, näherten sich ihre Fingerspitzen, bis sie sich eines glorreichen Tages berührten. An diesem Tag fragte Kolja Galina, ob sie Lust auf einen Spaziergang hätte.

Novemberwinde spießten umherfliegende Zeitungen auf verbogene Fahnenstangen, drückten Splitt in Windschutzscheiben und beschrifteten den Kranz der Schmelzhütten, die den einzigen Grund unseres Lebens am Polarkreis darstellten. Die dicke Winterkleidung ließ Galina auf das Doppelte ihres natürlichen Umfangs anschwellen. Entlang der Schotterstraße, die sich wie die Schlinge eines Lassos um den plätschernden Quecksilbersee legte, bummelten sie zum Zentrum der Zwölf Apostel. Der Schotter war zu einem steifen Leichnam erstarrt, den Kolja unverwandt ansah, um dem Gesicht der jungen Frau auszuweichen, die ihm so nah war, dass ihre Wärme sich wie das Phantom der Frühlingssonne an ihn presste.

Sie erzählte, wie sehr sie das Ballett hasste, wie schlecht sie als Tänzerin war, und Kolja griff nach ihrer behandschuhten Hand. Er legte ihr die rechte Hand ins Kreuz und drückte sie durch die Kleiderschichten, bis sie ihm entgegenfiel. Er drückte ihr die Fingerspitzen in die Vertiefungen zwischen den Wirbeln.

»BAMM BADADA DAMMBAMM BAMMBAABAA«, trompetete er. Sie brauchte einen Augenblick, bis sie aus seiner atonalen Heiterkeit den Marsch der Zinnsoldaten aus der *Nussknacker*-Suite heraushörte. Ehe sie es sich versah, wirbelte er sie schon herum, dem Frost trotzend.

»Was machst du denn da?«, fragte sie. Ein Tanz musste choreographiert werden, geprobt und desinfiziert, bis die trivialsten Unzulänglichkeiten ebenso ausgelöscht waren wie die letzte rudimentäre Freude an der Bewegung, und dann wurde er vor einem stummen, voreingenommenen Publikum aufgeführt. Tanz war nicht spontan. Tanz war kein Spaß. »Das ist ein Marsch«, stammelte sie. »Zu einem Marsch kann man nicht Walzer tanzen.«

»Ich weiß nicht mal, was ein Walzer ist«, entgegnete Kolja und unterbrach seinen A-cappella-Gesang ansonsten nur, um Galina in kleinen Kreisen herumzuwirbeln und sich mit ihr so weit zu beugen, dass ihre Haare über den Schotter wischten. Sie wollte weinen, lachte stattdessen aber und machte mit, als er den Marsch wieder aufnahm. Dieses Gefühl der Richtigkeit, der Zugehörigkeit, war keine Illusion, war kein Wort, sondern das Fehlen von Illusionen und Worten, eine Nonchalance, wo eben noch Blut und Knochen gewesen waren, es war eine Lässigkeit, die bis in ihre schwerelosen Finger reichte, die er festhielt, damit sie nicht fortschwebte.

Die Zwölf Apostel spien goldene Säulen. Die Schatten dehnten sich.

Kolja stieg in den Refrain mit einem Orchester in ihm hausender benommener Irrer ein, grölte die Melodie ins samtige Gelb, über den zunebelnden See, in die Karzinogene, die kein Lied aus seinen Kapillaren vertreiben konnte, und in diesem Amphitheater stillgelegter Industrie, auf dieser Bühne aus Eis und Stahl brachte er der Enkeltochter einer Primaballerina das Tanzen bei.

Ungefähr zur selben Zeit verliebte auch ich mich, wenn auch auf andere Weise. Es fing damit an, dass Vater uns zu einem Lagerhaus auf der anderen Seite der Stadt schickte, um ein Geschäft für ihn abzuwickeln. Ja, es könnte sich dabei um ein Verbrechen gehandelt haben, aber es war bestimmt nicht organisiert. Außerdem ist der Grat zwischen Verbrechen und Geschäft in Kirowsk so dünn wie der Unterarm eines Waisenkindes.

Mein Eisatem stand und verschwand mir vor dem Mund

wie das Horn eines Einhorns, das mir ständig vom Kopf ge-
wildert wurde.

Wir stapften durchs Zwielicht einer Stadt mit so hohen
Schneebänken, dass das zweite Stockwerk der Häuser zum
Erdgeschoss wurde. In diesem Teil von Kirowsk gab es keine
Straßenschilder oder Adressen – eine Taktik, die die Invasi-
onsarmeen der Yankees verwirren sollte, wie Kolja mir erklärte –, und wir liefen gefühlte Stunden, bis wir endlich die Musik hörten: donnerndes Schlagzeug, flirrende Melodien und
einen Bass, laut genug, um ein Herz nach dem Infarkt wieder
zum Schlagen zu bringen. Hinter der nächsten Straßenecke
standen BMWs im Leerlauf an den Bordsteinen, atemberau-
bende nordische Schwäne streckten die gelenkigen Hälse,
Lippen umschlossen Zigaretten angesagter Marken, Schuhe
aus Eidechsenleder, Goldketten, sirenenlichtbestickte Män-
nerhemden, klaffende Pupillen, Nasen in ihrer Glanzzeit
zwischen Korrektur-OP und Kokainkollaps und Nymphen
mit Diamanten, groß genug, um Bürgerkriege in der Dritten
Welt zu finanzieren, und über dem Eingang summte eine ge-
diegene Neonschrift: *DANCE PARTY PLACE!*

Eine Schlange zog sich den halben Block entlang, aber Kolja packte mich am Nacken und schob mich an die Spitze. Die
Narbenfresse des Türstehers war abgeplattet wie bei einem
Amboss. Er wirkte nicht gerade begeistert, als er unsere dreck-
bespritzten Schuhe sah, aber Kolja konnte mit seinem Süß-
holzraspeln selbst einen Tauben bezirzen, und binnen weniger Sekunden hatte der andere uns hineingeschoben. Wie
beschreibt man das Paradies, das sich unseren Augen bot?
Mit einem Wort: Frauen. Die Tanzfläche übersät von stahl-
verstärkten Highheels, Lederstiefeletten, die sich an schweiß-
schlüpfrige Waden schmiegten, Röcke so kurz, dass sie wo-
anders als Schweißbänder durchgegangen wären. Künstliche
Wimpern, Nägel und Brüste, die in ihrer Geballtheit die
Wirklichkeit vergrößerten, um ihre obszönen Dimensionen
zu normalisieren. Münzdickes Make-up. Sonnengebräun-

tes Fleisch funkelte im Stroboskoplicht mit dem enthaarten Schillern wirbelloser Tiefseefauna. Unser Flachfresse-Vergil lotste uns durch die wogenden Leibesfluten, aber ich wollte in dem paillettenbesetzten Sound nur ertrinken – Sterben, ewiges Leben, alles war eins.

In einem schattenschwülen Raum hinter der DJ-Kabine sprach Kolja mit einem Klappergestell, dessen zinnrotes Jackett an den Schultern aussah, als hinge es noch am Bügel. Sein fettiges blondes, butterverklebtes Haar stand in Habtacht, und so wie er seine Zigarette hielt, wusste ich, dass er auf dem Weg zum Abendessen einen Mord begehen konnte und noch genug Appetit hätte, um ein Dessert zu bestellen.

Er händigte uns eine braune Aktentasche aus und entließ uns mit einem Zigarettenschnippen. Wie Entenjunge watschelten wir hinter dem Türsteher hinaus.

»Können Sie mich einer Frau vorstellen?«, fragte ich den.

»Welcher?«

Ganz ehrlich: Das war mir egal. Das hitzesuchende Begehren, das aus meinem Herzen in südlichere Gefilde floss, zielte von dort ins Blaue. Eine Frau musste mir nur bestätigen, dass ich existierte, um zur Liebe meines Lebens zu werden. Ich war zwölf.

»Der da.« Ich deutete unbestimmt in die Menge.

Er wollte sich ausschütten vor Lachen und musste sich an meiner Schulter festhalten, um nicht umzukippen. Ich war nur ein Leibeigener, der einen Blick in den Ballsaal des Winterpalasts werfen durfte, bevor er wieder in die ausgebreiteten Arme der Nacht hinausgestoßen wurde. Unter seiner harten Schale hatte der Türsteher aber eine weiche Seele. Bevor er uns an den Ellbogen zum Ausgang bugsierte, schnappte er sich noch ein schwarzes Mixtape aus der DJ-Kabine und steckte es mir in die durchhängende Manteltasche.

Am nächsten Morgen weckte mich stechender Essiggeruch – Vater übte sich schon seit langem leidenschaftlich im Einmachen –, und ich fragte mich, ob der vergangene Abend nur ein Traum gewesen war. Aber nein, auf dem wackligen Nachttisch neben mir lag das Mixtape.

Kolja schlief noch. Ich kroch unter sein Bett und durchwühlte sein Archiv des Geschlechtsverkehrs: Fleischbeschauhefte für Perversionen jeder Couleur, wollustpralle Taschenbücher, Körper, die nur mit unbeschrifteten VHS-Hüllen bekleidet waren, Stalagmiten aus gebrauchten Tempos, nicht abgeschickte Liebesbriefe an Galina, und ganz oben auf dieser See aus Schmutz und Schund trieb ein Flachmann voll Mutters Asche, die er gleich nach der Einäscherung aus dem Einmachglas abgezweigt hatte, um einen Teil von ihr vor dem Schwarzen Meer zu retten. Ich schob alles beiseite, bis ich seinen Kassettenrekorder gefunden hatte.

Weil ich ihn in aller Herrgottsfrühe geweckt hatte, vertrimmte er mich erst mit dem Stiefel und überhäufte mich dann minutenlang mit allen Wurfgeschossen, die er nur in die Finger bekam. Das Gesicht zur Wand gedreht und die Decke zeltartig übergeworfen, saß ich im Bett, zog mich in die Stereospuren zurück und achtete nicht auf den Sturm, der sich auf meinen Rücken entlud.

Für den Rest meiner Jugend sollten die Visionen, mit denen *DANCE PARTY PLACE!* und andere Clubs mich ausgestattet hatten, die Bank bleiben, bei der ich das Kleingeld meiner Träume einzahlte. Die auf Lautstärke zehn hochgedrehten Kopfhörer waren der Kokon, den nichts durchdringen konnte: weder Koljas Drangsalieren noch Vaters zunehmende Depressionen, ja nicht einmal die Erinnerungen an Mutter, die beim Anblick von Seifenschaum über mich hereinstürzen konnten, so dass die Trauer mich in den Würgegriff nahm. Für die Dauer eines Tracks konnte ich sterben, versank in wohligem Vergessen, mein Herz kam zur Ruhe, während der Bass meinen Kreislauf beschleunigte. Ich ergab mich der Diktatur des Tanzes, dem Obersten Sowjet der Musik.

Ich funktionierte zwei uralte Grammophone zu Plattentellern um, aus denen im Takt zu den Bässen grüne Schmiere heraussickerte. Mixtapes und LPs aus Moskau, Petersburg und Minsk überschwemmten unseren Briefkasten, und allein in meinem Zimmer studierte ich Track-Listen wie eine zum Techno mutierte Tatjana Larina. Weil ich zu wenig Status und zu viele Pickel hatte, konnte ich mir den Wunsch abschminken, an der Gesichtskontrolle eines Ladens wie DANCE PARTY PLACE! vorbeizukommen, also probierte ich miese Clubs aus, Keller-Raves, Open-Airs, schlimme Szenen, schlimmere Szenen und Szenen, in denen Contact Highs an der Tagesordnung waren, wo man sich eher flüssig als fest vorkam, wo man als freie Seele ankam und acht Stunden später ging, nachdem man Schnürsenkel und Kurzzeitgedächtnis gegen Blutergüsse an Knien, Ellbogen und Magen eingetauscht hatte, die einem keiner richtig erklären konnte. Vor den besseren Clubs lungerte ich herum und schnorrte Zigaretten von den DJs und Club Kids, die draußen kurz frische Luft schnappten. Ich bat nur um Zigaretten, bekam aber so manches andere: Kleingeld (manchmal wurde ich für einen Penner gehalten), letzte Wodkaschlucke mit Spuckespuren, Handynummern von Drogendealern und Kleinkriminellen sowie Gespräche, die mir die Illusion vermittelten, dass ich irgendwo am Rand des Kosmos meines Gegenübers eine Rolle spielte.

Ungefähr zu jener Zeit fing ich an, eigene Mixtapes aufzunehmen.

7

Ich verabschiedete mich von Galina, legte auf und wickelte den Sacharow wieder in die Noppenfolie, um meinen Schwung gleich auszunutzen. Ich legte das Bild in die Reisetasche und packte dann ein halbes Dutzend Mixtapes, meinen Walkman und Waschzeug ein. Nach reiflicher Überlegung legte ich noch ein Paar Socken, Unterwäsche und eine Speedo aus dem Secondhandladen dazu.

Die Rubel in meiner Tasche hätten nicht mal für drei Riegel Babajewski-Schokolade gereicht, also schlich ich in den Flur, um mich nach etwas umzuschauen, das ich klauen konnte. Das Wummern aus dem Ghettoblaster im Bad ließ die Scharniere der geschlossenen Tür erschauern. Ein Rauchfädchen züngelte aus dem Schlüsselloch. Zentimeterweise schob ich mich vorbei. Auf dem Nachttisch im Schlafzimmer, das sich die Brüder teilten, wenn sie sich nicht das Bad teilten, lag ein abgegriffenes Portemonnaie. Darin war so viel Geld, dass ich es kaum in die Hosentasche stopfen konnte. Ich weiß, dass Stehlen unrecht ist, aber es ist auch unrecht, seinen Mieter nicht ins Bad zu lassen, und ein Unrecht hebt das andere auf, das weiß doch jeder. Man nennt das moralische Arithmetik.

Zurück im Zimmer, überflog ich meine Habseligkeiten. In der Ecke standen Flaschen, gefüllt mit dämmrigem Licht. Der seit ewigen Zeiten dahinrottende Kadaver meiner akademischen Karriere breitete sich auf dem Tisch aus. In der Ecke lagen ein paar zerknüllte Flyer von Raves in grauer Vorzeit. Der Anblick hätte mich eigentlich so richtig deprimieren sollen. Ich ließ ein Chaos zurück, das ein anderer aufräumen musste. Eine mickrige Hinterlassenschaft. Da stand ich nun, ein Mann mit der Statur eines Napoleon, aber ich konnte nicht mal das Klo der Wohnung erobern. Ich schob die beiden Einmachgläser in die Manteltaschen, das Polaroid in die Brieftasche und mich selbst durch die Tür.

Ich entschied mich für das Flugzeug und gegen den Zug. Züge halten zu oft, da kann man zu oft umkehren. Ich nahm eine Marschrutka zum Flughafen Pulkowo und gab zum ersten Mal ordentliches Trinkgeld. Mein Blut fühlte sich doppelt so dünn an und mein Herz doppelt so stark, als ich an den Schalter trat und ein Ticket für den Morgenflug nach Grosny kaufte. Die Nacht verbrachte ich im Terminal zwischen einem Mann und seiner Frau, zwischen denen Funkstille herrschte.

Beim Boarding am nächsten Morgen wartete ich neben

der Gangway. Im gnadenlosen Neonlicht sahen alle so aus, als hätten sie gerade einen Liter Blut gespendet. Die Männer, fast nur Tschetschenen, ignorierten die Anweisungen der zunehmend frustrierten Mitarbeiterin der Airline und ließen die Frauen vor, bevor sie selber einstiegen, und auch das taten sie dem Alter nach. Ein Haufen Irrer. Wer würde je Krieg gegen ein Volk führen, das so sehr auf seiner Unabhängigkeit besteht, dass es gegen die Vorschriften einer Fluggesellschaft rebelliert? Ich bekam einen Platz neben einem Kind, das meinen Hemdsärmel mit einem Taschentuch verwechselte, und wurde von einem Mann als Kollaborateur beschimpft, weil ich die Anweisung zum Anschnallen befolgte. Meine Reisetasche wurde sicher oben in der Gepäckablage verstaut.

Die Triebwerke rotierten mit kehligem Flüstern.

Der Flughafen verwischte grau hinter der beschlagenen Scheibe.

Die Startbahn blieb unter uns zurück, dann die Stadt und schließlich die Erde.

Start.

8

Kolja und Galina trafen sich an den Wochenenden und nach der Schule und logen allen anderen was vor von Besorgungen, Vereinen, Sportmannschaften und Jugendorganisationen. Freunde glaubten, das Familienleben hielte sie beschäftigt, ihre Familien glaubten, der Freundeskreis hielte sie beschäftigt, aber sie beschäftigten sich nur miteinander. Sie schirmten ihre Liebe ab wie ein Geheimnis, das sich in Luft aufgelöst hätte, wenn Freunde und Bekannte es mit ihrem Röntgenblick durchleuchtet hätten. Sie drückten sich in schmale Durchgänge, küssten sich verstohlen in Treppenhäusern und gingen in ihrem Liebeswerben mit einer sittsamen Behutsamkeit vor, wie sie zuletzt üblich war, als Männer noch Gehröcke trugen. Jedes heimliche Treffen wurde zur Offenbarung. Die Frage, wer sie waren, wenn sie zusammen waren, lag im Nebel und wechselte ständig die Gestalt. Als Galina merkte, dass sie Kolja so sehr zum Lachen bringen konnte, dass er heftig Schluckauf bekam und mit dem Kopf nach unten aus einem Glas trinken musste, um sich zu beruhigen, hatte sie das Gefühl, durch das Objekt eines Mikroskops in eine Intimität gestürzt zu sein, die mit bloßem Auge gar nicht erkennbar war. Er balancierte das Glas zwischen den Knien und gab ein blubberndes Piepsen von sich, wenn sie ihm auf den Rücken klopfte. Und als er entdeckte, dass sie sich auf die Nacht vorbereitete, als wäre das Schlafen eine Kontaktsportart – Haare zum Zopf flechten, Kräutermaske auftragen, Zahnschiene gegen das Knirschen einsetzen, Ohren verstöpseln –, machte er sich gnadenlos über sie lustig, und sie zog sich die Bettdecke über das Gesicht, weil sie sich so schämte, und er hörte nicht auf, und sie lachte so sehr, dass die Bettdecke tränenfeucht wurde, und dann bekam er wieder Schluckauf.

Eines Sommerabends, als die Dämmersonne die Arktis in ein stumpfes weißes Wunderlicht tauchte, ließen sie sich von einer Flussfähre nach Süden mitnehmen. Die Zwölf Apostel umgab eine biologische Todeszone mit einem Radius von sechzig Kilometern, aber als sie die hinter sich hatten, wich das ausgebleichte Land trockenen Wiesen, deren Gras sich im Wind wiegte. An einem langen Holzkai gingen sie von Bord. Sie spähten durch die Lücken zwischen den verrotteten Planken, und der Fluss spiegelte ihre Gesichter zerlegt, zerstoben und im Gekräusel wieder zusammengefügt. Sie überquerten eine Böschung und stiegen einen Hügel hoch, der mit den Zweigskeletten abgestorbener Sträucher gespickt war. Auf der anderen Seite lief der Hügel in eine Wiese mit Wildblumen aus, die naseweis die Köpfchen aus der aufgetauten Tundra streckten.

»Ich liebe Galina!«, schrie Kolja. Ohne Gebäude, Wände oder irgendwelche Erhebungen im Gelände, die seine Rufe hätten zurückgeben können, strichen die Worte über die prallen blauen Knospen und verhallten am Horizont.

Galina sah sich reflexartig um, hatte Angst, jemand hätte Koljas Ausruf mitbekommen. Sie war in einer Stadt aufgewachsen, wo es keine Geschichte gab und wo man Wahres unter Verschluss hielt, damit es nicht ausgelöscht wurde. Aber hinter ihnen war niemand.

Als das letzte Jahr ihrer Sekundarschule anbrach, legte Galina eine Liste ihrer Berufswünsche an: Lehrerin, Kassiererin, Sekretärin. Schönheitskönigin war nicht dabei. *Schön* war kein Adjektiv, das sie für sich in Anspruch nahm. Gut, sie war groß und schlank, das fand sie auch, aber sie hatte Füße, für die sie Clownschuhe brauchte, und breite Augenbrauen, die sich zu einem stumpfen Winkel grotesker Enttäuschung neigten. Manchmal hatte sie das Gefühl, ihr Gesicht wäre die Karikatur des Gesichts eines anderen. Sie machte Selbstporträts mit einer angerosteten Zenit, die sie sich stundenweise vom Besitzer der einzigen Dunkelkammer der Stadt lieh. Durch den Selbstauslöser hatte sie zehn Sekunden Zeit, durch den Raum zu flitzen und sich wie hingeschmolzen auf dem Diwan zu drapieren. Der Wunsch, in verschiedenen Haltungen und Lichtverhältnissen zu posieren, erwuchs nicht aus Eitelkeit, sondern aus der Leere an der Stelle, wo Eitelkeit ihren Platz gehabt hätte. Sie lag auf dem Rücken, und der Verschluss schnalzte. Sie machte einen Schmollmund und streckte ihre hohen Wangenknochen der Kamera entgegen, und der Verschluss schnalzte. Sie verführte die Blende, aber sich selbst konnte sie nicht verführen, wenn sie die entwickelten Aufnahmen studierte. Die Fotografien bestätigten, was sie schon glaubte: Was an ihr bewundernswert war, lag zwischen Hals und Knöcheln.

Kolja versuchte, sie eines Besseren zu belehren. Jeden Samstagmorgen stieg er die sechs aschebeflockten Treppen zu ihrer Wohnung hoch. Nur in dieser kurzen Zeit am Morgen, wenn ihr Vater bei der Arbeit war, hatten die beiden ein paar Stunden für sich, die sie in einer Wohnung mit einem Bett verbringen konnten. Sie lehnte die Wohnungstür nur an, und er stieß sie sanft auf. In den Wohnzimmerregalen drängten sich Modelle von Schlachtschiffen. Er überquerte den fadenscheinigen Teppich mit dem verblichenen Blumenmuster. Galina stand an der Küchenspüle, die Haare locker zum Knoten geschlungen, die Finger zehn heiße Splitter in der kalten Luft. Durchs Fenster fiel Licht, und ihre Haut erschien darin wie gebleichte Leinwand, auf die sie später mit Eyeliner und Lippenstift ihre Gesichtszüge auftrug. Er trat hinter sie und spürte, wie sein Körper ihre erschauernde Stimme umschloss. Sie steckte bis zu den Handgelenken im Seifenschaum. Er strich mit den Händen über ihre Unterarme, durch die blinzelnden Seifenbläschen und fand im grauen Spülwasser ihre Hände. Minutenlang wiegten sie sich sanft.

Später gingen sie in ihr Zimmer. Alte Teppiche an den Wänden dienten der Isolierung. Auf dem Boden lagen zwei Schichten Teppiche, einmal Läufer, und darauf verstreut ihre Kleidungsstücke. Kolja küsste ihre breiten Augenbrauen, ihren Hals, jeden Quadratzentimeter ihrer Nase. Die Körperteile, die sie in Gedanken amputierte, verehrte er am meisten. Unter der Decke waren sie bleich und nackt und tauten ihre Hände im warmen Hohlraum zwischen ihren Bäuchen auf. Sie pressten sich mit jenem Verlangen aneinander, das unstillbar ist, weil wir unsere Atome nicht tauschen können, sosehr wir auch drängen. Unsere Herzen mögen aussetzen, aber unsere Substanz bleibt unveränderlich. Wir sind nicht gasförmig, sosehr wir uns auch nach einer Wolkenverschmelzung sehnen. Weniger hätte Kolja nicht genügt, weniger als sein Aufgehen in ihr war unzureichend.

Sie verhüteten selten. Galina war im zweiten Monat schwanger, als Kolja eine weiße Postkarte mit dem unmissverständlichen roten Diagonalstreifen bekam. Soweit ich weiß, war das die erste Post seines Lebens. Er wurde angewiesen, sich binnen drei Tagen zur Musterung bei der Wehrdienststelle einzufinden.

Was sich in den Tagen bis zu seinem Einsatzbefehl ereignete? Gesprächskarusselle, die nie zum Stillstand und nie von der Stelle kamen; Treueschwüre; Selbstmitleid, das sich jedem Gefäß anpasste, in das man es goss; Gelöbnisse, die alles versprachen und daher nichts bedeuteten. Eines Nachmittags machte Kolja Galina in der Gemüseabteilung vom *produkti* einen Heiratsantrag. Er kniete vor ihr, zog ein Gummiband aus der Tasche und wickelte es ihr um den Ringfinger. Sie sagte ja, nicht weil sie den Wunsch hatte, sondern weil er kniete und sie anflehte.

Eine halbe Stunde auf dem Standesamt, mehr war nicht nötig; Eheschließungen und Scheidungen beanspruchten damals weder Zeit noch Mühe. Aber sie schoben es immer wieder auf, bis schließlich keine Zeit mehr war. Den Samstagmorgen vor seinem Einrücken verbrachte er in ihrer Wohnung. Die Bettdecke lag zusammengeknüllt am Fußende. Sie bauten Luftschlösser, die für Kolja in den nächsten Monaten zu handfesten Gebäuden aushärten sollten: eine gemeinsame Familie, eine gemeinsame Zukunft.

»Es sind doch nur zwei Jahre, dann bin ich wieder da«, sagte Kolja und starrte zum rissigen Deckenanstrich hoch. »Zwei Jahre sind doch nichts. Und wenn du Zwillinge bekommst, werde ich automatisch zurückgestellt.«

»Du klingst wie ein Opa.«

»Wie meinst du das?« Er streckte den Oberkörper und zog ihnen die Decke über die Köpfe, so dass sie im Halbdunkel lagen und ihre Sommersprossen auf den Nasen sich fast berührten. Hätten sie doch bloß so bleiben können, hätten sie sich doch bloß unter einer rosaroten Baumwolldecke von der Welt abschotten können. Hätten sie doch bloß auf Pause drücken und sich in diesen Augenblick einspinnen können. Derselbe Atem wanderte zwischen ihnen hin und her und wurde mit jedem Ausatmen schwerer.

»Ich meine, wenn wir sechzig oder siebzig wären, dann wären zwei Jahre nichts. Aber du bist achtzehn. Zwei Jahre sind eine Ewigkeit. Wenn wir heiraten, das Kind bekommen und uns gleich nach seiner Geburt scheiden lassen, dann wirst du vielleicht zurückgestellt.«

»Vielleicht bekommst du ja Zwillinge. Dann brauchen wir gar keine Scheidung.«

»In jedem Fall wäre da aber ein Kind.«

»Was willst du damit sagen?«

Sie seufzte. »Du hörst schon, was ich sage, auch wenn du nicht zuhörst.«

»Das sind gerade mal zwei Runden um die Sonne, dann bin ich schon wieder da«, sagte er mit zittriger Stimme. »Unser Kleiner ist dann anderthalb. Wir suchen uns eine eigene Wohnung. Du und ich und der kleine Stöpsel. Ich besorg mir einen Job in der Schmelzhütte, und du kannst Ballettunterricht geben.«

Sie verflocht ihre Finger mit seinen, und ihre Lüge kam so zärtlich, so schonend, dass Kolja sie für wahr hielt: »Natürlich. Werden wir«, sagte sie.

Ich machte damals noch Mixtapes. Meine Lieblingskassetten waren die Assofoto MK-6os, einfach wegen der geilen Farben, grapefruitrosa und orange wie Sorbet; außerdem fühlte man sich damit immer wie James Bond, denn die waren so schlecht verarbeitet, dass sie sich nach dem ersten Hören auflösten. Ein Ratschlag für lau: Wenn Sie sich ein Tapedeck oder einen Vorverstärker anschaffen, dann gibt es nichts Besseres als eine Fälschung, also nehmen Sie ein Messer mit in den Laden. Sie müssen die Rückseite abnehmen und den schwarzen Lack und das aufschablonierte Kyrillisch von den Supraleitern kratzen. Wenn darunter asiatische Schriftzeichen zum Vorschein kommen, ist das ein Sechser im Lotto. Japanisch ist am besten, aber koreanische Geräte sind auch okay, sogar chinesische. Wenn da keine ausländischen Schriftzeichen sind, ist es ein echtes russisches Fabrikat, das Ihre Liebsten wahrscheinlich eher per Stromschlag röstet, als Cybertrons *Clear* von Anfang bis Ende abzuspielen.

Mein ganzer Stolz war aber eine 90-Minuten-Kassette Marke Maxell XLII-S, noch in goldene Folie eingeschweißt. Ich hatte ewig – bestimmt fünf Wochen – gebraucht, bis ich endlich genug Kleingeld gespart hatte, um sie mir leisten zu können, und ich klammerte mich daran wie Michelangelo an einen Marmorbrocken aus Carrara. Lange Zeit bespielte ich sie nicht, riss nicht mal die Folie ab, weil ich Angst hatte, das im Plastik aufgespulte Potenzial zu vergeuden.

Eines Nachmittags schaute ich bei Galina vorbei. Ihr Vater kam an die Tür und hatte Modelllack für seine Schlachtschiffe an den Fingern. Einen Augenblick später kam Galina in einem zu großen Pullover und mit elektrisch aufgeladenem Haar aus ihrem Zimmer. »Ich möchte ein Tape aufnehmen, das Kolja mitnehmen kann. Du musst mir dabei helfen«, sagte ich und hielt ihr die Maxell hin. Wir machten uns an die Arbeit.

Ich gab ihm das Mixtape am Morgen seines Abschieds. Wir standen vor dem Militärkommissariat auf der anderen Stra-ßenseite. Galina und er hatten sich schon nachts Lebewohl gesagt. Er hielt das Mixtape mit beiden Händen und las meine Beschriftung. *Für Kolja. Für den Notfall!!! Vol. 1.* Ein feuchter Schleier trübte mir die Sicht.

»Ich hab keinen Kassettenspieler«, sagte er.

»Macht nichts«, sagte ich.

»Macht nichts«, wiederholte er.

»Komm zurück.« Ich brachte es kaum heraus.

Er zog mich an sich. Ich presste ihm die Finger ins Kreuz und drückte ihn so fest, dass sich seine Knochen wie eine Blaupause in meinen Körper einschrieben.

»Die Welt geht unter«, sagte er.

»Stirb nicht«, sagte ich.

»Die Sprengköpfe der Imperialisten werden bald einschla-gen.«

»Du wirst das letzte Wort haben.«

»Dein Name wird das letzte Wort sein.« Er tippte mir mit der Kassette an die Stirn. »Und wenn mein Tag gekommen ist, wenn ich weit draußen im Weltall bin, höre ich sie mir an.«

9

Ich landete. Das Terminal von Grosny war von glänzend neuem Grau. Im Flughafen-Shop gab es Messer zu kaufen. Frauen, die ihre Haare während des Fluges noch offen getragen hatten, banden sich bonbonbunte Seidenkopftücher um. Die Gepäckrückgabe war ein Kämmerchen, das die Passagiere einzeln betraten. Als ich den bis an die Zähne bewaffneten Aufpasser an der Tür sah, war ich alles andere als überzeugt, dass man da wieder herauskam. Draußen herrschten ungefähr zehn Millionen Grad, und meine Unterwäsche hatte sich zu einem schweißnassen Tanga eingedreht. Direkt auf der anderen Seite des Asphalts gleißte die Mittagssonne über den goldenen Kuppeln einer Moschee.

Die Straße, die sich am Flughafen entlangzog, war leer. Die Männer, die Koffer schleppten, trugen allesamt Käppchen mit Fransen und lockere, pyjamaartige Gewänder. Sie alle wären Idealbesetzungen für die Geiselnehmer in einem körnigen Erpresservideo gewesen. Vielleicht waren die Souvenirmesser im Flughafen-Shop für landende Touristen gedacht. Ich blickte mich unruhig um, bis ein schlanker, gutrasierter Mann etwa in meinem Alter die Ausgangstür aufdrückte. Seine langen Gliedmaßen steckten in den Ärmeln eines schmal geschnittenen Mod-Anzugs im Stil der 6oer, der entweder schon wieder an vorderster Front der Mode stand oder längst von den Truppen nachrückender Trends überrannt worden war. Eine bewährte Faustregel ist, dass Leute in Anzügen einem eher das Fell über die Ohren ziehen als Leute in Pyjamas, aber Tschetschenien zwingt einen, tief verwurzelte Grundannahmen zu überdenken.

»Fahren Sie in die Stadt?«, fragte ich.

Er sah mich schräg an von wegen *Ja, was haben wir denn da?* Die Haare hatte er zu einem glänzenden Gelhelm zurückgekämmt. »Kann sein. Sie sind nicht von hier, was?«

Ich hatte nicht gewusst, dass ich so leicht zu durchschauen war. »Hören Sie, ich suche nur eine Mitfahrgelegenheit. Ich hatte gedacht, es würde hier eine Metro oder wenigstens Busse oder Taxis oder so geben. Können Sie mich mitnehmen?«

»Sind Sie vom FSB?«, fragte er, musterte meine Frisur, und die Frage hatte sich erledigt. »Eher weniger. Der FSB würde wohl nie einen auf seine Soldliste setzen, der sich seinen Namen auf den Kopf rasiert.«

»Den lass ich gerade rauswachsen. Kann ich mit?«

Er zuckte die Schultern; ihm doch egal. Ich folgte ihm zu seinem Lada und schnallte mich an. »Wir sind hier in Tschetschenien«, sagte er mit einer Mischung aus Verdutztheit, Mitleid und vielleicht einer Spur Staunen. »Hier braucht man keine Sicherheitsgurte.«

»Kommen Sie auch aus Petersburg?«, fragte ich. Ich wusste, dass die Gefahr, gekidnappt zu werden, nicht sehr groß war. Ich wusste auch, dass es wichtig war, ein gutes Verhältnis zu seinem Entführer aufzubauen.

»Nur als Zwischenhalt. Ich wohne in London.«

»London?«

»Ja, ich mache meinen MA an der LSE.«

»Ist das der Londoner Flughafen?«

Er lächelte. »London School of Economics.« Auf einmal war ich das Landei aus der Republik Scheißegalistan, das Yaks bumste, und er war, na ja, er war alles, was ich sein wollte.

»Ich heiße übrigens Alexei.«

»Akim.«

»Haben Sie in London dann auch die Queen gesehen?«, fragte ich.

»Nur in meiner Brieftasche.«

Die Straße war kurvenreich, als hätte ein hochverschuldeter Straßenbauer die Rechnung nach Metern gestellt. Andere

Fahrer fassten die Fahrstreifen als gutgemeinte, aber unsinnige Vorschläge auf und ignorierten sie fröhlich. Ich habe keine Ahnung, wie wir es schafften, (a) zu überleben und (b) so schnell durchzukommen, zumal wir die meiste Zeit mit Gegenverkehr zu kämpfen hatten.

Ein eulenartiger Mann lief am Straßenrand entlang, die Augen geschlossen und die ledrige Hakennase zur Sonne gerichtet. Sein zähnefletschendes Grinsen war eine rosa Miniaturausgabe des halb gegessenen Wassermelonenschnitzes, den er in der Hand hatte. Tempogekühlte Luft pfiff durch die gesprungene Scheibe, herrlich im Gesicht.

Wir kamen an einer riesigen Plakatwand mit einem strengen und aufgedunsenen Wladimir Putin vorbei, der neben einem jüngeren Mann mit kurzgeschorenem Bart stand, beide in einer weiß-blau-roten Dunsthülle des Patriotismus.

»Hätte nicht gedacht, den hier unten zu sehen«, sagte ich und deutete auf Putin.

»Werbung zeigt gerne Sieger.«

»Sieht ganz so aus. Ich wüsste nicht mal, wofür da geworben wird. Stahlharte Entschlossenheit?«

»Sie können sich nicht mal ein Eis holen, ohne an zwei Dutzend Putinpostern vorbeizukommen.« Er sagte das, als hätte er mitgezählt. »Unter dem glasigen Blick eines Diktators wird selbst ein Magnum Gold sauer. Echt lächerlich. Stellen Sie sich vor, Sie kommen nach Bagdad und sehen an jeder Straßenecke die Wieselfresse von George Bush.«

Neben Putin stand Ryan Gosling aus einem Paralleluniversum, wo er kein berühmter Schauspieler geworden war, sondern zu viel kiffte, Kartoffelchips zum Frühstück aß und sich von seiner Großmutter einkleiden ließ. »Und wer ist das?«

»Ein Journalist sind Sie aber nicht, oder?«, fragte er. Ich wusste nicht, ob die Frage ernst gemeint war. Ein Fragezeichen kann einen unschuldigen Satz zur Anklage machen.

»Offiziell studiere ich.«

»Das ist Präsident Kadyrow. Sehr beliebt. Bei den letzten Wahlen hat er 102 Prozent der Stimmen bekommen.«

»Ich war in Mathe nie sehr gut.«

»Sie wären der ideale Wahlaufseher.« Wir scherten aus, um den Frontscheinwerfern eines entgegenkommenden Lasters auszuweichen. »Haben Sie noch nie gesehen, mit was für Bildern der bei Instagram unterwegs ist?«

»Wusst ich's doch, dass ich den irgendwoher kenne! Das ist doch der mit den ganzen Fotos, wo er mit Tigerjungen und Entenküken und Miezekatzen posiert!«

Er zog die Brauen über den dunklen kupferroten Augen zusammen. Hab noch nie eine so finstere Reaktion auf Tierbabys gesehen. Vielleicht ist es hier unten das letzte Tabu, ein Entenküken zu streicheln.

»Sie sind auch nicht von hier, was?«, fragte ich.

Ein Traktor mit einer Ladung grün ummantelter Maiskolben schuckelte auf dem Randstreifen entlang.

»Ja und nein.« Er hatte den Lautstärkeregler in seiner Kehle auf Kinoflüstern runtergedreht. »Ich bin am Stadtrand von Grosny geboren. 1994 wurde ich als Kind nach Holland geschickt, als Flüchtling. Da musste manch ein Tee gesüßt werden, damit das ging. Meine Eltern konnten sich nur leisten, einen von uns wegzugeben, und ich war der Jüngste. Hab lange Zeit da gelebt und spreche Niederländisch heute noch weit besser als Tschetschenisch.«

»Wollen Sie nach dem Abschluss dann in London bleiben oder nach Holland zurückgehen?«

Der Wind schälte einen Gazestreifen von der Unterseite einer Wolke.

»Ich komme natürlich hierher zurück.«

Eine Viertelstunde später nickte er zu einem leeren Feld hinüber, auf dem anstelle von Gras Betonbrocken wuchsen. »Da hab ich mal gewohnt«, sagte er.

»Wo?«, fragte ich.

»Genau«, sagte er.

Wieder vergingen ein paar Minuten, bis er sagte:»Ich finde
bloß, dass man niemandem trauen kann, der Fotos von sich
mit Welpen und Schmusekätzchen ins Netz stellt. Der muss
doch ein Soziopath sein. Wissen Sie, wer Tierbabys liebte?«
»Muss ich jetzt raten?«
»Adolf Hitler, der Arsch«, blaffte er.»Und der war sogar Vege-
tarier. Und jetzt schauen Sie sich an, was der angerichtet hat.«
Über einer Gasfackel loderte es weißorange.
Eine Amsel cursorte über den blauen Himmelsbildschirm.
Ich nahm mir vor, meine Facebook-Fotos sorgfältiger aus-
zuwählen.

Grosny war die sauberste Stadt, die ich je gesehen hatte. Seine
Mauern waren noch nicht alt genug, um die Spraydose eines
Vandalen gesehen zu haben. Der Mörtel zwischen den Ziegelsteinen war noch weiß. Die Straßen wurden offenbar stünd-
lich gefegt. Bäumchen beschatteten die Promenaden, die
sich an den breiten Boulevards erstreckten. Eine japanische
Sushi-Bar namens Mafia warb für einen *Bizniz*-Lunch, be-
stehend aus Pho, thailändischem grünem Curry und einem
Glückskeks. Als Kolja 1995 zum ersten Mal in Tschetschenien
stationiert war und 2000 dann als Söldner zum zweiten Mal
herkam, hatte ich alles an Zeitungs- und Zeitschriftenartikeln
über den Krieg gelesen, was ich nur finden konnte. Das Grosny auf den Fotos damals war ein Doppelgänger von Dresden
1944. Das Grosny hinter der Windschutzscheibe war Dubai.
Im Stadtzentrum kuschelten sich fünf Wolkenkratzer aus
Glas aneinander.
»Ich hatte nicht erwartet, dass es so – na ja: *städtisch* aussehen würde«, sagte ich.
»Was haben Sie denn erwartet?«, fragte Akim. Noch bevor ich etwas sagen konnte, nickte er zu einem gedrungenen
grauen Kasten hinüber, der vage nach Bürogebäude aussah.
»Das Kunstmuseum ist da im ersten Stock«, sagte er.
Während der Herfahrt hatte ich Akim von meinem Bruder

und dem Gemälde erzählt und nur ein paar Kleinigkeiten geändert (in meiner Version war Kolja ein Menschenrechtsaktivist). Riskant, kann sein, aber ich hatte das alles ja sowieso nicht durchdacht und bezweifelte, dass ich auf die Schnelle einen vertrauenswürdigeren Menschen finden würde. Er hatte auch nur mit der glasigen Gleichgültigkeit eines Menschen genickt, der sich den wild ausgeschmückten Träumen eines anderen ausgeliefert sieht. Wahrscheinlich ist unser ganzes Leben ein Traum – real für uns und bedeutungslos für den Rest der Welt. Er hatte gesagt, er würde mir helfen, jedenfalls bis vier Uhr.

Er parkte, und wir gingen ins Museum. Die Bilder glänzten an den Wänden und die Besucher durch Abwesenheit. Das Gesicht der Frau an der Kasse wurde vom Display ihres klobigen Nokia-Handys beleuchtet. Sie sah uns mit ihren engstehenden braunen Augen an, als wir hereinkamen. Mir fielen die langen Winternachmittage am Kartenschalter des Kosmonautenmuseums von Kirowsk ein, wenn so wenige Leute kamen, dass das plötzliche Auftauchen eines Besuchers Grund zum Feiern oder Erschrecken war.

»Sie wünschen?« Ihre Stimme stieg um eine argwöhnische halbe Oktave. Sie war höchstens achtzehn oder neunzehn. Sie trug ein knallpinkes Kopftuch, dessen Verschleierungsfunktion schleierhaft blieb.

»Ich möchte etwas zurückgeben«, sagte ich, zog die Leinwand aus meiner Reisetasche und wickelte sie aus der Noppenfolie. Die Frau schnappte nach Luft und sah zwischen mir und der Leinwand hin und her, als wären wir zwei nicht zusammenpassende Puzzlestücke.

»Haben Sie das schon mal gesehen?«, fragte ich.

Ihr Nokia summte auf dem Schaltertresen, ein Universum weit weg. Sie nickte.

Ich deutete auf die Datscha auf dem Bild. »Wissen Sie, wo dieses Grundstück liegt?«

»Der Mann, dem das gehört, der wohnt da jetzt.«

Während sie Akim bei Yandex die Route erklärte, machte ich einen Rundgang durch das Museum. Das früheste Datum, das ich in die Info-Täfelchen eingeätzt fand, war 2003. Die meisten Bilder waren Porträts von Präsident Kadyrow. Auf einigen knuddelte er Glückskatzen.

Die Hinterreifen des Ladas wirbelten staubige Hahnenschwänze auf, aber der Wagen rührte sich nicht mehr vom Fleck. Ich sah auf mein Handy-Display. Null Balken. Wenn MegaFon einem kein Netz mehr bieten kann, ist man selbst Gott aus dem Blick geraten. Je weiter wir uns von Grosny entfernt hatten, desto kaputter waren die Straßen gewesen, zerfallen und weggespült. Was wir eine »Straße« nannten, glich hier, in den Bergen im Süden, einem drohenden Erdrutsch. Unter dem Hügelrücken erstreckte sich der weite grüne Talkessel. Akim trat das Gaspedal durch. Der Motor heulte auf, aber die Schwerkraft zog stärker, als der Motor schob.

»Das war's dann wohl«, sagte Akim. Ein glänzender Schnurrbart aus Schweiß stand auf seiner Oberlippe. Die Krawatte mit den breiten aschfarbenen und marineblauen Streifen hatte er noch nicht mal gelockert.

»Ich finde es schon unglaublich, dass wir es bis hierher geschafft haben.« Und das stimmte auch. Nach dem Zustand des Wagens zu urteilen – Akim ließ ihn zwischen seinen Heimatbesuchen immer sechs bis neun Monate lang auf dem Flughafenparkplatz stehen –, war ich überrascht, dass er nicht wie im Showdown eines Films von Michael Bay explodierte, sobald Akim mit dem Gaspedal in Kontakt kam.

»Das hier«, sagte er und zeigte auf die weiße Felsenkette, die sich den Berg hochzog, »egal, was das ist, das ist nicht mal auf der Karte. Aber ich schätz mal, von hier sind's nur noch vier oder fünf Kilometer. Wenn Sie sich auf den Weg machen, müsste das in ein paar Stunden zu schaffen sein.«

»Danke«, sagte ich. »Und vielen Dank, dass Sie mich hergefahren haben, wo Sie doch gerade erst angekommen sind.«

»Nichts zu danken. Ich fand's nett, ehrlich gesagt. Mich hat noch nie einer vom Flughafen abgeholt.«

»Ich habe sehr wohl zu danken. Sie haben bestimmt viel vor und wollen zu Ihrer Familie und so.«

Er sah aus dem Fenster. Seine Stimme war belegt und tonlos. »Erinnern Sie sich an das Feld, wo ich Ihnen vorhin gesagt habe, da hätte ich mal gewohnt? Da hab ich das letzte Mal jemanden aus meiner Familie gesehen.«

Er schob seine Ray-Ban den Nasenrücken hoch. Ich hätte ihn um seine Telefonnummer oder Mail-Adresse bitten sollen oder wenigstens um seinen Nachnamen, um ihn bei Facebook oder VK wiederfinden zu können. Ich hätte ihm sagen sollen, dass auch ich meine Familie verloren habe. Aber ich hatte Angst. Kolja war getötet worden, aber er war kein Opfer gewesen, und ich war eigentlich auch keines. In der anschließenden Pause hatte ich ein paar Sekunden lang das Gefühl, er sähe mich an wie Kolja in den seltenen Augenblicken, wenn wir unsere kleinen Betrugsmanöver durchschaut hatten. Ich hätte ihm beschreiben können, wie einsam es ist, weit weg von zu Hause zu leben, unter Menschen, die man nicht kennt. Ich hätte ihm die Einmachgläser mit der Asche meiner Eltern zeigen können, und er hätte mich so gut verstanden. Vielleicht wären wir Freunde fürs Leben geworden. Vielleicht war er der Mensch in Tschetschenien, den kennenzulernen mir beschieden gewesen war. Ich werde es nie erfahren. Ich bedankte mich, stieg aus und sah zu, wie er auf der langen zerstörten Straße zurücksetzte.

10

Bei seinem ersten Einsatz war Kolja '95 bis '97 auf einem entlegenen Außenposten an der tschetschenisch-daghestanischen Grenze stationiert, wo es Telefonleitungen und Postzustellung nicht mal zu Friedenszeiten gab. Während seines Einsatzes hatte ihn kein einziger Brief von Galina oder mir erreicht. Die

Welt, die er in Kirowsk zurückgelassen hatte, erstarrte in seiner Erinnerung zu Eis. Da er keine Nachrichten bekam, malte er sich unsere Leben aus, erfand Alltagsdramen und kleine Triumphe, stellte sich unser Leben in einem Frieden vor, den es für ihn nicht gab. Vom Miss-Sibirien-Schönheitswettbewerb oder von Oleg Woronow konnte er nichts wissen. Er konnte nicht wissen, dass Galina die schwierige, aber kluge Entscheidung getroffen hatte, ihre Schwangerschaft abzubrechen.

In den Atempausen zwischen Gefecht und Neuformierung, zwischen dem Aufschlagen auf dem Boden und dem Einschlafen stellte er sich vor, wie Galina eine leere Kommodenschublade zum Babybett umfunktionierte. Er stellte sich vor, welche bizarren Essgelüste sie während der Schwangerschaft entwickelte. Er entwarf und bevölkerte ein ganzes Paralleluniversum, das teilweise aus der Erinnerung kam und teilweise aus seinen Entwürfen einer Zukunft, die Tag für Tag näher rückte. Das Kind war in Koljas Phantasiereich ein Junge, der am 3. September 1995 auf die Welt gekommen war, auf den Tag sieben Monate, nachdem Galina verkündet hatte, sie sei im zweiten Monat schwanger. Er wog robuste dreieinviertel Kilo und wurde Arkadi getauft. Das verkündete er seinem Zug, und auch wenn seine Kameraden die Wahrheit ahnten, gratulierten sie ihm mit festem Händedruck und Schulterklopfen. Ein Jahr darauf feierte er den ersten Geburtstag seines Sohns, indem er ein Streichholz in einen altbackenen Keks klemmte.

Galina und ich hatten bei der Wehrdienststelle immer wieder schriftliche Anfragen gestellt, aber ein Schreiber mit weniger Mitgefühl als der Aluminiumhocker, auf dem er saß, archivierte unsere Anfragen in der zylindrischen Ablage unter seinem Schreibtisch. Niemand wusste, ob oder wann Kolja zurückkommen würde, also holte ihn niemand vom Hafen ab, als er endlich nach Hause kam.

Am sulzigen Hafenbecken gab es in der Mittagssonne keinen Schatten. Passagiere mit schweren Koffern und Herzen gingen von Bord, darunter auch Kolja. Er suchte die Menschenmenge nach bekannten Gesichtern ab und fand schließlich eines: Galinas, hoch droben, an einer Plakatwand, die für *Lügengespinst* warb. Was hatte sie da zu suchen? Es musste eine andere Galina geben, die seiner Galina wie aus dem Gesicht geschnitten war, aber nicht seine Galina sein konnte, weil seine Galina mit ihrem gemeinsamen Sohn zu Hause war. Die Vorstellung, was ihn erwartete, war für ihn so sehr zur fixen Idee geworden, dass für die Realität einfach kein Platz mehr war. Er schulterte seine Reisetasche, richtete seinen Blick auf den dreckigen Gehweg und weigerte sich, das Gesicht anzuschauen, nach dessen Anblick er sich zwei Jahre lang gesehnt hatte.

Aber Galina war überall. Auf Plakatwänden, an Bushaltestellen, in Illustrierten. Sie warb für alles Mögliche von Gesichtscreme bis Mineralwasser. Das Gesicht, das er in kaukasischen Wolkenformationen zu sehen geglaubt hatte, war an Kiosken, auf Straßenbahnwagen und Keksverpackungen in Pixeln fixiert. Die Lippen, deren Sinn darin bestanden hatte, auf seine gedrückt zu werden, wurden jetzt für die ganze Stadt aufgeworfen. Der Alptraum, ein ersehntes Gesicht überall zu sehen, ist genauso entsetzlich wie dessen völlige Abwesenheit, und Kolja stapfte durch eine Heimatstadt, die ihm genauso surreal oder fremd vorkam wie der tschetschenische Weiler, den er verlassen hatte.

Die meisten Kinos waren in Konkurs gegangen, aber die Schlange vor dem Kartenschalter für *Lügengespinst* zog sich um den Block. Er blieb stehen und fragte einen Mann in einer völlig zerknitterten Hose nach dem Namen der Hauptdarstellerin. Der Mann sah ihn verdutzt an und sagte: »Na, Galina Iwanowa natürlich.«

»Wissen Sie, ob sie einen Freund hat?«

»Oleg Woronow. Sie sind verlobt.«

Kolja nickte, als wäre es die normalste Sache der Welt, nach zwei Jahren nach Hause zurückzukehren und festzustellen, dass die Verlobte nicht nur mit einem anderen verlobt war, sondern mit dem vierzehntreichsten Mann Russlands, dem

Boss von Kirowsk, einem Mann, der jede Frau auf der Welt haben konnte und sich daher naturgemäß die einzige nahm, die Kolja liebte. Er wollte in der Pfütze versinken, deren graues Wasser ihm langsam in die Stiefel stieg.

»Hat sie ein Kind?«, fragte er, kannte die Antwort aber schon. Der Mann schüttelte den Kopf, was weniger ein Verneinen war als Verwunderung darüber, dass es noch Menschen gab, die nicht in sämtliche Einzelheiten von Galinas Privatleben eingeweiht waren. Er zog ein ölverschmutztes Bandana aus der Hosentasche und schneuzte sich in der Lautstärke eines Nebelhorns. »Noch nicht, aber was das wohl für ein Baby wird. Ich fass es nicht, dass Sie von unserer Galina noch nichts gehört haben. Jeder kennt sie.«

Als er das Museum betrat, wollte ich schreien, aufspringen, eine Fanfare blasen, aber sein Gesichtsausdruck verriet mir, dass wir nicht feiern würden. Er war nur noch ein Schatten seiner selbst. Ich hatte immer Angst vor ihm gehabt – vor seiner Kraft, vor seinem Zorn –, aber als ich seine gebückte, ausgemergelte Gestalt im Türrahmen sah, der plötzlich viel breiter wirkte, wurde mir klar, dass ich zum ersten Mal Angst hatte, ihm weh zu tun. Am Küchentisch fragte er mich nach Galina aus, und ich versuchte, ihm alles möglichst schonend beizubringen, aber man kann einem Menschen das Leben nicht schonend zerstören.

»Es war nicht so geplant«, sagte ich. Ein schwacher Trost. »Sie hat dir geschrieben. Haben wir alle. Vater hat sich mit den Portokosten so gut wie ruiniert, weil er hoffte, irgendwann würde ein Brief zu dir durchkommen. Wir wussten doch nicht mal, ob du noch lebst, Kolja.«

Er spielte mit einem blassen kleinen Mantelknopf herum, vielleicht das Einzige, was ihn noch in der Welt hielt.

»Wo ist Vater?«, fragte er. Ich konnte nur zum Regal hinübernicken, in dem seit sechs Monaten ein zweites Einmachglas stand.

Am Tag darauf suchte Kolja Pawel Petruchin auf, der im

Drogenhandel der Stadt das war, was Oleg Woronow in ihrer Nickelindustrie war. In der Armee hatte Kolja eine anständige Ausbildung zum professionellen Söldner erhalten, und Pawel stellte ihn sofort ein. Ich erfuhr davon erst später, als Kolja mich darüber informierte, ich würde mich nach dem Highschool-Abschluss an der Universität von Petersburg einschreiben. Die Bestechung eines Mitarbeiters im Immatrikulationsbüro der Uni sorgte dafür, dass ich schon vor der Bewerbung einen Studienplatz hatte. Als ich von Lydia erfuhr, war Kolja schon wieder nach Tschetschenien verschwunden, diesmal als Söldner. Da studierte ich schon ein Jahr in Petersburg. Er hatte nicht mal angerufen, um sich zu verabschieden.

»Mach was aus dir«, hatte er gesagt, als wir uns das letzte Mal gesehen hatten, bevor er mich nach Petersburg schickte. Meine halbleere Reisetasche schlackerte gegen meine Wade. Öliges Hafenwasser klatschte an den Pier. Das Semester fing in zehn Tagen an. Ich war noch nie südlich vom Polarkreis gewesen. Er nahm mich locker in den Schwitzkasten und küsste mich aufs rechte Ohr. »Mach was aus dir«, wiederholte er.

11

Meine Beine sind aus Gummi. Jeder Herzschlag hämmert mir wie eine Bassdrum in den Schläfen. Es fühlt sich an wie der Aufstieg zum Everest, nur ohne Sherpas, die einen tragen. Der Hügelkamm senkt sich nur, um wieder anzusteigen, auf und ab, ein schlechter Witz, den Mutter Natur ständig noch mal erzählt. In dieser heillosen Höhe ist die Luft trocken und kühl. Der steinige Feldweg wie eine breite Narbe im kurzen Gras. Für einen Sessellift würde ich dem Teufel meine Seele verkaufen. Aber ich halte durch. Die Aufstiege werden kürzer, die Abstiege länger, und endlich finde ich mich in einem Tal mit grünen Hügelausläufern und Ackerland. Ein paar ungeschorene Schafe faulenzen im Gras. Ich winke ihnen zu. Sie winken nicht zurück.

Ich nehme Sacharows Leinwand als Landkarte und halte sie vor den Horizont, um die topographischen Konturen abzugleichen. Manchmal denke ich, dass ich fast da bin, aber nie ganz. Die Sache ist eine gigantische Zeitverschwendung. Ich werde mich verirren, und rebellische Banditen werden mir den Kopf abhacken und meine lebenswichtigen Organe an mildtätige Einrichtungen der Saudis verhökern.

Wahrscheinlich sollte ich umkehren.

Das wäre bestimmt das Beste.

Aber da. Da vorne. Ein Aprikosenbaum. Ein überdachter Brunnen. Eine weiße Steinmauer. Ein Kräutergarten. Eine Datscha. Ich blicke zwischen der realen und der gemalten Landschaft hin und her. Nach zweihundert Jahren sollten sich die beiden nicht aufs Haar gleichen, aber das tun sie.

Auf dem Hügel verfließen die Schatten eines Erwachsenen und eines Kindes im orangeroten Sonnenuntergang. Genau wie der Aprikosenbaum, die Steinmauer und der Kräutergarten sind die Silhouetten auf dem Hügel ebenso da wie auf dem Gemälde.

Ich winke ihnen zu.

Ich winke noch einmal.

Ich winke ein drittes Mal.

Sie winken zurück.

SEITE B

Der Wolf des Weißen Waldes
Kirowsk, 1999

Niemand konnte erklären, warum die Wölfe in den ersten Jahren der neu formierten Russischen Föderation zurückkehrten. Biologen reisten mit Ehrentiteln und Aktenordnern an und mit unbezahlten Hotelrechnungen und so unterschiedlichen Erkenntnissen wieder ab, dass man schon staunte, wie sie sich darauf einigen konnten, dass ein Wolf vier Beine, zwei Augen und eine Nase hatte. Manche machten einen unregelmäßigen Populationszyklus dafür verantwortlich. Andere die Erderwärmung und die intensive Abholzung der Wälder bis in den fernen Südwesten. Für die meisten aber waren – wie immer – die Mütter an allem schuld. Vera hatte ihre eigene Theorie, aber sie fragte ja niemand.

Die Wölfe heulten im Weißen Wald, der an die bleiche Wiese hinter Veras Haus angrenzte. Sie stand am Herd und brachte Wasser zum Sieden, in einer verbeulten Kasserolle, die sie sechzehn Jahre zuvor gegen ein Telefon geschleudert hatte, das noch lange, nachdem sie aufgelegt hatte, immer wieder klingelte. Der Wasserkessel war ein Geschenk ihrer Schwiegermutter gewesen, die in gerader Linie mit Dschingis Khan verwandt war, und Vera hatte ihn zusammen mit einem Satz stumpfer Messer und der restlichen Kleidung ihrer Tochter verkauft. In der Kasserolle konnte man genauso gut Wasser kochen wie in dem Kessel, die Messer waren nicht mal scharf genug, um damit kalte Butter zu schneiden, und was die Sachen ihrer Tochter anging – tja, Lydia war auf die richtige Seite der Welt gezogen, und es waren harte Zeiten. Sie seihte den *Iwan Chai* in Teetassen.

»Ich wusste gar nicht, dass du deinen Tee so schwach trinkst«, kommentierte Jelena im Wohnzimmer, ein falsches Lächeln zwischen die fülligen Wangen geheftet. Ihre Augenbrauen waren gezupfte braune Sicheln. Alle zwei Monate flog sie in der Businessclass nach Moskau – wobei sie Vera immer einen Stapel Servietten der Airline als »Souvenir« mitbrachte – und ließ sich die Haare nachfärben, die Haut verjüngen und von einem tibetanischen Heiler die Giftstoffe aus dem Körper schwemmen. Keinem sehr guten tibetanischen Heiler, dachte Vera insgeheim. Hätte er Jelena gründlich entgiftet, wäre nichts mehr von ihr übrig.

»Abends mag ich ihn gern mild«, sagte Vera. Es war zwei Uhr nachmittags. Noch milder, und sie hätten Wasser getrunken. »Sonst bekomme ich die ganze Nacht kein Auge zu.«

Mit einem leichten Schaudern schob Jelena die Arme in die Ärmel ihres Mantels, ganz untheatralisch, wie sie fand. Trotzdem wäre sie nirgendwo auf der Welt lieber gewesen. Wie oft war sie als junge Frau frierend, hungrig und mit leeren Taschen zu Vera gekommen? Wie oft hatte Vera sie in Verhöre genommen, die nicht weniger demütigend waren als das jetzt? Großinquisitoren hatten Ketzer gnädiger behandelt als Vera ihre beste Freundin. Jelena hatte also jedes Recht, die Situation zu genießen. Sie hätte mehr Mitgefühl für Veras Lage aufgebracht, wäre sie früher nicht so oft in der gleichen gewesen.

Der Heizofen sah Vera aus der Lieblingsecke ihres verstorbenen Mannes im Wohnzimmer finster an. Selbst in kaputtem Zustand war der Ofen nicht so nutzlos, wie ihr Mann es gewesen war – über den Ofen konnte sie wenigstens nasse Socken hängen –, aber seit zwei Wochen gab er nur noch so viel Wärme ab wie eine streunende Katze.

»Es war nicht leicht in letzter Zeit«, begann Vera. Sie legte ihre Fingerspitzen wie zu einem kleinen Kirchturmdach zusammen, um darunter eine letzte Spur ihrer sich verflüchtigenden Würde einzufangen und zu beherbergen. »Wenn die Preise weiter so steigen, sind sie bald so lang wie Postleitzahlen. Von dem, wovon man früher einen Monat lang leben konnte, bekommt man heute kaum noch ein halbes Brot. Aber meine Rente bleibt gleich, und oft genug bekomme ich nicht mal die.«

»Die ökonomische Schocktherapie hat die Schwächsten der Gesellschaft getroffen«, brachte es Jelena auf den Punkt. »Nicht nur dich. Auch die Entkräfteten und Alkoholsüchtigen.«

Wo Gorkis Gesammelte Werke gestanden hatten, sammelte sich nun Staub im leeren Bücherregal. Die ledergebundene Gesamtausgabe hatte weniger eingebracht als der Wasserkessel. »Bitte, Jelena. Kann dein Sohn mir nicht helfen?«

»Pawel?« Sie hatte nur einen Sohn. »Ich möchte ihn nicht mit so etwas belästigen. Du weißt, wie viel er immer um die Ohren hat.«

Beiden war klar, dass sie Vera am Ende helfen würde. Am Ende halfen sie einander immer. Jelena wurde weich. »Ich bin am Sonntag zum Abendessen bei ihm eingeladen. Wenn das Gespräch darauf kommt, frage ich ihn, ob er Arbeit hat.«

»Danke.« Obwohl Vera es so freundlich sagte, wie sie konnte, kondensierte ihr Dank in der Kälte zu einem Fluch. Als Jelena gegangen war, wusch sie ab. Sie war vor dreiundsechzig Jahren in diesem Haus geboren worden und wollte auch hier sterben: eins der wenigen Ziele, die sie im Leben noch erreichen konnte. Es war nur logisch und richtig, zur selben Tür hinauszugehen, zu der man hereingekommen war, die beidseits ordnende Buchstütze einer sinnlos tosenden Existenz.

Im Bett betete sie um diese Gnade. Als sie sich als kleines Mädchen eines Nachts in demselben Bett Wärme suchend an ihre Eltern geschmiegt hatte, hatte sie gesehen, wie diese die Köpfe gesenkt und etwas in einer förmlichen Sprache aufgesagt hatten, aus deren breiten Vokalen die Sehnsucht förmlich gegähnt hatte. Sie hatten geglaubt, sie würde schlafen. Ein halbes Jahrhundert war seitdem vergangen – und mit ihm die

Sowjetunion, der Marxismus-Leninismus und die unfehlbaren Dogmen des Kommunismus, die ihre Staatstreue untermauert hatten –, und jetzt lebte sie in einem politisch so geschwächten und spirituell so bankrotten Staat, dass Gebete an eine allmächtigere Instanz als die Regierung erlaubt waren. Aber wie tauscht man seine Götter so spät im Leben? Nach sechs Jahrzehnten Sowjetjargon wimmelte es in Veras Wortschatz nur so von Parolen. Sie hatte kaum Übung darin, etwas so Komplexes wie eigene Wünsche zum Ausdruck zu bringen.

Vera schloss die Augen und stellte sich vor, wie das Heulen der Wölfe sie in den Schlaf trug. Bevor hier ein Gulag, ein Bergwerk und eine Stadt gewesen waren, gab es Wölfe. Eine frühe Wissenschaftsexpedition hatte von diversen Begegnungen mit einem umherstreifenden Rudel berichtet, dem noch nie eine so fette und so hasenherzige Beute wie die Akademiker über den Weg gelaufen war. Zehn der zweiunddreißig Geologen, die die erste Nickelader entdeckt hatten, waren 1928 Wölfen zum Opfer gefallen. Nachdem man Ende der Dreißiger eilig einen Gulag rund um die Nickelmine errichtet hatte, jagte die Rote Armee die Wölfe und rottete sie fast aus. An den Biologieinstituten der Universitäten herrschte bald Einigkeit, dass Wölfe die kapitalistischen Imperialisten des Tierreichs waren, weshalb die Armee alles daran setzte, ihnen den Garaus zu machen. Aber im Großen Vaterländischen Krieg waren die Wölfe zurückgekehrt, als alle Einheiten der Roten Armee nach Südwesten geschickt worden waren, um den vorrückenden Panzerdivisionen Einhalt zu gebieten. Löhne wurden in Form von Brotkanten gezahlt, aufs Gramm genau abgewogen. Vera hatte miterlebt, wie ihre Eltern und Nachbarn zum Überleben im Müll wühlten. Nach dem Krieg hatte man die Jagd auf die Wölfe wieder aufgenommen, und in Kirowsk war wieder Ruhe eingekehrt.

Unter schweren Decken zusammengerollt, erinnerte sich Vera jetzt an die Zeiten, als das Heulen der Wölfe eine bevorstehende Hungersnot ankündigte.

Das Jahr, in dem die Deutschen einmarschierten, war der Höhepunkt von Veras Leben gewesen. In diesem Jahr war sie in allen Schulen, Zeitungen und Radiosendungen von Minsk bis Wladiwostok gerühmt worden. Der offiziellen Version zufolge hatte Vera gesehen, wie ihre Mutter in die Kantine des Volkskommissariats eingebrochen war, Trotzki Loyalität geschworen und sich dann mit hundert Kilo Mehl und einem Dutzend lebenden Hühnern in einem Sack aus dem Staub gemacht hatte. Die *Prawda* lobte Vera, weil sie den Verrat ihrer Mutter unverzüglich einem Kommissar gemeldet hatte. »Meine Mutter ist eine Feindin des Staates und des Volkes«, hatte sie gesagt, worauf der Kommissar erwidert hatte: »Der Staat und das Volk sind zwar ein und dasselbe, aber du bist die Heldin beider.«

Die fette Beute war in Wahrheit nicht mehr als eine Tüte Eipulver, eine Handvoll Mehl und ein Würfel Butter gewesen. Es war keine Kollaboration mit dem faschistischen Feind, sondern mit Vera selbst, die zu einem Klappergestell aus Stuhlbeinen und Billard-Queues abgemagert war. Obwohl sie Stillschweigen geschworen hatte, hatte Vera Jelena stolz von dem kleinen Kuchen erzählt, den ihre Mutter ihr zum Geburtstag gebacken hatte. Obwohl er keinen Zucker enthielt, war das das Süßeste, was sie in ihrem jungen Leben je gegessen hatte. Jelena hatte es einem anderen Mädchen zugeflüstert, bald wusste die ganze Klasse Bescheid, dann die ganze Schule und schließlich die ganze Stadt, ein Gerücht, das wie ein Virus mit jedem Wirt ansteckender wurde. Kirowsk hatte nur eine einzige Annahmestelle für Post, aber Hunderte für Denunziationen. Um einen Brief zu verschicken, musste man zur Hauptpost gehen und den halben Vormittag Schlange stehen; um jemanden zu denunzieren, brauchte man nicht einmal seine Fabrik, seine Schule oder seinen Wohnblock zu verlassen.

Als die Geschichte schließlich beim Stadtkommissar ankam, schien es vollkommen plausibel, dass eine abgemagerte

Frau hundert Kilo Mehl und ein Dutzend lebender Hühner wegschleppte, die nie existiert hatten, und dabei Trotzki-Reden deklamierte – auswendig, versteht sich. Der Kommissar wusste natürlich, dass so eine Geschichte reiner Wahnsinn war, aber er war ja in den Kommissarsrang aufgestiegen, weil er den Wahnsinn, den ihm die Welt so reichlich darbot, dankbar entgegengenommen hatte.

»Glauben Sie allen Ernstes, ich habe hundert Kilo Mehl für einen einzigen Kuchen gebraucht?«, fragte Veras Mutter vor Gericht zu ihrer Verteidigung.

»Verschwendungssucht ist typisch für Faschisten!«, erwiderte der Kommissar. Als man ihm fünf Jahre später den Rang aberkannte und ihn zur Zwangsarbeit in den Minen verurteilte, bekam er am eigenen Leib zu spüren, dass ein unterernährter Körper außer Stande ist, hundert Kilo von irgendetwas zu tragen, und sei es die dringend benötigte Nahrung. Im Laufe der Monate war tatsächlich eine gewisse Menge Mehl aus den Gulag-Vorräten verschwunden; hätte Vera zu Glasnost-Zeiten die Stadtarchive durchforstet, hätte sie erfahren, dass alles in der Küche der Frau des Kommissars gelandet war. Von Hühnern in Kirowsk, toten oder lebendigen, wussten die Akten vom Sommer 1941 nichts zu berichten.

Veras Mutter schrieb Briefe aus ihrer Zelle, die Jahre später zum Geschichtsraum umfunktioniert werden sollte, in dem die Neugier und das kindliche Staunen mehrerer Generationen Kirowsker Schulkinder in der bleiernen Luft erstickten. Die Briefe, die den Umweg über das Kommissariatsbüro nahmen, brauchten für die dreihundert Meter bis zu Veras Zuhause über eine Woche. Jeder wurde zu einem Dreieck gefaltet durch den Briefschlitz geschoben und hing für einen Sekundenbruchteil in der kalten Luft. Die dichte, kleine Handschrift ihrer Mutter war immer wieder von den Schwärzungen eines Zensors unterbrochen. Den wenigen unzensierten Worten irgendeine Bedeutung zu entnehmen war mühevoll und führte ihr vor Augen, wie wenig sie ihre Mutter kannte.

Am 21. Oktober 1941 brachten Soldaten, die so jung waren, dass sie ihre Wangen jeden Morgen auf Pickel untersuchten, ihre Mutter in die Wildnis, wo ein Pistolenlauf das Urteil vollstreckte.

Veras Vater, ein Gefängniswärter, der nach der Festnahme seiner Frau zum Hausmeister degradiert wurde, führte Vera dorthin, wo später der Weiße Wald entstehen sollte. Er war weder grausam noch rachsüchtig – ehemalige Häftlinge sollten ihn später als einen Wärter loben, der mit seinen Gefälligkeiten Dutzenden von Menschen das Leben rettete –, aber als Vater und trauernder Witwer sah er sich in der Pflicht, Vera die Folgen ihrer leichtsinnigen Worte zu zeigen. Zwei Stunden lang stapften sie schweigend durch den Wald. Er wollte gerade aufgeben und umkehren, als er plötzlich die Hände sinken ließ. Da lag sie, seine Frau, seine Liebste. Pfoten hatten Zigarettenstummel in den Schnee getreten. Die Wölfe hatten die Leiche schon entdeckt. Während Vera als knochiges Häuflein Elend in einem Versteck kauerte, vergrub ihr Vater die Überreste. Anschließend sammelte er die Zigarettenstummel ein. Sie sollten ihn nachhaltiger quälen als die im Umkreis von fünfzig Metern um die Exekutionsstelle verstreuten Eingeweide, die er einsammelte und in einem anonymen Grab beisetzte. Er rührte nie wieder eine Zigarette an.

Eine Woche später klapperte der Briefschlitz, und Vera fand einen Brief. Einen kurzen, schillernden Moment lang konnte sie glauben, dass ihre Mutter noch im Gefängnis war, dass das Urteil noch nicht vollstreckt worden war und dass die von Pfotenspuren umgebene Leiche die Mutter von jemand anders gewesen war. Das Datum des Briefs lag zehn Tage zurück. Darin schrieb ihre Mutter: *Heute habe ich --- Jahre ohne --- Briefe schreiben oder lesen bekommen ----- den letzten ---- erhalten -----. Zehn Jahre ----------------- und wenn ------- wirst du --- alt sein, eine Frau ----- Kinder und ---------.*

Über die Jahre traten immer wieder Journalisten an Vera heran, und sie plapperte brav ihre Sätze über Pflicht, Opfer und Patriotismus. Sie nahm Ehrungen der Jungen Pioniere, des Komsomol sowie der Gewerkschaft der Elektriker und der Hüttenarbeiter entgegen, verachtete alle und wies keinen zurück. »Die Welt gibt dir Kuhscheiße«, hatte ihre Mutter ihr einmal gesagt. »Die Kunst besteht darin, sie als Rindswurst zu betrachten.« Wegen ihres Heldentums bei der Verteidigung des Volkes bekam Vera fortan die Rationen eines Volkskommissars, und ihr Vater wurde wieder in seine alte Position zurückversetzt. Viele Jahre kannte sie keinen Hunger mehr.

Jelenas Sohn fand Arbeit für Vera. Einmal pro Woche kamen Pawels Männer mit zwei Reisetaschen, und Vera blieb den ganzen Tag außer Haus. Das war es, einfach nur tagsüber verschwinden und keine Fragen stellen. Sie hatte Gangster mit dicken Goldketten erwartet, aber Pawels drahtige Untergebene sahen aus wie grüne Jungs, die in den Ozeanen der knitterigen Hemden ihrer Väter zu versinken drohten. Sie verfügten über einen Wortschatz von vielleicht zwei Dutzend Ausdrücken, die nicht dem Fäkal- oder Genitalbereich entstammten. Vera nutzte die Zeit für diverse Erledigungen: Sie ging in die Apotheke und kaufte Medikamente gegen ihre Arthritis, zur Hauptpost, um Briefe an ihre Tochter in Amerika zu schicken, und zu den Kiosken am Leninsky-Prospekt, um Schokoriegel mit so vielen Luftblasen zu kaufen, dass man sie als Verpackungsmaterial hätte benutzen können. Als der Winter näher rückte, zog es sie über die Wiese, die sich von ihrem Haus bis zum Weißen Wald erstreckte.

An Metallzweigen hingen Laubbündel aus Plastik, so dass es trotz der Kälte aussah, als stünde sie an der Grenze zu einem tauenden Königreich. Sie ging einen Kilometer am Waldrand entlang. Als ihre Knie zu schmerzen begannen, breitete sie ein Schultertuch auf dem Boden aus, setzte sich und schrieb Lydia einen Brief. Sie sprach die Sätze laut aus, so dass sie als weiße Atemwölkchen für einen kurzen Moment vor ihr standen. Wenn jeder perfekt war, würde sie in der Vorstellung ihrer Tochter ein besseres Leben führen, als es ihr im neuen Russland je möglich war. Wenn man bereit ist, sich etwas vorzumachen, führen viele Wege zur Zufriedenheit. Und so erfand sie Geschichten, baute aus dem, was sich die Leute hoffnungsvoll erzählten, Bollwerke der Wahrheit. Sie schrieb, dass ihre Rente jeden Monat steige, um mit der Hyperinflation Schritt zu halten, so dass ihr genug bleibe, um sich einen koreanischen Fernseher zu kaufen. Sie schrieb von Ausgleichszahlungen, Abfindungen für die Opfer staatlich geförderten Terrors, und dass sie nun endlich für das Leid entschädigt würde, das sie, wenn auch unbeabsichtigt, über sich gebracht hatte. Im fruchtbaren Land der Phantasie ihrer amerikanisierten Tochter würde die Gerechtigkeit siegen. Das Tageslicht war zu einem orangeroten Streifen am Horizont verglommen.

In den Kerben und Löchern im Küchentisch, auf dem bei ihrer Rückkehr der Umschlag mit Geld auf sie wartete, hatte sich mehlartiges Pulver abgesetzt. Pawels Leute waren bestimmt Bäcker, die ihre geräumige Küche nutzten. Ein paar Tage später fand sie unter der Spüle Babymilchpulver und Chinin. Ja, sie hatte eine Ahnung, was in ihrer Abwesenheit vor sich ging, aber darüber dachte man besser nicht nach. Als sie eines Abends zurückkam, saß am Tisch noch ein Mann.

»Tut mir leid«, sagte sie, etwas säuerlich, weil sie sich dafür entschuldigen musste, unangemeldet ihr eigenes Haus zu betreten. »Komme ich zu früh?«

»Nein, ich bin gleich weg«, erwiderte der Mann. Eigentlich ein Junge, obwohl inzwischen eigentlich jeder, der Stalin nicht mehr erlebt hatte, für sie ein Kind war. Anfang zwanzig, so alt wie ihre Tochter, das dünne graue Arbeitshemd und das grob gestutzte Haar von jemandem, der erst kürzlich aus einer bedrückenden staatlichen Institution entlassen worden war. Der Moschusgeruch ausgedrückter Zigaretten waberte durch die Luft. Erschöpft und zusammengesunken saß er da.

»Bleiben Sie, ich mache uns eine Tasse Tee«, schlug Vera vor.

Seinem Blick nach zu urteilen, war er über diese Einladung ebenso überrascht wie Vera selbst. Umgang mit verrufenen Subjekten, und das in ihrem Alter! Aber der junge Mann hatte etwas Trostloses an sich, das sie gut kannte; in seinem Ausdruck und dem matten Blick lag eine Erschöpfung, die sich in ihrem eigenen Gesicht spiegelte.

»Ich gehe jetzt besser.« Er stand auf und reckte die gelenkigen Arme.

»Bleiben Sie doch. Trinken Sie einen Tee mit mir. Ich habe auch Kuchen da.«

Der Mann sah kurz zur Haustür, als hoffte er, durch eine plötzliche Luftdruckveränderung in die Nacht hinausgesaugt zu werden, dann setzte er sich wieder. Er sollte nie erfahren, warum diese Frau, deren Augen zu weit auseinanderstanden und in deren Taschen Stifte steckten, ihm an jenem kühlen Herbstabend eine so beharrliche wie eigennützige Freundlichkeit entgegenbrachte. Und Vera sollte nie erfahren, dass sich der Mann elf Stunden zuvor zum einhundertachtundfünfzigsten Mal *Das Lügengespinst* angesehen hatte. Er kannte die Dialoge und Szenen längst auswendig, konnte den Film Einstellung für Einstellung im Kopf abspielen und war weniger ein Zuschauer als eine zweite Leinwand, auf der der Film weiterlief, wenn der Abspann zu Ende war. Er vermisste seinen Bruder mehr, als er je für möglich gehalten hätte, jemanden vermissen zu können, mit dem er nicht geschlafen hatte. Er hatte jemanden bei der Universitätsverwaltung bestochen, seinem Bruder einen Studienplatz an der Staatlichen Universität in Sankt Petersburg gesichert und ihn damit vor dem Wehrdienst und den Unruhen in Tschetschenien bewahrt. Aber als er am Morgen durch die Schneesuppe gewatet war, hatte er über seinen Bruder, seine Eltern und seine Exverlobte nachgedacht. Jeder von ihnen hatte sein Leben auf andere Weise verlassen, wofür man ihn eigentlich nicht verantwortlich machen konnte. Und trotzdem wurde er das Gefühl nicht los, der Architekt einer Stadt zu sein, die aus nichts als

Ausfahrten und Notausgängen bestand, die allesamt von ihm wegführten.

Vera stieg auf den Hocker, auf den siebenunddreißig Jahre zuvor ihr Vater gestiegen war, nur um sich mit einer Schlinge um den Hals fallen zu lassen. Sie tat, als krame sie im Schrank herum, in dem außer dem Kuchen so gut wie nichts stand, aber ihr Besucher sollte glauben, ihr Vorratsschrank wäre so gut gefüllt, dass man darin einen Kuchen übersehen konnte. Der Kuchen war mit Schokolade überzogen und mit rosa Zuckerguss verziert und thronte monumental auf einer Tortenplatte mit schmalem Fuß.

Mit einem Löffel schnitt sie zwei Stücke ab. Argwöhnisch nahm er das rosa Schmuckstück entgegen.

»Gut, nicht wahr? Möchten Sie noch ein Stück?« Sie hatte immer noch einen süßen Zahn – einen echten Zahn, wie sie sich vorstellte, ihr rechter oberer Eckzahn, der einzige ihrer zweiunddreißig natürlichen Zähne ohne ein Loch –, wie schon als Kind, noch bevor ihr das Privileg von Kommissarsrationen zuteilwurde.

Er dankte ihr, und sie ließ ein weiteres dickes Stück auf seinen Teller plumpsen. Sie wollte ihn nach seinem Namen fragen. Mit einem Mann Tee zu trinken und Kuchen zu essen, ohne seinen Namen zu kennen, gehörte sich nicht. Sein Haus stundenweise an Drogendealer zu vermieten, zwar auch nicht, aber sie hatte schon vor langer Zeit gelernt, die Augen vor ihren größten moralischen Verfehlungen zu verschließen, indem sie es mit kleinsten Anstandsfragen sehr genau nahm.

»Haben Sie Kinder?«

»Nein.«

»Haustiere?«

»Einen Bruder.«

»Erzählen Sie mir von ihm.«

»Na ja, er fängt alles Mögliche an«, sagte der Mann und schlug die Augen nieder. »Er muss seinen Weg erst noch finden. Und Sie, haben Sie Haustiere?«

»Ich habe eine Tochter. Sie wohnt in Amerika. Ist mit einem gewissen Gilbert verheiratet. In Glendale, Kalifornien, ist er der beste Klavier-«, und hier, nach den ersten beiden Silben, bewegte sich das Wort normalerweise von der Realität weg, aber jetzt, im Gespräch mit einem kleinen Gauner, fühlte sie sich befreit von der Last, lügen zu müssen. »Klavierstimmer.«

Der Mann pfiff neidisch – und der Neid anderer machte sie immer noch am ehesten stolz auf Lydia. Wenn jemand nach ihrer Tochter fragte, dichtete Vera zu Gilberts bescheidener Eigentumswohnung ein paar Zimmer dazu und hängte an sein Gehalt ein paar Nullen an. Sie schilderte das Leben ihrer Tochter in Amerika genauso wie ihr eigenes in den sorgfältig formulierten Briefen, die sie Monat für Monat zur Hauptpost brachte – voller schöngefärbter Halbwahrheiten und kleiner Lügen, die ihr längst über den Kopf gewachsen waren. Aber sie hatte keine Angst vor dem Urteil dieses Mannes, der vor ihr saß und rosa Kuchenglasur von der Rückseite seines Löffels leckte.

»Sie war eine Katalogbraut«, sagte Vera.

»Echt?«

»Ja, richtig im Katalog. Und auf mehreren Internetseiten. Sie musste sich im Bikini fotografieren lassen. Eine Schande.«

»Und jetzt isst sie Cheeseburger und schaut Basketball?«

»Weiß ich nicht«, gab Vera zu. Einsame Amerikaner, die Lydias Profil auf der Partnervermittlungsseite lasen, hatten mehr Einblick in das Innenleben ihrer Tochter gehabt als sie. »Sie ist mir gegenüber nicht besonders mitteilsam. Im letzten Jahr hat sie mir sechs Briefe geschrieben. Und mir hauptsächlich vom Wetter berichtet. Wussten Sie, wie viele Arten von Wolken es dort in Glendale gibt? Drei. Sie hat sie mir alle beschrieben.«

»Amerika ist weit weg, und der einzige Postbote, den ich je kennengelernt habe, bräuchte eine Karte, um seine eigenen Füße zu finden. Da sind sicher viele Briefe unterwegs verlorengegangen.«

»Das habe ich mir auch gesagt.«

»Erzählen Sie mir von diesem Gilbert. Was ist das für einer?«

Vera schüttelte den Kopf. »Was für ein Mann sucht sich seine Frau im Katalog aus und bezeichnet sich immer noch als Mann?«

»Ein Pionier. In ein paar Jahren machen wir uns alle im Internet zum Affen.«

»Sie müssen ungefähr in ihrem Alter sein. Kannten Sie sie?«

»Flüchtig«, gab der Mann zu. »Ich bin eine Weile mit einer ihrer Freundinnen gegangen. Galina Iwanowa.«

Wie alle anderen auch hatte Vera Galinas Aufstieg zum Star verfolgt. Sie war vielleicht die einzige Seele in Kirowsk, die Galina wegen ihres Erfolgs bemitleidete. »Und Sie, haben Sie eine Frau?«

»Nein, nur den Bruder.«

Als der Mann abends das Haus verließ, zündete er sich eine Zigarette an. Er hatte schon seit Stunden eine rauchen wollen. Ein paar Tage zuvor hatte er beim Zocken einem vom Pech verfolgten, aber beharrlichen Gegner einen Goldzahn ausgeschlagen, weil er seine Spielschulden nicht anders zahlen konnte, und jetzt hatte er sich nicht einmal getraut, Vera um einen Aschenbecher zu bitten. Die Schneewehen verschwanden im Dunkel. Acht Häuserblocks lang gab es nichts, was einer funktionierenden Straßenlaterne näherkam als das glühende Ende seiner Zigarette. Hinter Veras Haus ragte der Weiße Wald auf. Ein Jahrzehnt war vergangen, seit er zum letzten Mal dort gewesen war. Damals war er noch ein Kind gewesen, aber als er seinem Bruder die Augen zugehalten hatte, damit er die Hinrichtung nicht sah, deren Zeugen sie zufällig geworden waren, hatte er sich zum ersten, wenn auch nicht letzten Mal in seinem kurzem Leben wie ein Vater gefühlt. Er hieß Kolja und war erst vor kurzem aus Tschetschenien zurückgekehrt. In nicht einmal einem Jahr sollte er dorthin zurückkehren und seine letzten

Augenblicke damit verbringen, auf einem verminten Hügel Dill zu säen.

Woche für Woche schlich Kolja wortlos und mit derselben finsteren Miene wie seine Kumpane in Veras Haus. Aber wenn sie acht Stunden später zurückkam, pfiff ihr neuer Wasserkessel, auf dem Tisch standen zwei Teetassen, und Kolja schnitt leise summend dicke Stücke von dem Kuchen auf dem Küchentresen ab. Er erzählte ihr von seinem Bruder, von ihren gemeinsamen Spielen, den Sprüngen vom Dach in den tiefen Schnee und dem Kosmonautenmuseum seines Vaters, das Vera, wie sie zugab, im Laufe der Jahre ein paar Mal besucht hatte. Er sprach vom Heroinhandel wie ein Marktanalyst, hüllte das brutale Geschäft in das Deckmäntelchen schwammiger Laisser-Faire-Kapitalismus-Tugenden. Die Mohnfelder in Afghanistan, die Veredelung zu Opium und der Transport über Land durch Tadschikistan, die ganze geschmierte Korruptionsbahn, auf der das Heroin wie von selbst nach Norden rutschte, von Kandahar bis zum Polarkreis. Die ecuadorianischen Vögel, die Jelenas Sohn in seinem privaten Aviarium sammelte. Das Geld, das für den Polizeischutz floss. Als Vera vorsichtig fragte, wie ein so kluger und netter junger Mensch in solche Kreise geraten sei, lächelte er und sagte, dasselbe könne er sie auch fragen. Aber was auch immer die Politiker mit ihren Penthouses davon hielten, sein Lebensweg verlief völlig geradlinig: In der Schule hatte er nur das Schummeln gelernt, das Militär hatte ihm Ballistik, Unterordnung und Einschüchtern beigebracht, und er war in eine Bergbaustadt zurückgekehrt, in der die Arbeitsplätze der Automatisierung zum Opfer gefallen waren und das Drogengeschäft die einzige florierende Branche war, in der er seine Kompetenzen einbringen konnte. Für einen wie ihn war Drogenhandel der einzige Weg zu ökonomischem Erfolg. Sie fragte, ob es nach Galina eine Frau in seinem Leben gegeben habe, und er sagte nein, keine, die der Rede wert sei, dann sah er weg.

Sie erzählte ihm von ihrem Mann, der vor zehn Jahren gestorben sei, Herzinfarkt, einfach so, kurz nach dem Zähneputzen. Er hatte breite Wangenknochen gehabt und eine Nase, die schief zusammengewachsen war, nachdem ihn der entflogene Bienenschwarm eines Imkers verfolgt und mit dem Gesicht voran gegen eine Betonmauer getrieben hatte. Er hatte geglaubt, er werde von Dämonen heimgesucht. Es war das einzige Mal in seinem Leben, dass er in Kirowsk fliegende Insekten sah. Sie vertraute ihm an, dass sie zu Lydia nach Amerika hatte ziehen wollen, aber dass dieser Gilbert dagegen gewesen war. Sie vertraute ihm an, dass sie ihrer Tochter irreführende Briefe geschrieben hatte, um sie nach Hause zu locken. Es war so unfair, alt zu werden und zusehen zu müssen, wie der eigene Körper aus der Form floss wie ein Schneemann in der Sonne, und keine Verwandten zu haben, die einem sagten, man sei selbst schuld, oder einen unterstützten oder trösteten – das war einfach nicht richtig. Wenn sie an ihre eigene Mutter dachte, sah sie sich ab und zu am Rande einer noch dunkleren Ungerechtigkeit, aber das vertraute sie Kolja nicht an.

»Ich habe Geschichten aus Ihrer Kindheit gehört«, sagte er eines Nachmittags.

»Jeder hat Geschichten aus der Kindheit«, sagte sie. »Sie erzählen mir täglich ein Dutzend.« Der erste kräftige Schneefall war spät gekommen in diesem Jahr, und die rostigen Zweige jenseits der Wiese waren von Eis umschlossen. Kolja saß am Küchentisch und tippte über einem Plastikaschenbecher auf seine Zigarette.

»Von meinen hat es aber keine auf die Titelseite der *Prawda* geschafft.«

»Ich möchte nicht darüber sprechen«, sagte sie. Kolja ging ins Wohnzimmer und zappte durch die Kanäle des japanischen Fernsehers, den er in der Vorwoche mitgebracht hatte. Er war in letzter Zeit immer öfter bei Vera gewesen, hatte den Wasserkessel bis spät in die Nacht immer wieder aufgefüllt und war auch an seinen freien Tagen zum Abendessen ge-kommen. Die wenigen Freundschaften, die er hatte, drehten sich nur ums Trinken, Furzen und um hämische Gewalttätig-keit; in diesem Sinne war Vera also keine Freundin. Sie war aber auch zu herzlich und zu besorgt um ihn, um wie eine Mutter für ihn zu sein. Sie war einfach nur Vera, war einfach in seinem Leben, auf eine unbestimmte und gütige Art, und er wünschte sich ihre Anerkennung und Zuneigung so sehr, wie sie sie geben wollte.

Vera stand gerade am Herd und briet Hühnchen in einer Pfanne, die noch fettig war von den Frühstückseiern, als der Brief ankam. Die Briefmarke aus Übersee leuchtete bunt aus einem Käfig aus schwarzen Poststempeln hervor. Der Um-schlag war an den Kanten abgewetzt, aber das Siegel unver-sehrt. Ein Dutzend Jahre zuvor hätte ein Brief aus Amerika sie niemals erreicht, ohne zuvor von unsichtbaren Männern in fernen Büros gelesen und zensiert worden zu sein.

»Von wem ist der?«, fragte Kolja, der ihre Beunruhigung spürte. Der Brief, auf dem Landweg versandt, wirkte äußerlich nicht weiter dringlich, aber er lag auf dem Couchtisch wie das Gravitationszentrum, um das sich der Rest des Raums drehte. Das ganze Universum aus Veras Angst, Kummer und Bedauern war dünn genug, um zusammengefaltet in diesen Umschlag zu passen. Mit der Rückseite ihres Haustürschlüssels öffnete sie ihn und hielt sich den Brief dicht vors Gesicht. Der Klavier-stimmer in Glendale hatte Lydia wegen einer Frau aus Minsk verlassen, und Lydias Antrag auf eine Aufenthaltsgenehmigung war abgelehnt worden. Bis Monatsende werde sie zurück sein.

Bevor sie an diesem Abend unter die Bettdecke kroch, zog Vera einen Schuhkarton unter dem Bett hervor. Darin lag das Geld, das Kolja ihr jede Woche dalieẞ, die Zeitungsberichte, die ihre Denunziation feierten, die beiden Briefe, die ihre Tochter aus Amerika geschickt hatte, und die, die ihre Mut-ter aus ihrer Zelle geschickt hatte. Sie blätterte die brüchigen Zeitungsausschnitte durch, denn selbst wenn sie sie als Denunziantin priesen, erinnerten sie sie daran, dass sie einmal jung und geliebt gewesen war, dass sie nicht ihr ganzes Leben alt, allein und unbeachtet verbracht hatte. Fünf Jahrzehnte hatten ihre Reue in mundgerechte Stücke zerlegt, an denen sie nicht mehr würgte – sie war ein Kind gewesen, war manipuliert worden und in aller Augen außer ihren eigenen unschuldig –, und während sie die Zeitungsausschnitte betrachtete, wurde sie eine gewisse Enttäuschung darüber nicht los, wie gewöhnlich ihr restliches Leben verlaufen war. Sein Höhepunkt hatte noch vor ihrem achten Geburtstag stattgefunden.

Den Schuhkarton offen neben sich auf dem Boden, wiederholte sie die Gebete ihrer Mutter. Sie flehte nicht mehr um Wunder, die ihr Leben verändern würden (Reichtum, Vergebung, neue Knie), sondern richtete ihre Hoffnungen auf Wunder im Tagesformat (ungestörten Schlaf, Sonderangebote beim Bäcker oder das Aufblühen pubertärer Akne auf Jelenas Wangen). Als sie fertig war, fuhr sie mit dem Finger über das gebrochene Siegel des jüngsten Briefs ihrer Tochter und legte ihn zu den anderen in den Schuhkarton. Was groß genug war, um es zu lieben, enttäuschte einen irgendwann, ließ einen im Stich und vergaß einen schließlich. Aber was so klein war, dass es in einen Schuhkarton passte, blieb unverändert.

Lydia war fünf Tage unterwegs gewesen, als sie schließlich ankam; sie war von Los Angeles über New York, London und Petersburg nach Nowosibirsk geflogen, dann mit Zug und Schiff nach Norden und schließlich mit dem Bus nach Kirowsk gefahren. Sie kam mit demselben Lederkoffer und derselben Kunstlederhandtasche an, mit denen sie abgereist war. Sie hatte zwei Pullover, ein gerahmtes Bild ihrer Eltern, jeglichen Glauben an Internetbekanntschaften und den regelmäßigen Kontakt zu ihren Freundinnen verloren und brachte zum Ausgleich detailreiche Kenntnisse über diverse Drive-through-Menüs, ein paar Gepäckanhänger und ein Alkoholproblem mit. Ihre Mutter holte sie am Bahnhof ab, etwas kleiner und runder, als Lydia sie in Erinnerung hatte. Schneeflocken fielen ihnen ins Haar.

Vera umarmte Lydia im blauen Licht eines Kiosks, der Sylvester-Stallone-Videos, ukrainische Zigaretten und Tippscheine von Gosloto verkaufte. Ein Feuerzeug an einer Schnur pendelte an der Theke des Kiosks im Wind. Sogar durch den gefütterten Mantel spürte Vera, wie schmal ihre Tochter geworden war.

»Du zerdrückst mich ja«, ächzte Lydia.

»Ich weiß.«

Die Stadt glitt vor dem rußgeschwärzten Busfenster vorüber. Man konnte über Südkalifornien sagen, was man wollte, aber immerhin hatte die Landschaft Farbe. Die armeegrünen Kakteen, die bewässerte Rasenstücke säumten. Die grellbunten Schilder lateinamerikanischer Minimärkte und zwielichtiger Geldwechsler. Die Bungalow-Blocks von L.A., die aus der Luft über dem Internationalen Flughafen ineinandergreifende Periodensysteme in Pastellfarben bildeten. In New York hatte sie sich von Grün verabschiedet. In London von Rot. Als sie in Kirowsk ankam, waren praktisch alle Farben von der Palette gekratzt außer den Grau- und Gelbtönen, in denen die Wolken, die Straßen, der Schnee und selbst der vitaminmangelblasse Hautstreifen über dem Mantelkragen ihrer Mutter gemalt waren.

In ihrem Zimmer zog Lydia sich aus. Eine Strickmütze, ein Schal aus einem Outlet und Fäustlinge. Ein Wintermantel mit abnehmbarer Kapuze, die nur noch an der Hälfte der Knöpfe hing. Ein knallrosa Sweatshirt mit dem grobverpixelten Bild einer nach unten hin breit auslaufenden Ulme darauf. Ihre Unterwäsche war für Veras Begriffe hinten viel zu knapp und vorn viel zu durchsichtig. Diesen Körper hatte Vera in den Armen gehalten, als er nur ein paar Momente alt gewesen war, hatte ihn gewaschen, gefüttert und gekleidet, und an ihren besten Tagen konnte sie ihre Tochter nicht ansehen, ohne dass ihr vor Stolz die Brust schwoll, weil sie jemanden geboren hatte, der so viel Liebe verdiente. Jetzt war ihr dieser Körper entwachsen, fiel nicht mehr in den Zuständigkeitsbereich ihres Schutzes. *Erstaunen*, ein besseres Wort fiel Vera nicht ein, um ihr unerwartetes Vertrautheitsgefühl zu beschreiben, als sie jetzt einfach nur neben ihrer Tochter stand, auch wenn es in ihrem emotionalen Vokabular sonst selten Anwendung fand. Lydias Fehlentscheidungen – Schwamm drüber. Ihre Dämonen, die Vera nur erahnen konnte – egal. Allein die Tatsache, dass Lydia am Leben war, schenkte ihrer Mutter den Glauben, wenigstens diese eine Sache richtig gemacht zu haben.

»Wo sind meine Sachen?«

»In deinem Koffer, wo sonst?«

»Nein, die, die ich hiergelassen habe.«

Vor diesem Gespräch hatte sich Vera ebenso sehr gefürchtet wie davor, es nie führen zu müssen. Der offene Schrank enthielt nichts als leere Drahtbügel. »Ich hatte nicht damit gerechnet, dass du zurückkommst.«

Lydia hob das Ulmen-Sweatshirt und die Skinny-Jeans auf, zog sie niedergeschlagen und stumm wieder an und wusste, dass sie ihre Mutter damit mehr traf als mit jedem Wort. Sie hatte diese Sachen fünf Tage und siebzehntausend Kilometer getragen, sie konnte sie auch noch ein wenig länger tragen.

»Kämm dir die Haare«, sagte Vera. »Nach dem Abendessen bekommen wir Besuch.«

Kolja klopfte viermal an die Tür, die ersten beiden Male schüchtern und hohl, was eher einen Hotelpagen als einen angehenden Gangster ankündigte, deshalb hämmerte er noch zweimal kräftig dagegen. In der anderen Hand hielt er einen Strauß knallroter Kunstrosen, straff in grünes Stanniolpapier gewickelt.

Nachdem Vera sie einander vorgestellt hatte, überreichte

Kolja Lydia die Plastikblumen. Als er sie sah, erinnerte er sich wieder daran, wie sie damals in der Schule ständig mit ein paar anderen Galina hinterher gedackelt war. Galina hatte sie nie wirklich gemocht, und der Gedanke, mit einer von denen zu schlafen, fühlte sich genau nach der Art wirkungsvoller, aber im Endeffekt sinnloser Selbstbehauptung an, die ihm gefiel. Sie trug Jeans und Sweatshirt und war ungeschminkt. Ihr war gar nicht klar, dass sie ein Date hatten.

»Was ist das?«, fragte sie, als hätte sie noch nie eine Rose gesehen.

»Die sind aus Plastik«, sagte Kolja stolz. »Nicht so gefährlich wie echte Rosen. Und sie werden nie welk.«

Trotzdem stellte Vera sie in einer Vase voll Wasser auf den Couchtisch im Wohnzimmer. Sie sagte, sie könnten sich setzen, wohin sie wollten, und sorgte dann dafür, dass Kolja neben Lydia saß. Sie setzte große Hoffnungen in den Abend. Sicher, Kolja war in unerfreuliche Geschäfte verwickelt, aber immerhin war er kein Faulpelz, oder? Außerdem konnte Lydia nur davon profitieren, Zeit mit einem jungen Mann zu verbringen, der Vera mochte.

»Und, wie findest du es, wieder in Kirowsk zu sein?«, fragte Kolja, nachdem sie auf ihrer aller Gesundheit angestoßen hatten.

»Es ist genau so, wie ich es mir vorgestellt hatte«, sagte Lydia. Sie sah Vera an. »Du hast in deinen Briefen geschrieben, sie würden Entschädigungen zahlen.«

Vera nickte. In eine Richtung funktionierte die Post zumindest. Sie versuchte, sich zu erinnern, was sie genau geschrieben hatte. Es fiel ihr nicht mehr ein, aber es waren jedenfalls keine glatten Lügen gewesen, eher Mitteilungen aus den fernen Randzonen der Wahrheit. Sie hatte im Fernsehen irgendeine Dokumentation über Reparationen gesehen. Vielleicht ging es um den Großen Vaterländischen Krieg. Wahrscheinlich zahlte eher Deutschland etwas an Belgien, nicht Russland seinen Bürgern. Wer erinnerte sich daran schon so genau? Sie zuckte die

Achseln. »Von Moskau nach Kirowsk sind es Tausende von Kilometern«, sagte Vera. »Unterwegs greift jeden Kilometer einer in den Topf, und wenn er hier ankommt, ist nichts mehr drin.«

Kolja betupfte seinen wunden Hals mit einer Serviette. Er sah aus, als hätte er sich mit der Guillotine rasiert. »Apropos Briefe, deine Mutter hat nicht sehr viele von dir bekommen. Aber ich habe ihr schon gesagt, dass Post aus Übersee oft verlorengeht.«

»Ja, ich habe dir alle zwei Wochen geschrieben.«

»Daran habe ich nie gezweifelt«, sagte Vera. Sollten die beiden ruhig glauben, sie würde auf ihre Lügen reinfallen. Sie würde ihrerseits dafür sorgen, dass sie glaubten, sie hätten sich ineinander verliebt.

Aber je weiter der Abend voranschritt, desto betrunkener wurde Lydia. Für jeden Wodka, den Kolja kippte, trank sie zwei, und als Vera ihr die Flasche wegnehmen wollte, wurde sie wütend.

Als Kolja ging, stolperte Lydia zur Tür, um ihm einen Abschiedskuss zu geben. Beim Vorbeugen schüttete sie ihm Wodka übers Hemd. Kolja packte sie an den Schultern und schob sie von sich weg. Als sie seine Miene sah, wusste Vera, dass er nie ihr Schwiegersohn werden würde, dass sie nie eine Familie werden würden, und das tat weh.

Später wurde Vera von einem Plätschern geweckt. Im Bad kniete ihre Tochter vor der Toilette, die Haare am Hinterkopf locker in der Faust gebündelt.

»Du dummes Mädchen«, sagte Vera und kniete sich neben sie.

Lydias Kopf hing wippend über der Schüssel.

»Du dummes Mädchen. Was hast du gemacht?«

»Ich weiß nicht«, murmelte Lydia und ließ ihr Haar los. Vera hätte sie am liebsten angeschrien, aber stattdessen bettete sie ihre Tochter auf den Boden, faltete das Badetuch zu einem Kissen zusammen und schob es ihr unter den Kopf. Eine Mutter tröstet, eine Mutter wäscht. Eine Mutter gibt, wenn jeder andere verweigert. Das Leben mochte Vera alle möglichen Etiketten angeheftet haben – Russin, Rentnerin, Witwe, Tochter –, aber beim Blick in den trüben Spiegel über dem Waschbecken sah sie nur Lydias Mutter.

Der Dezember rückte näher, und die Tage wurden kürzer. Jeden Mittwoch, wenn die Männer kamen, verließ Lydia, verkatert oder nicht, zusammen mit ihrer Mutter das Haus. Kolja nickte nur knapp. Sie musste diesen Bauerntrampel mit ihrer Weltläufigkeit eingeschüchtert haben, deshalb sprach er jetzt kein Wort mehr mit ihr. Und diese albernen Plastikblumen – wahrscheinlich hatte er im Leben noch nie an einer echten geschnuppert, während sie in einer Stadt gelebt hatte, in der es so viele Rosen gab, dass sogar ein Stadion nach ihnen benannt worden war.

An dem Tag, als Vera ihre Tochter am Waldrand traf, waren Lydias Gedanken gerade zu Gilberts Stimmwerkzeug gewandert. Das braune Lederetui enthielt einen gebogenen Stimmhammer, vernickelte Einsätze und Stimmkeile aus Gummi. Stimmgabeln, die warme, runde Töne abgaben, wenn sie sie anschlug. Ein Handbuch, in das Gilbert schon seit Jahren nicht mehr hineinsah, voll von Begriffen wie *wohltemperiert*, *Grundfrequenz* und *Obertöne*. Als sie damals am Los Angeles International Airport gelandet war, hatte sie nicht genau gewusst, ob sie ihren Verlobten küssen oder ihm die Hand schütteln sollte. Seine Haut hatte die Farbe und Beschaffenheit einer zerkochten Kartoffel, und er trug Hawaiihemden, um seiner ansonsten überwältigenden Fadheit etwas entgegenzusetzen. Wenn sie ihn bei seinen Aufträgen in die fabrikgroßen Vorstadthäuser begleitete, schmökerte sie in dem Handbuch, während er arbeitete. Viele Fachbegriffe konnte sie in ihrem russisch-englischen Taschenwörterbuch nicht finden, und Gilbert hatte sich alle Mühe gegeben, sie ihr in einfachem Englisch zu erklären. Er hätte einen besseren Grundschullehrer als einen Ehemann abgegeben. Ein Freund von Gilbert besorgte Lydia einen Job als Niedriglohn-Pflegerin in der Glendale-Sunrise-Seniorenresidenz. Sie verstand nicht, warum so viele der Bewohner sich abgeschoben fühlten, von ihren Söhnen und Töchtern als Strafe für unbewältigte Kindheitstraumata in ein Heim gesperrt. Im Vergleich zur Altenpflege in Russland war das hier ein Ausbund an Herzlichkeit und Mitgefühl. Als sie am Flughafen die erste Rollstuhlrampe gesehen hatte, hatte sie sie für seltsame Kunst am Bau gehalten. Als sie erfuhr, was eine Rollstuhlrampe ist, und dass sie gesetzlich vorgeschrieben war, durchströmte sie eine Welle von purem Patriotismus für das Land, in dem sie erst seit ein paar Monaten lebte. Welche von all den wunderbaren und grausamen Erfindungen des Jahrhunderts konnte menschlicher, eleganter und großzügiger sein als eine Rollstuhlrampe? Sie war überzeugt, dass der glücklichste Tag ihres Lebens viele Jahrzehnte in der Zukunft lag: wenn sie als ältere Witwe die Rollstuhlrampe zur Seniorenresidenz hinaufgeschoben und fortan dort gepflegt wurde. Sie war erst zwanzig und wusste schon, wo sie sterben wollte. An einem Freitagnachmittag trat Gilbert während eines seltenen Herbstregenschauers zur Tür herein, stellte sein Stimmwerkzeug auf den Boden und eröffnete ihr, dass er im Internet eine Weißrussin kennengelernt hatte.

Lydia ging weiter am Rand des rostenden Waldes entlang. Tief inmitten der Stahläste heulten Wölfe – oder war es der Wind? Aber darüber machte sie sich schon lange keine Gedanken mehr. Vor ihr tauchte eine Gestalt auf, ein Schattenriss vor der trüben Sonne. Ihre Mutter.

»Es ist kalt im Dezember«, sagte Vera. Die Gegenwart ihrer Tochter raubte ihr jegliche Beobachtungsgabe, und sie konnte mit Lydia keine Unterhaltung führen, die über die Feststellung offenkundigster Fakten hinausging.

Lydia lächelte unerwartet. »Du bist ja auf deine alten Tage richtig weise geworden.«

»Ich werde senil.«

»Im Pflegeheim habe ich nur mit Verwirrten und Geistes-gestörten gearbeitet.«

»Wie weit ist es bei mir?«

»Diese Grenze haben wir beide längst überschritten.«

»Kümmerst du dich um mich, wenn ich alt werde?«, fragte sie Lydia, ernster als beabsichtigt.

»Du bist alt, Mama.«

Vera sah über das Feld zu den Rechtecken aus Glühbir-nenlicht hinter den Dreifachscheiben ihres Küchenfensters.

»Bald können wir zurückgehen.«

»Dir ist aber schon klar, was sie da drin machen, oder?«

Vera sah weg. An einem zusammengefalteten Blatt Papier in ihrer Tasche steckte ein Kuli. Sie hatte Lydia einen Brief geschrieben, so als würde sie immer noch in Amerika leben. Darin hatte sie Kolja beschrieben, wie gutaussehend und höf-lich er sei und was er und Lydia für ein wunderbares Paar abgeben würden, das die schönsten Enkelkinder der Welt bekäme. Dass alles in ihrem Leben auf dem besten Weg zu einem guten Abschluss war, und dass sie sich jetzt, mit drei-undsechzig, glücklicher schätze denn je.

»Wir haben Essen auf dem Tisch und Geld im Einweck-glas. Reicht das denn nicht? Wen kümmert es denn, wo es herkommt? Wir machen doch nichts Falsches. Wir machen überhaupt nichts.«

»Du lebst echt in einer anderen Welt, Mama. Kriminelle verpacken auf deinem Küchentisch Drogen, und du tust so, als könntest du darauf stolz sein.«

»Halt den Mund«, befahl Vera. Von einer Katalogbraut ließ sie sich keinen Vortrag über Selbstachtung halten. »Du kannst schön still sein.«

Vera drehte sich zum Haus um. Lydia schloss sich ihr an, und zusammen stapften sie wortlos den halben Kilometer nach Hause. Zu Hause packten die Männer die gebündelten Ampullen in eine Reisetasche. Vera sah weg.

»Wir gehen gerade«, verkündete Kolja. Er würdigte Lydia

keines Blickes. Nach der Arbeit blieb er nicht mehr zum Tee. Der Küchentisch hatte nur zwei Stühle.

Die Männer gingen. Lydia streckte ihre langen Beine auf dem Diwan aus, trank ein Glas nach dem anderen und ging schließlich auch. Wie war Lydia bloß so unglücklich geworden? Sie war in der Partei aufgewachsen, hatte ihre Kindheit in den ruhigen Jahren Breschnews verbracht und ihre Jugend während der Glanzzeit Gorbatschows. Sie hatte nie Hunger gekannt. Es war das Beste gewesen, was Vera ihrer Tochter hatte bieten können. In einer gütigeren Welt wäre ihr Bestes gut genug gewesen.

Ein paar Stunden später kam Lydia zurück, so betrunken, dass sie nicht mal mehr den Schlüssel ins Schlüsselloch bekam. Sie war auf der Party einer ihrer alten Schulfreundinnen gewesen. Die Mädchen, jetzt Frauen mit eigenen Mädchen, hatten über Galina und den Oligarchen getuschelt, bis Lydia herausgerutscht war, dass Galinas Exfreund bei ihr zu Hause arbeitete. Die fünf Frauen wurden mucksmäuschenstill. Sie hatten ihr Honig ums Maul geschmiert, hatten hoch und heilig versprochen, niemandem etwas zu verraten. Noch nie hatten sie sich so für Veras Wohlergehen interessiert, sich so um sie gesorgt. Aber da war Lydia schon so hinüber, dass ihr alles egal war. Sie beschrieb Kolja, seine Kumpane, die Drogen und wie sich ihre Mutter zur Komplizin machte. Jedem wäre klar gewesen, dass man die geflüsterten Schweigegelübde ihrer Freundinnen in der Pfeife rauchen konnte. Sie hatten ihr halbes Leben damit zugebracht, Galinas Geschichte zu erzählen, und dass der Handlungsstrang ihrer ersten Liebe nun so eine tragische Coda bekam, war das Beste, was sie seit Jahren gehört hatten.

Vera entdeckte Lydia an der Tür, wo sie mit dem Haustürschlüssel den Briefschlitz aufzuschließen versuchte. Sie murmelte etwas von Bauern, Dealern und Klavierstimmern. »Sei still. Kein Wort darüber!«, warnte Vera, aber Lydia hörte nicht zu.

In der Woche darauf kamen die Männer nicht. Vera wartete eine Stunde, dann ging sie zu Jelena. Es war zwei Uhr nachmittags, und die Sonne sank schon.

Jelena öffnete die Tür und nickte. Sie hatte Vera schon erwartet. Der Samowar in der Küche war noch warm.

Vera saß zusammengesunken auf dem Rand der Ledercouch, die aus Italien importiert war, wie Jelena jedes Mal wieder anmerkte. Sie wippte mit dem Fuß, verknotete die Finger, rang die Hände. Ihre ganze nervöse Energie floss in die Gliedmaßen. Neben einem silbernen Aschenbecher lag ein offenes Päckchen Benson & Hedges.

»Zucker?«, fragte Jelena und schob Vera eine Tasse Tee hin.

»Sie sind heute nicht gekommen.«

Jelena rührte drei Löffel Zucker in jede Tasse. Sie ließ sich Zeit. Der Tee war stark. Sie hatte ein Kind, auf das jede Mutter stolz wäre.

»Sie kommen nicht mehr«, sagte sie.

»Und warum nicht?«, fragte Vera.

»Wegen deiner Tochter. Sie redet.«

Ohne zu fragen, klopfte sich Vera eine der schlanken Zigaretten aus der Schachtel. Waren die Wölfe deshalb zurückgekommen? Wegen ihrer Tochter, die sie denunziert hatte? Wegen ihr? Ein irrwitziger Gedanke, das wusste sie, aber in einer so kopfstehenden Welt war die einzige vernünftige Konfession der Aberglaube. Sie zog an der Zigarette, ihre erste seit dreiundzwanzig Jahren, und konzentrierte sich für einen Moment auf das Kribbeln im Hals.

»Was passiert jetzt mit mir?« Gefängnis wäre noch das Beste, überlegte sie. Sie rechnete mit weit Schlimmerem. »Werde ich festgenommen?«

Du lebst im falschen Jahrzehnt, dachte Jelena. *Die Polizei hat damit nichts zu tun.* Jelena sah zu, wie Asche von den zitternden Händen ihrer alten Freundin auf den Teppich rieselte. Nein, *Freundin* war nicht das richtige Wort. Was sie verband, war beständiger als Freundschaft. In der Schule hatten die

Lehrer Vera für ihren Mut applaudiert, und selbst während der Hungersnot von 1947, als Jelena nur noch ein Strich in der Landschaft war und ihre beiden Brüder begraben hatte, hatte Vera immer genug zu essen gehabt. Und jetzt trug Jelena Schuhe, die selbst im Schlussverkauf mehr kosteten als alles, was Vera besaß. Am Ende ist die Welt gerecht und redlich. Jeder bekommt, was er verdient.

»Was passiert jetzt mit mir?«, fragte Vera.

»Mit dir?« Jelena schüttelte den Kopf. »Gar nichts.«

Als Vera nach Hause kam, war die Haustür nicht abgeschlossen. Neben dem Diwan stand eine offene Flasche, drei Fingerbreit angebrochen. An der Hintertür begann eine Spur aus verschiedenen Fußabdrücken, die in Strichellinien über die verschneite Wiese zum Weißen Wald führte. Mit schmerzenden Knien folgte sie der Spur zu den Bäumen. Sie hielt nicht an, um zu zählen, wie viele verschiedene Fußabdrücke es waren. Sie erkannte die kleinsten.

Eine Mondsichel verschwand hinter zerfasernden Wolken. Schnee durchnässte das Futter ihrer Stiefel. Es war Jahrzehnte her, seit sie zum letzten Mal gerannt war, aber jetzt rannte sie und fügte den Fußabdrücken, die in den Wald führten, ihre eigenen hinzu. In der Dunkelheit verlor sie die Spur. Sie fand alte Reifen, aufgeweichtes Papier und überall gelbes Plastiklaub, aber keine Fußspuren mehr. Sie drehte sich in alle Richtungen, scharrte in dem Unrat und suchte nach einem Zeichen, einer Stimme, einem Hinweis, einer Antwort oder einem Grund. Sie sollte nie erfahren, dass ihre Tochter zweiundfünfzig Minuten zuvor und hundertsechzehn Meter entfernt in denselben Himmel geschaut hatte. Selbst in ihrer Angst und ihrer Verwirrung hatte Lydia angesichts der Bäume im Weißen Wald an die Mammutbäume denken müssen, die Gilbert ihr gezeigt hatte, als sie gerade mal eine Woche in Amerika gewesen war, nur ein Dutzend Wörter Englisch sprach und ihr Glück kaum fassen konnte.

Zwei Männer gehen vor ihr, zwei neben ihr. Sie trägt keine Schuhe, und ihre Füße sind an die Knöchel angenagelte Holzklötze. Ihre Hände sind mit einfachem Kupferdraht hinter dem Rücken zusammengebunden, zwei quälende Ringe. Sie konzentriert sich auf ihre Handgelenke, auf das verschlungene Unendlichkeitszeichen aus Kupfer, und ihre Haut ist ein gefrorener Teich, auf dem ein Schlittschuhläufer Achten fährt. Die Lederjacke des Mannes neben ihr quietscht. Er zieht ein Fläschchen Motoröl aus der Tasche, verteilt ein paar Tropfen unter seinen Armen, und die Jacke gibt Ruhe. Vor ihnen ein Loch. Ein Oval, das im Boden fehlt. Jeder Partikel in Lydia sträubt sich. Sie muss etwas sagen. Muss die Monstrosität dieses Lochs in Worte fassen, die Unmöglichkeit, sich jemals dort hineinzubegeben. Wenn sie die Männer doch nur fühlen lassen könnte, was sie fühlt, wenn sie die richtigen Worte in der richtigen Reihenfolge sagen könnte, dann würden sie verstehen. Ein Wimmern, mehr bringt sie nicht heraus, als sie auf die Knie gestoßen wird. Der Mond ist ein ferner und gleichgültiger Zeuge. Stumme Wolken prallen ineinander. Koljas verzweifeltes Gesicht erscheint neben ihrem. Er will das hier nicht tun. Niemand könnte das je wollen. Das ist ihr Leben. Das ist alles, was sie hat. Es gibt so vieles, was sie in Ordnung bringen muss. So vieles, was sie tun muss. Sie kann jetzt noch nicht sterben, nicht, wo sie so wenig zu verlieren hat. Sie will es Kolja erklären, aber er sieht sie nur stirnrunzelnd an, als würde sie eine Sprache sprechen, die er mal kurz studiert, aber längst wieder vergessen hat. Sie feilscht. Sie wird für immer aus Kirowsk weggehen, sie wird aufhören zu trinken, sie wird studieren, sich Arbeit suchen und Kinder bekommen, die dann ihrerseits auch Kinder bekommen, sie wird ein langes, glückliches, sinnvolles Leben führen, ihre ganze Existenz umkrempeln, und noch nie hat sie sich stärker und fähiger gefühlt, war sich nie bewusster, was sie alles aus ihrem Leben machen kann, wenn sie es nur zurückbekam. Kolja greift hinter sie und nimmt sanft ihre Hände.

»Mach die Augen zu«, sagt er. »Wenn du sie wieder aufmachst, bist du zu Hause.« Er lässt ihre Hände los, aber seine Stimme hält sie weiter fest. »Ich bin hier. Du bist gleich da.« Das hier ist etwas Gutes, sagt sie sich. Es wird mich verändern. Danach bin ich ein besserer Mensch. Der Mensch, der ich sein will. Alles wird anders. Genau das habe ich gesucht.

In dem Aufblitzen gibt es keinen letzten Gedanken, keine letzte Überlegung, nur den letzten Atem, der auf dem Rücken einer Kugel ihren Körper verlässt.

Am Abend kehrte Kolja in seine Wohnung über dem Kosmonautenmuseum zurück, dessen Fensterläden verschlossen waren, seit sein Vater ein Jahr zuvor gestorben war. Koljas Haferbrei vom Frühstück stand noch auf dem Tisch. Er stellte die Schüssel ins Waschbecken, streckte die Hand aus und berührte mit den Fingerspitzen das Rechteck aus weniger verblasster Tapete, wo die Postkarte seiner Mutter gehangen hatte.

Schuld zu empfinden hieße, von moralischen Grenzen auszugehen, die nur noch Striche auf der Karte eines untergegangenen Landes waren. Zumindest sagte er sich das. Das Bestehen einer objektiven Moral leugnete man lieber, als in ihrem Schatten zu leben. Sagte sich lieber, dass die Welt von Richtig oder Falsch eine Welt war, zu der man nicht mehr gehörte. Im Badezimmerspiegel sah er das Gesicht eines Mannes, auf den sein siebzehnjähriges Ich mit der Arroganz eines Menschen hinabgeschaut hätte, der noch nicht begriffen hatte, auf wie viele Arten die Welt einen zu brechen weiß.

Er schaltete den Videorekorder ein. *Das Lügengespinst* lief. Galina sprang auf ihr Motorrad, schnitt in eine breite Straße einen schmalen Korridor aus Geschwindigkeit und glitt an Kiosken und *Piroschki*-Buden vorbei, das Motorrad zwischen den wohlgeformten Schenkeln. Ihr rauchiges Flüstern klang wie das von Galina, aber es lag kein Gefühl darin, das ihr je von Herzen kommen konnte. Auf dem Bücherregal stand das

Polaroid von seiner Familie in Leoparden-Bikinis, und daneben das Mixtape, das sein Bruder und Galina für ihn aufgenommen hatten. Ihm wurde klar, dass das Mixtape, was auch immer darauf war, die einzige Frage darstellte, auf die er sich in diesem Leben noch eine Antwort erhoffen durfte. Alles andere war ein Nachleben, das er mit dem Kind teilte, dessen ersten Geburtstag er mit einem Streichholz in einem Keks gefeiert hatte.

Er steckte die Kassette zusammen mit dem Polaroid in seine Brusttasche und blieb im blauen Schein des Fernsehers wach, bis am nächsten Morgen das Rekrutierungsbüro der Armee öffnete.

Es gab keine Beerdigung, keine Leiche, die sie waschen und einsegnen lassen konnte. Vera ging trotzdem zur Kirche. Sie glaubte nicht an Gott, denn es gab keinen Beweis, dass er existierte, und jetzt gab es auch keinen Beweis mehr, dass Lydia existiert hatte. Vera stellte sich vorn in der Kirche vor eine Ikone der Heiligen Jungfrau mit dem Kind. Der große goldene Gottessohn lag hilflos in den Armen seiner Mutter. Obwohl sie ihn an die Brust drückte, sah sie in die Ferne, nicht auf ihren Sohn.

Auf dem Nachhauseweg kam Vera an einer jungen Frau mit einem Klemmbrett vorbei. Vera kannte sie vom Sehen; sie trieb sich öfter auf den Straßen herum, belästigte unschuldige Passanten und bettelte um Unterschriften. Die junge Frau war noch naiv genug, um an die großen Ideen auf ihrem Klemmbrett zu glauben.

»Würden Sie das unterschreiben?«, fragte die Frau und drückte Vera das Klemmbrett in die Hand. »Wir wollen den Bürgermeister auffordern, den Weißen Wald zum Naturschutzgebiet zu erklären.«

Vera traute ihren Ohren nicht. »Sie sind nicht von hier, oder? Waren Sie schon mal in diesem Wald?«

Die Frau errötete.

»Das sind Metallbäume. Das Laub ist aus Plastik. Die sind vor vierzig Jahren aufgestellt worden, damit die Leute vergessen, dass Menschen hier eigentlich nicht hingehören.«

Die junge Frau ließ sich nicht beirren. »Das mag sein, aber unabhängig von seinem Ursprung hat sich dort ein vielfältiges Ökosystem entwickelt. Verwilderte Hunde und Katzen, ja, aber auch Schneehasen, Füchse und sogar Wölfe. So unwahrscheinlich diese Artenvielfalt auch wirkt, sie braucht staatlichen Schutz.«

»Schutz«, wiederholte Vera langsam und erinnerte sich daran, wie Kolja an ihrem Küchentisch gesessen hatte, vor sich auf dem Teller ein dickes Stück Kuchen, und ihr erklärt hatte, warum sein Boss keine Angst vor der Polizei hatte. Das Klemmbrett fiel klappernd auf den Gehweg. Der Betonstreifen war von grauem Schorf aus vereistem Schneematsch überzogen und ging bis zur Kreuzung, wo er auf einen anderen Gehweg traf, der wiederum auf noch einen und noch einen traf und die Grenzen ihres Lebens absteckte. Wie oft war sie diese Wege stumm entlanggegangen? Wie oft hatte sie ihre Gedanken, Urteile, Überzeugungen und Wünsche zensiert und in einen Winkel ihrer Seele geschoben, wo sie sie nicht verraten konnten?

»Schutz«, murmelte sie, so leise, dass die junge Frau sich vorbeugen musste, um sie zu hören. Sie hatte Ehrungen von den Jungpionieren, den Komsomolzen und der Gewerkschaft der Eisenwerker erhalten, war von der *Prawda* zur Zukunft des Sozialismus gesalbt worden und hatte erst jetzt, so spät im Leben, die Denunziation entdeckt, die sich ihre ganzen dreiundsechzig Jahre über in ihr aufgebaut hatte. Sie würde Kolja denunzieren, Jelena, Jelenas Sohn und alle Gangster und Banditen, die die Stadt genauso brutal regierten wie damals die Gefängniswärter. Der Kommissar, dessen Hand sie geschüttelt und dessen Gratulation sie entgegengenommen hatte, wenige Tage, nachdem er ihrer Mutter das Todesurteil gesprochen hatte. Ihre Grundschullehrerin, die solche Angst vor Vera gehabt hatte, dass sie ihr für all ihre Tests immer die Bestnote gab, selbst wenn das Mädchen die Hälfte der Fragen nicht beantwortet hatte. Ihr Mann, der Cunnilingus als antirevolutionär bezeichnet und so fern von ihr gelebt hatte, dass er die Badezimmertür hinter sich geschlossen hatte, als er drinnen einen Herzinfarkt bekam. Alle waren schuldig. Alle hatten sich zu Komplizen gemacht. Die stärksten, vernichtendsten Adjektive würde sie für ihr eigenes Schweigen reservieren, wenn sie doch jetzt nur die Stimme erheben könnte. Aber lauter als ein Flüstern wurde sie nicht. Vera wusste nicht, wo sie anfangen sollte. »Schutz«, wiederholte sie immer wieder, während das Mädchen sich nach dem Klemmbrett bückte.

Veras Reaktion erstaunte die junge Frau nicht, die erst vor kurzem miterlebt hatte, wie ihre eigene Großmutter in der Demenz versunken war. Die Großmutter der jungen Frau hatte die Wolken, die Fabriken und ihre Angehörigen verflucht, deren Gesichter sie nicht mehr erkannte. Und diese Babuschka hier verfluchte ein Naturschutzgebiet. Mit den Alten muss man Geduld und Mitgefühl haben, sagte sich die junge Frau, und sie nahm Veras Hand und redete ihr beruhigend zu. Sie stammten aus einer anderen Zeit. »Tief durchatmen. Alles ist gut, Großmütterchen. Alles ist gut.«

Vera umklammerte die weiche Hand, die plötzlich in ihrer lag. Hätte die junge Frau sie nicht gestützt, wäre sie gefallen. Ihr war erst in diesem Moment klargeworden, dass sie niemals Großmutter werden würde.

Eine Woche später klopfte es an der Tür. Vera trat vorsichtig näher. Im Spion war Kolja ein geschnäbelter Wasserspeier. Sie legte die Hände unter das Kinn.

»Ich weiß, dass du da bist«, sagte er. »Ich sehe deinen Schatten hinter dem Glas.«

Sie drückte sich gegen die abblätternde Farbe, als wollte sie sich durch schiere Willenskraft Atom für Atom durch das Holz pressen und in Luft auflösen.

»Ich habe mich wieder bei der Armee verpflichtet«, sagte er. »Ich gehe zurück nach Tschetschenien, als Söldner. Mach dir also keine Sorgen, du wirst mich niemals wiedersehen.«

Der Briefschlitz öffnete sich, fiel klappernd wieder zu, und auf dem Boden lag ein brauner Umschlag. Alles in Vera zog sich zusammen. Sie wusste, was der Umschlag enthielt. Es konnte gar nicht anders sein. Es war schon einmal passiert. Ein letzter Brief von Lydia, ihre letzten Worte, von Kolja unter gefrorenen Ästen zu Papier gebracht. Ihr Herz raste, und eine so umfassende Hoffnung erfüllte sie, dass sie Kolja die Ermordung ihrer Tochter auf der Stelle vergeben hätte, wenn er ihr nur einen Abschiedsbrief überbracht hatte, den sie in ihrem Schuhkarton neben dem letzten Brief ihrer Mutter aufbewahren konnte, eine letzte Botschaft, in der Lydia die eine Lüge aussprach, für deren Wahrwerden Vera ihre Seele verkauft hätte: dass sie gestorben war in dem Wissen, geliebt zu werden. Vera fingerte an dem Umschlag herum. Er war viel zu groß, zu dick und zu schwer für einen Brief. Darin waren zehn Bündel Tausend-Rubel-Scheine: ihre Entschädigung.

Vera öffnete die Tür, um Kolja das Geld vor die Füße zu werfen, denn diesmal ließ sie sich nicht kaufen. Aber er war schon gegangen und einen halben Block weiter. Sie hielt den Umschlag fester aus Angst, ihn fallen zu lassen. Es lagen noch mehrere Wintermonate vor ihr. Die Gasrechnung war fällig. Der Vorratsschrank war so gut wie leer. Es war spät am Tag, spät im Jahrhundert. Zu spät, um jemand anders zu werden.

Sie ging ins Schlafzimmer und zog den Schuhkarton unter dem Bett hervor. Der braune Umschlag passte nicht hinein, nicht zusammen mit den anderen Umschlägen. Sie nahm die Briefe und Zeitungsausschnitte heraus, breitete sie auf dem Bett aus und stapelte die Geldbündel in den Karton. Als sie fertig war, kniete sie sich neben das Bett und betete für ihre Tochter, ihre Mutter, und schließlich für sich selbst.

Der Palast des Volkes
Sankt Petersburg, 2001

»Hast du davon noch mehr, Sergej Wladimirowitsch?«, fragte mich mein Vater an dem Tag, an dem ich meinen Einberufungsbefehl bekam. Seine Wampe füllte die halbe Tür aus. In einem Papierstreifen zwischen den senfverkrusteten Fingernägeln hielt er ein halbes Gramm Heroin. Meine Schulterblätter *schrappschrappschrappten* über Spiralen aus abblätterndem Putz, als ich an der Schlafzimmerwand Richtung Boden rutschte und von dort mit der großäugigen Unschuld eines Comickätzchens zu ihm hochsah.

»Hast du davon noch mehr?«

In seinem Atem spukten die Phantome von zweihunderttausend Zigaretten und einer Pirogge von einem Straßenstand.

»Hast du davon noch mehr?«

Seine keuchende Gestalt suchte am Türrahmen Halt. Er war schon ein alter Sack gewesen, als ich noch ein kleiner Junge war. Inzwischen war er museumsreif. Ich hatte seine Frage noch immer nicht beantwortet.

Als er wieder bei Kräften war, kam mein Vater ins Zimmer getrampelt, zog die Schubladen aus der Kommode, tauchte bis zu den Schultern in den Wäschekorb, verstreute CDs, zertrat Hüllen von Videokassetten und ließ die Matratze besoffen an der Wand lehnen, während die Laken von den Bettpfosten hingen, und er setzte seine ganze imposante Statur ein, um alles auf den Kopf zu stellen, herumzuwerfen und zu zertrampeln, bis sich abzeichnete, dass er etwas schwerer Fassbares suchte als das halbe Gramm in dem Kassenzettel zu seinen Füßen. Als er alles, was sich an Haken, in Regalen und Schränken befunden hatte, auf dem Boden verteilt hatte, sackte er in den Schaukelstuhl und zog ein letztes Mal an der Zigarette, die ich im Aschenbecher hatte glimmen lassen.

»Hast du davon noch mehr?«, fragte er.

In dem Jahr, bevor er in den Knast wanderte, hatte er mir beigebracht, bei einem Verhör niemals ein Wort zu sagen. Ich war acht Jahre alt. Er hatte mir einen von Mutters Ohrringen in die Manteltasche geschmuggelt, mich nicht zur Schule gehen lassen und stattdessen in der Küche in die Zange genommen, bei geschlossenen Fenstern, loderndem Ofen und Lampen ohne Schirm. Kalte Baumwollwölkchen zerzausten am Himmel, aber in der Küche verschmachtete ich wie Fleisch an einem fettgebräunten Grillspieß. Am Ende hätte ich auch gestanden, Kirow umgebracht zu haben. Ich machte den Mund auf, bereit, alles zu gestehen, aber bevor ich noch einen Ton herausbekam, spürte ich den Zorn Gottes in seiner Ohrfeige.

»Hast du davon noch mehr?« Seine Stimme kapitulierte vor meinem Schweigen. Er wusste, dass ich niemals etwas zugeben würde. Er wusste, dass er ein guter Lehrer gewesen war.

»Mehr wovon?«, fragte ich schließlich, als seine ständig wiederholte Frage nur noch ein Flüstern war.

Mein Vater sah mich bloß an, als hätte ich die Billard-Nationalmannschaft eingeladen, Anstöße auf seine Eier zu üben. »Du redest? Nicht nur süchtig, du singst auch. Mehr hiervon.« Er faltete das Briefchen auseinander. Ein Winterwunderland puderte die papiernen Kniffe.

»Das ist Zucker. Für den Tee.«

»Aber sicher doch. Und brauchst du eine Nadel, um diesen Zucker in deinen Tee zu kriegen?«

Wenn sich die Logik nicht mehr abstreiten lässt, muss man alles andere abstreiten.

»Hast du den Virus?«, fragte er. Sein Zorn war verraucht. Nur die traurigen Überbleibsel väterlicher Besorgnis waren geblieben.

»Natürlich nicht.« Die Nadeln teilte ich mir nur mit meinen drei besten Freunden.

Mein Vater stand auf und schleppte sich zur Tür. »Serjoscha«, sagte er, ohne sich umzudrehen, »bis zur Einberufung wirst du arbeiten.«

»Oder?«

»Oder ich erschieße dich.«

»Das verstößt gegen deine Bewährungsauflagen.«

»Ich red mich auf Notwehr raus. ›Hohes Gericht, ich wollte nur meinen Sohn retten, weil ein wahnsinniger Fixer in sein Zimmer eingezogen ist und seine Klamotten trägt.‹ Kein Richter im Himmel, in der Hölle oder unserem nationalen Justizwesen würde mich dafür verurteilen.«

Am nächsten Morgen war das Tageslicht der unliebsame Beweis dafür, dass die Welt im Lauf der Nacht nicht untergegangen war. Ich folgte meinem Vater in den obersten Stock des Wohnblocks. Durch eine dunkle Scharte in der Metalltür der letzten Wohnung auf der linken Seite leckte Licht ins Treppenhaus.

»Siehst du das?«, fragte er und deutete mit dem Stirnrunzeln äußerster Entrüstung auf die Tür. Was meinem Vater an Bildung fehlte, machte er durch eigensinnige Ansichten wett. Ich machte mich stumm darauf gefasst, während seines Vortrags Winterschlaf zu halten. »Die neuen Türen stellen sie aus wiederverwerteten Fischkonservendosen her, und Einbrecher brauchen nur noch einen Dosenöffner. Denen haben sie doch ins Gehirn geschissen, diesen –«

Gott sei Dank ging die Dosentür auf. Auf der anderen Seite saß der Beinlose. Ende zwanzig, sauber rasiert, Haare vom fettigen Silber eines Kugellagers, Geruch nach billigem ukrainischem Tabak und verbranntem Backfett. Er saß in einem Rollstuhl. Zwischen Gummirädern hingen zwei Stück Schweinsleder und Stoff durch – wahrscheinlich das modernste Verkehrsmittel im ganzen Haus.

»Das ist mein Sohn, Sergej Wladimirowitsch, Sie können

ihn aber ruhig ›Arschloch‹ nennen«, sagte mein Vater und deutete dann auf den Beinlosen. »Und das ist Kirill Andrejewitsch.«

»Unteroffizier Kirill Andrejewitsch«, korrigierte der Beinlose. Meine ausgestreckte Hand wurde nur mit einem unbeeindruckten Blick quittiert.

Ich sah mir die Wohnung an, während mein Vater in der Küche mit Kirill sprach. Ich hatte Chaos und Unordnung erwartet, aber nur Stuhl- und Tischbeine berührten den Wohnzimmerboden. Neben der Badewanne stand ein Abtropfgestell. Am Abfluss trockneten die letzten Frühstücksflocken an. Große gläserne Wasserkrüge standen an der Scheuerleiste im Badezimmer aufgereiht, der unterste Zentimeter jeweils schon rostrot. Wusste Kirill mehr als wir? Meine Kehle war ausgetrocknet, und ich hatte einen Geschmack im Mund, der an Komposttonnen erinnerte, aber es ist keine gute Idee, bei fremden Leuten aus Gefäßen im Badezimmer zu trinken.

Im Regal standen von der Partei gebilligte Bücher: Heeresvorschriften der Roten Armee, zensierte Ausgaben von Romanen des 19. Jahrhunderts, hartherzige Oden auf die Schwerindustrie – die Sorte Kitsch, die Westtouristen vor dem Winterpalast und an der Uferpromenade verkauft wurde. Ich griff nach einem Buch mit dem Titel *Wie der Stahl getempert wurde.* Wäre ich ein paar Jahrzehnte früher geboren worden, hätte ich im letzten Schuljahr einen Roman wie diesen zugewiesen bekommen und haargenau gewusst, wovon das Buch handelte, ohne es gelesen zu haben, und bei jeder Literaturarbeit vor Einführung der Studierfähigkeitstests hätte ich Bestnoten bekommen. Aber ich war Jahrgang 1983, hatte *Der Meister und Margarita* zugewiesen bekommen – ein langer Kanal ins Nichts; kein Wunder, dass Stalin ein Bulgakow-Fan war – und die Abschlussprüfung mit Zwei bestanden. Keine Universität wollte mich. Die Armee schon.

Auf dem Couchtisch lag eine schwarze Pistole. Ich nahm sie in die Hand und rieb mit dem Daumen über den dunklen Schimmer. Schwerer, als sie im Kino aussehen. Mit der Waffe in der Hand fühlte ich mich oben größer und unten länger. Ob es irgendwo in Tschetschenien einen achtzehnjährigen Muslim gab, der auch zum ersten Mal eine Pistole in der Hand hielt und dieses plötzliche Machtgefühl hatte?

»Leg sie hin.«

Kirill rollte durch die Tür, und mein Vater folgte ihm.

»Sie wissen bestimmt, was Tschechow über geladene Gewehre gesagt hat«, sagte ich. Kirill lächelte nicht. War beim Universitätsaufnahmetest wahrscheinlich auch durchgerasselt. Ich säuberte das Metall von meinen Fingerabdrücken – auch so eine Kindheitslektion meines Vaters – und legte die Waffe auf den Tisch zurück.

»Jetzt bist du angestellt«, sagte mein Vater und strahlte.

»Von wem?«

»Von Kirill Andrejewitsch.«

»Unteroffizier Kirill Andrejewitsch«, korrigierte der Beinlose.

»Ja, du wirst für den Unteroffizier arbeiten.«

Die Zukunft sah düsterer aus als der Kühlraum in einem Bestattungsinstitut. »Das ist doch wohl ein Witz«, sagte ich. Mein Vater machte keine Witze.

»Morgen ist dein erster Arbeitstag«, sagte mein Vater selbstgefällig. »Wer zuerst kommt, fickt zuerst.«

Sein schiefes Grinsen bedeutete mir, dass ich nie zum Schuss kommen würde.

»Ach, und Serjoscha«, sagte mein Vater. »Vergiss nicht, ich habe keine Angst davor, gegen meine Bewährungsauflagen zu verstoßen.«

Studenten, Väter und Knackis konnten sich zurückstellen lassen. Meine Freunde und ich konnten in nächster Zeit bestenfalls in die dritte Gruppe aufsteigen. Das Gefängnis entsprach unserer Vorstellung von Universität, es war die einzige, die uns aufnahm, und die einzige, die uns Skills für die Zukunft vermittelte. Wir hätten nach dem neunten Schuljahr an eine technische Hochschule gehen sollen, aber unsere Klasse rühmte sich einer Rekordernte an suboptimalen Leistungen, und die benachbarte Berufsschule war daher eine härtere Nuss als Cambridge. Egal; wenn man es als Verbrecher zu etwas bringen will, gibt es keinen besseren Lehrbetrieb als ein Gefängnis.

Im Frühjahr unseres letzten Schuljahrs, als wir auf der Zielgerade waren, die Menschen zu werden, die wir für den Rest unseres Lebens bleiben würden, schwänzten wir viel, tranken Baltika 7 und pfiffen im Taurischen Garten den Frauen nach. Schwarze gefrorene Dreckaugen spähten durch den Schnee. Ein paar zehntausend Jahre alte Käuze spielten an einem vereisten Tisch Blitzschach. Wir bildeten ein zitterndes Grüppchen.

»Mein Opa hat sich von Stalingrad bis zum Führerbunker durchgekämpft, und wisst ihr, was ihm das nach seiner Rückkehr eingebracht hat? Der patriotische Arsch ist im Gulag gelandet«, gab Waleri bekannt. Er pulte sich weiße Körnchen aus den Haaren. Fussel oder Schuppen, schwer zu sagen. »Ich schäm mich, mit so 'nem armen Würstchen verwandt zu sein.«

»Letztes Jahr haben sie zweihundert totgeschlagen, bevor sie überhaupt in Tschetschenien waren. Und wenn sie von zweihundert sprechen, ist die wirkliche Zahl wahrscheinlich so lang wie 'ne Telefonnummer ins Ausland. Dedowschtschina, ohne Scheiß jetzt.«

»Zwei Jahre, in denen du zum Ficken nur deine Feldflasche hast – *das* ist aber ein Scheiß.«

»Meine Rede: Knastzeit ist Auszeit.«

»Wo bleibt Tony mit dem Bier?« Unsere Namen – Alexander Charlmow, Waleri Lebedew, Iwan Wladim und Sergej Markin – passten zu dem, was wir waren, nicht zu dem, was wir werden wollten, also hatten wir uns neue Namen gegeben: Tony Montana, Joe Pesci, Don Corleone und 2Pac. Unsere Totemtiere waren allesamt amerikanische Platzhirsche, die in der Blüte ihrer Jahre erschlagen worden waren. Unsere Eltern hatten Englisch von den Beatles gelernt, wir lernten von Biggie.

Anderer Nachmittag, anderer Park, gleiches Gespräch.

»Du musst im Knast überwintern, bis der Aufstand vorbei ist, das ist der Trick.«

»Und wie willst du das bitte anstellen?«

»Ganz easy«, prahlte ich. Hauptsache, schön einen auf dicke Hose machen. »Du sagst voraus, wie lange der Krieg dauert, wie lange du also in den Knast wandern musst, und dann suchst du dir ein Delikt, für das du die entsprechende Haftstrafe kriegst.«

Schuld und Sühne. Wir hatten keine Ahnung von Geschichte – jede Wette, drei von uns vieren hätten nicht sagen können, in welchem Jahr Jesus geboren wurde –, aber wir steckten unsere Zukunft ab, indem wir sie vorhersagten. Wir wetteten: Der Krieg wäre in einem Jahr vorbei, in zwei, in fünf. Wir durchstöberten alte Zeitungen, yandexten Gerichtsakten und fanden Urteile, die zu den jeweiligen Prognosen passten. Ein Jahr für Körperverletzung des Angehörigen einer ethnischen Minderheit. Zwei bis fünf Jahre für bewaffneten Raubüberfall. Drei bis sieben für Drogenschmuggel.

Wir wollten Gangster werden, aber wer konnte uns als Vorbild dienen? Wo waren unsere Helden? Unsere Väter arbeiteten als Taxifahrer, Tellerwäscher und Tankwarte, die hatten so viel Angst in den Adern, die hätten unter der Guillotine nicht mal geblutet. Sie trauerten den alten Zeiten nach, aber nicht, weil sie früher ein besseres Leben gehabt hätten, sondern weil es damals eine Gleichheit des Elends gegeben hatte. Wir waren ihre Söhne, und wir wollten mehr als das.

Die Einberufungen trudelten im Frühjahr ein. Die Eisschollen waren die Newa hinabgetrieben und geschmolzen. An den strandseitigen Mauern der Peter-und-Paul-Festung sonnten sich die ersten geriatrischen Krokodile. Tagestrinker schoben zusätzliche Nachtschichten. Der Polarwinter zerfaserte zu pastellfarbenen Pfirsichen, Lavendel und Pflaumen. Wir bekamen alle am selben Tag Postkarten vom Militärkommissariat und brachten sie in den Park mit. Meine Karte war die erste Post seit den Briefen, die mein Vater mir aus dem Gefängnis geschickt hatte.

Ich verglich meine Postkarte mit dem roten Banner mit denen meiner Freunde. Sie unterschieden sich nur bei den Namen. Laut Gesetz konnte das Kommissariat uns am Tag nach dem Schulabschluss zur Tauglichkeitsprüfung in die nächstbeste Militärbasis beordern, aber aus irgendwelchen Gründen hatten wir bis August Aufschub bekommen. Wenn wir alle in Tschetschenien starben, würden unsere Familien dann Postkarten erhalten, die sich nur bei den Namen unterschieden, oder würde die Armee das von uns gebrachte Opfer mit Formbriefen ehren?

»Ich beklau einen Elektronikladen«, sagte Alexander und rauchte seine Zigarette in fünf Riesenzügen weg. Er hatte die Lungen eines Blauwals. »Drei Jahre sollten dafür drin sein.«

»Zu lang, Tony«, sagte Iwan. »Ist nur noch 'ne Frage der Zeit, bis sich Putin das Hemd vom Leib reißt, auf einen Braunbär springt, ohne Sattel auf dem Vieh nach Grosny reitet und die Bärte im Alleingang allemacht. Ich überfall 'n Touristen.«

»Vier Jahre«, sagte Waleri und pickte sich immer noch die reisweißen Flocken aus den Haaren, die sich als Läuse entpuppt hatten. »Ich klau 'n Streifenwagen.«

Wir kriegten uns gar nicht wieder ein vor Lachen.

»Lacht ihr ruhig«, sagte Waleri, »ihr wisst doch, dass sich ein Bulle bloß 'n Ei drauf pellt, wenn wer 'n Elektronikladen oder 'nen Touristen überfällt. Scheiße, Mann, Touristen überfallen die doch *selber.* Aber klau einem Bullen seinen Streifenwagen, und du wanderst locker für vier Jahre in den Bau.«

Sie sahen mich an. »Ich bin noch nicht sicher, wie viele Jahre«, sagte ich eine Spur zu zögerlich. »Aber keine Angst. Ich bin dabei. Ich bin definitiv dabei.«

Wir klatschten ab und stolzierten zum Ploschtschad Lenina, um uns einen Tausendrubelscheck abzuholen; der hieß so, weil das Heroin in Kassenzettel abgepackt wird. Ölige Regenbögen krümmten sich auf dem angeschwollenen Funkeln der Newa. Touristen kletterten von Pontons herab, machten *oh!* und *ah!* und zückten reflexartig ihre Kameras, als wären die zaristischen Prachtbauten am Ufer ein Schwarm seltener Vögel. Ich verstand die Hektik nicht. Die rosigen Puderquasten flogen einem nicht weg. Wir bogen in die Arsenalnaja ab und dann in die Komsomola. In der Ferne sah man das Kresty-Gefängnis mit seinen Ziegelmauern, Türmchen und Kuppeln, was Touristen schon mal mit einem Palais verwechseln konnten. Im Geschichtsunterricht hatten wir von den Lockvögeln gehört, die gefangen, gerupft und 1937 in den Schauprozessen gebraten worden waren. Im Literaturunterricht hatten wir ein Gedicht der Achmatowa über das Gefängnis gelesen. Ihr Sohn war dort siebzehn Monate lang interniert gewesen – vielleicht im Zusammenhang mit dem polnischen Spionagering? Zusammen mit Hunderten anderer Frauen hatte sie vor den hohen Ziegelmauern auf Nachrichten von Anklagen, Urteilen und Strafmaßen gewartet. »Können Sie das beschreiben?«, hatte eine Frau mit blauen Lippen geflüstert. Und die Achmatowa antwortete: »Ja, kann ich.«

Heute warteten vor den Ziegelmauern ihre Enkeltöchter, einige verloren sich in übergroßen Mänteln, die Frauen, Freundinnen, Mütter und Töchter der Untersuchungsgefangenen. Wir pfiffen. Wir johlten. Wir fragten, ob sie mit uns auf eine Party kämen. Hätten sie vor siebzig Jahren hier gestanden, hätte eine große Lyrikerin ihre Sorgen in Worte gefasst. Aber wer liest heute noch Lyrik?

»Ich hab keine Angst«, sagte ich, und Waleri, Iwan und Alexander beteuerten sofort, sie hätten auch keine. Ich weiß nicht, ob wir das Kresty oder Tschetschenien meinten. Vor uns schwang eine Leninstatue unter einem Toupet aus Taubenscheiße stumm große Reden. Ich sammelte bei meinen

Freunden die schweißfeuchten Scheine ein und stieg in den zweiten Stock eines zerbröckelnden Gemeinschaftswohnblocks, um den Tausendrubelscheck abzuholen.

Der Job hatte keinerlei Ähnlichkeit mit dem, was in den Kleinanzeigenteilen von Regionalzeitungen und Blogforen angeboten wird, wo mehrsprachige Männer mit Wirtschaftsabschlüssen und attraktive ledige Tänzerinnen für europäische Nachtclubs gesucht wurden. Kein Glamour, kein Glanz, kein Prestige, das mich an den Gesichtskontrollen vor dem *Jakata* oder dem *Decadence* vorbeigebracht hätte, deren Türsteher schwerer zu bestechen sind als Petrus am Himmelstor. Am ersten Tag schob ich meinen Arsch morgens um vier aus dem Bett, um Kirill beim Anziehen zu helfen. Sein Hemd, die Hose und die Bettwäsche waren aus demselben verwaltungsblauen Stoff zugeschnitten.

»Wie zum Geier haben Sie sich denn bisher angezogen?«, fragte ich.

Er saß mit einem Zehntausendwattlächeln am Fußende seines Betts. Ihm machte das richtig *Spaß!* Glück ist ein Nullsummenspiel, und je mehr mein Anteil fiel, desto mehr stieg seiner. Er musste jeden Augenblick die Decke durchstoßen.

»Ich kann mich allein anziehen«, sagte er. Beim Lächeln zeigte er speiseölfarbene Zähne. »Es dauert nur länger.«

»Wir haben den ganzen Tag Zeit.«

»Dafür, dass du noch Jungfrau bist, hast du eine ganz schön große Klappe«, sagte er.

Ach du Scheiße, woher hatte er das denn? Und was wichtiger war: Hatte er's weitererzählt? Davon würde sich mein Ruf nie mehr erholen. Vielleicht konnte ich meine Nieren gegen die Identität eines Rentierhirten auf der Jamal-Halbinsel eintauschen. Ein Ort, der in der Landessprache »Ende der Welt« hieß, war vielleicht weit genug weg. Im Kopf hatte ich schon einen Iglu gebaut und einen Moschusochsen geheiratet, als sich Kirill wieder einschaltete.

»Sieh mal einer an; ich hab schon Borschtsch gegessen, der war nicht so rot wie deine Backen.« Er schloss die Augen mit dem Gleichmut eines Mannes mit so bescheidenen Wünschen, dass sie erfüllt werden können. »Ich weiß noch, wann ich das erste Mal einen weggesteckt hab. Das war an meinem dreizehnten Geburtstag.«

Mit achtzehn war ich nicht mehr nur Jungfrau. Ich war eine alte Jungfrau.

»Mein Vater hat mich zur Feier meiner Mannwerdung zu seiner Lieblingsnutte mitgenommen«, fuhr Kirill fort. »Er stand einfach neben dem Bett, und ich hab losgelegt. Wobei: Nicht so nah, dass es irgendwie schräg gewesen wäre. Er wollte nur sichergehen, dass ich das Ding auch durchziehe. Ich hab ungefähr fünf Sekunden gebraucht, und er hat applaudiert. Hab den alten Herrn nie wieder so stolz gemacht.

Aber du«, er sah mich an, und seine Augen verengten sich. »Du bist dir zu fein dafür, einem Krüppel die Hose anzuziehen, dabei hast du noch nicht mal einen weggesteckt. Schäm dich.«

Ich zerrte ihm die Hose bis zu den knochigen Hüften hoch. Mit den Säumen auf halber Oberschenkellänge erinnerte sie eher an Volleyball-Shorts. Er deutete auf eine Rolle Klebeband auf dem Boden. »Du musst die Stümpfe abkleben.«

»Nicht mit mir.«

»Du musst lernen, wie das geht«, beharrte er.

»Ihnen fehlen die Beine, nicht die Hände. Abkleben können Sie selber.«

»Maulhure«, kommandierte er.

Nachdem ich ihm die Stümpfe ein paar Mal mit Klebeband umwickelt hatte, schmierte sich Kirill Backfett in die Haare und kämmte sich ein paar Mal, bis er mit dem Ergebnis zufrieden war. »Die können das Zeug noch so oft in eine Dose mit französischem Etikett klatschen und zehnmal so viel verlangen«, erklärte er. »Ich fall da nicht drauf rein.«

Zum Abschluss betupfte er sich mit einem Spritzer Balsamierflüssigkeit, Duftrichtung Eau de Cologne. Ich wuchtete ihn in seinen Rollstuhl und schob ihn in den Korridor.

»Runter komm ich alleine«, sagte er an der Treppe. Er zog seine Handschuhe an, legte ein Stück Pappe auf die Treppe, hielt sich am Geländer fest und rodelte die Treppe runter. Ich trug ihm den Rollstuhl hinterher. Sieben Treppen waren kein Problem, aber seine Hose war eine Hürde gewesen, über die ich ihn wegheben musste. Dreister kleiner Arsch.

»Warte«, sagte er. Die Eingangstür des Wohnblocks fiel hinter uns ins Schloss. Keine mittelalterliche Belagerungsmaschine hätte eine Bresche in das Ding schlagen können. »Ich muss erst Luft holen.«

»Sie sitzen im Rollstuhl. Luftholen ist so ziemlich das Einzige, was Sie noch können.«

Er schüttelte den Kopf, zündete sich eine Zigarette an und sprach, als wäre ich der nicht ganz Zurechnungsfähige. »Alles muss er übers Knie brechen, nur mit dem Pimpern lässt er sich Zeit.«

Ich folgte seinem Vorbild und steckte mir auch eine an. Die Weißen Nächte endeten immer in Grauen Morgen. Die Wolken dösten sorglos am Himmel. Diese faulen Säcke. Auf der anderen Seite der Newa überragte so mancher Schornstein die Obelisken der Zarenzeit. Wenn man sich an Epochen anhand ihrer größten Monumente erinnert, wird unsere dank der plakatierten Werbung für Beeline-Mobilfunkverträge in die Geschichte eingehen. Auf der anderen Straßenseite setzte ein Rudel verwilderter Hunde auf einem Brachgrundstück einem Obdachlosen nach. In unseren Schulbüchern stand, beim Bau von Sankt Petersburg seien tausend Leibeigene gestorben. Unser Lehrer meinte, in Wirklichkeit wären es wohl eher hunderttausend gewesen. Das Alphatier schnappte nach dem Hintern des Penners, und als er ins Stolpern kam, verbiss sich ein Bison von Rottweiler in seinen Rücken. Drei brutale Schritte später stürzte er. Ich weiß nicht, ob die Stadt auch nur ihn wert wäre.

»Ich dachte, Sie wollten los.«

»Das Frühstück ist die wichtigste Mahlzeit des ganzen Tages«, sagte Kirill und hielt seine Zigarette hoch. »Man muss sich Zeit nehmen und es genießen.«

Die weißen Zwiebeltürme des Smolny-Klosters verschwanden hinter uns, als ich Kirill durch die Schpalernaja-Straße schob. Am Prospekt Tschernyschewskogo bogen wir links ab. Die Farben eines Kasinos leuchteten wie Lollis unter einer Lampe. Überall Sushi-Restaurants und irische Pubs. Limousinen, deren Fensterscheiben genauso obsidianschwarz getönt waren wie die Sonnenbrillen ihrer Chauffeure. Hinter den Gittern verrosteter Aschentonnen flackerten Flammen. Komisch, dass Feuer erschauern, als wären sie es, die frieren. Wir warteten eine Lücke im Verkehr ab.

»Du musst mich über das Drehkreuz rüberheben«, sagte Kirill, als wir zum Eingang der Metro-Station Tschernyschewskaja kamen. Ich warf zwei Wertmarken ins Drehkreuz, packte ihn unter den Armen und zog ihn hoch. Ganz schön schwer für einen halben Mann. Ich half ihm, sich oben auf die Metallabsperrung neben dem Drehkreuz zu setzen. Dann hob ich den Rollstuhl über das Drehkreuz und ging selber durch, während sich Kirill über die Metallbarriere schob.

Am Zeitungskiosk blitzten Schlagzeilen auf, als ich Kirill wieder in den Rollstuhl half. *Mega-Skigebiet in Sotschi öffnet nächstes Jahr. Sydney bereitet sich auf Olympische Sommerspiele vor. Kresty-Gefängnis wird zu Hotel-Entertainment-Komplex.*

»Die Rolltreppe zur Metro-Station Tschernyschewskaja runter ist hundertsiebenunddreißig Meter lang. Weißt du, was das heißt?«, fragte Kirill.

»Dass sie als Lineal lang genug ist, um meinen Peter den Großen zu messen«, sagte ich.

»Wir werden bei Gelegenheit darauf zurückkommen, Maulhure«, antwortete er. »Mit hundertsiebenunddreißig Metern ist das die längste Rolltreppe der Welt. Ein Weltrekord, direkt hier bei uns, und neunundneunzig von hundert Leuten, die sie benutzen, wissen das nicht mal.«

»Warum wurden die Tunnel so tief gebaut?«

»Damit sie bei einem Nuklearangriff der Amerikaner als Bunker dienen konnten. Du bist zu jung, um dich daran zu erinnern, aber in meiner Kindheit in den Achtzigern hatten wir noch Angst, die Amerikaner würden Atombomben auf uns abwerfen.«

»Können Menschen, die von Atombomben getroffen werden, nur die Beine verlieren?«, fragte ich.

»Keine Ahnung.« Er funkelte seine Stümpfe an. »Mich hat nie eine getroffen.«

Der Metro-Bahnsteig hatte ein Schachbrettmuster aus Marmor. Kirill streifte seine Lederhandschuhe über und verschloss den Druckknopf, stemmte die Handflächen auf den Marmor und schwang seinen Rumpf zwischen den Armen nach vorn. Für ihn bestand die Welt aus Parallelbarren. Ich schob den leeren Rollstuhl hinter ihm her.

»Wie seh ich aus?«, fragte er. Er trug seine ganze Uniform, von der Schirmmütze bis zur gesäumten Hose, und machte einen so gediegenen Eindruck, dass ich unmöglich ernst bleiben konnte.

»Kurz«, sagte ich.

Ein Schlauch Stickluft, so lang und schnell wie die nachfolgende Metro, strömte in die Station. Kirill gab mir Anweisungen. Grundsätzlich war mir das nicht neu. Man konnte keine drei Metro-Haltestellen weit fahren, ohne einen verkrüppelten Veteranen aus dem Tschetschenienkrieg zu sehen. Sie sangen Volkslieder, saßen auf Holzpaletten, rezitierten Puschkin, verknoteten leblose Gliedmaßen oder hielten Pappschilder hoch, die ihre Leiden aufzählten. Andere betranken sich einfach und brabbelten dann Geschichten vor sich hin, die so krass waren, dass sie unmöglich wahr sein konnten.

Die Metro spie einen dicht gestauten Fahrgastbrodem aus. Kirill schob sich auf den Knöcheln an den schlurfenden Beinen vorbei, und ich folgte mit dem Rollstuhl. Junge Männer boten Frauen und Senioren ihre Sitzplätze mit einem Anstand an, der oberirdisch so gut wie ausgestorben war. Die Türen schlossen sich, die Räder quietschten über die Gleise, und Kirill fing an. Er sang nicht die Nationalhymne und zog weder einen Ablagekasten mit Kinkerlitzchen für zehn Rubel aus der Umhängetasche des Rollstuhls noch eine Gruselgeschichte aus dem Gedächtnis. Er arbeitete sich einfach nur auf den geballten Fäusten durch die Menge, die sich vor ihm teilte, den Kopf hoch erhoben, jedem Blick standhaltend. Ich beschränkte mich darauf, den Rollstuhl hinter ihm herzuschieben und zuzusehen, wie die Rubelmünzen ins Weidenkörbchen auf dem Sitz fielen.

»Gib ihm ein paar Rubel, Mascha«, flüsterte eine in ihr Kopftuch eingeschweißte Babuschka ihrer Freundin zu. »Hab Mitleid mit der armen Seele.«

»Sie sind ein Held«, bemerkte ein älterer Herr mit Schildpattbrille. »Lieber die Beine verlieren als die Ehre.«

Während der Metrofahrt sagte Kirill kein einziges Wort. Weder bat er um Almosen, noch quittierte er ihren Eingang, wenn sie ihm aus den Brieftaschen und Portemonnaies der morgendlichen Pendler entgegenfielen. Er setzte einfach nur die Fäuste auf, die Schirmmütze schräg auf dem Kopf, und schleifte die kraftlosen Stümpfe hinter sich her, keine Karikatur, keine Freakshow, einfach nur ein tapferer Mann, der über das Schlachtfeld kroch, das in seinem Kopf tobte. Fast hätte ich selbst das Portemonnaie gezückt.

In den zwei Minuten bis Ploschtschad Wosstanija nahm er zweihundertvierzig Rubel ein. Ich traute meinen Augen nicht, wie viele Münzen und verkrumpelte Scheine da im Körbchen lagen. Das war mehr, als mein Vater in drei Stunden verdiente.

»Sie sollen nicht glauben, dass man wirklich was einnimmt«, flüsterte er mir zu und steckte das Kleingeld in die Tasche. Am Ploschtschad Wosstanija wechselten wir in den nächsten Waggon.

Bis zum frühen Nachmittag befuhren wir die Linien 1

und 2. 1.200 Rubel bis zehn Uhr. 2.300 bis zwölf. Wer hätte gedacht, dass meine Mitbürger so viel patriotische Freigebigkeit in sich trugen? Zum Mittagessen stiegen wir an der Baltiskaja an die Oberfläche und kauften uns bei einer ältlichen Straßenhändlerin mit rotgefärbten Haaren Schawarma und Kwass. Ich betrachtete Miniröcke im schrägen Sonnenlicht des Nachmittags. »Mein Assistent hier ist mit unheilbarer Jungfräulichkeit geschlagen«, rief Kirill einer jungen Frau auf einer Bank zu, die echt superporno aussah und deren dunkelbrauner Pony eine Markise über einem aufgeschlagenen *Harry Potter* bildete. »Würden Sie sich seiner erbarmen?«

Ich hätte ihn erschlagen können. Ich hatte alle *Harry-Potter*-Bände dreimal gelesen, ein Geheimnis, das ich mit ins Grab nehmen würde. Ihr hätte ich es verraten können. Aber sie hatte schon ihr Buch genommen und war gegangen.

»Den Planungen zufolge sollen in den nächsten zehn Jahren einundvierzig neue Metro-Stationen gebaut werden«, sagte Kirill und ließ sich zwischendurch leckere, wenn auch verkohlte Lammstückchen schmecken. Ich wäre gern der Brünetten nachgejagt, aber war ich vielleicht *der unberührte Stalker, der mit einem Beinlosen abhängt?* So war ich nur *der Unberührte, der mit einem Beinlosen abhängt.* Manchmal erlangt man seine Würde erst im Vergleich.

»Einundvierzig neue Stationen, weißt du, was das heißt?«, fragte Kirill.

»Dass nur drei gebaut werden.«

»Es heißt, dass täglich noch mehr Menschen Metro fahren werden. Mehr Leute, mehr Geld.«

»Sie verdienen schon zu viel. Bettler sollten nicht mehr verdienen als die Menschen, die sie anbetteln.«

»Wir arbeiten schwerer, das kannst du mir glauben.« Kirill lächelte einem Schwarm Schulkindern nach, die unbedingt noch eine grüne Ampel erwischen wollten. Man sollte meinen, ein beinloser Mensch hätte ein tragisches Schicksal.

Aber Kirills Leben wirkte wie eine ewige Mittagspause in einem blühenden Rapsfeld. »Ich spare für eine Datscha. Barrierefrei. Da kann ich dann richtig in der Spüle abwaschen.«

Es fiel mir schwer, ihn ernst zu nehmen. Nur Betrüger, Oligarchen und Politiker – oft in Personalunion – konnten sich Datschen leisten. Männer, die gehen konnten, die nie nach Tschetschenien gegangen waren, deren Söhne nie nach Tschetschenien gehen würden. Und Kirill hier glaubte, er könnte einer von denen werden. Er mochte Gliedmaßen und vieles andere verloren haben, aber er hatte immer noch zwei Billardkugeln in der Ecktasche.

»Mann, ist das ein Schwindel«, sagte ich.

»Es ist eine Kunst.«

»Den Menschen das Geld aus der Tasche zu ziehen?«

Er blinzelte mir zu. »Mir schenkt niemand was. Ich bin Geschäftsmann.«

»Was verkaufen Sie denn?«

»Wenn die Menschen, die in der Metro ihre Portemonnaies öffnen, einen Veteranen ohne Beine sehen, schämen sie sich und haben vielleicht ein bisschen Mitleid. Aber wenn sie mich durch den Waggon kriechen sehen, dann sehen sie einen trotzigen, schweigenden Mann, der *nicht* bettelt, und dann sind sie stolz. Sie bezahlen mich für das Privileg, sich stolz fühlen zu können, obwohl sie sich eigentlich blamiert haben.«

Als ich am Abend nach Hause kam, fläzte sich mein Vater in Unterwäsche auf dem Diwan. Er aß Fisch direkt aus der Dose und ließ sich zwischendurch von der Katze das Öl von den Fingern lecken.

»Komm her«, befahl er und untersuchte im Licht des Fernsehers meine Pupillen. Die Katze schlang den Schwanz um den Unterarm meines Vaters und schnurrte zuckersüß. Ein Teufel im Pelz, dieses Vieh.

»Sag mir, was du heute gelernt hast«, forderte mein Vater.

»Die Rolltreppe zur Tschernyschewskaja runter ist hundertsiebenunddreißig Meter lang.«

»Sonst noch was?«

»Ich habe gelernt, dass Kirill mehr verdient als du.«

»Und wie viel von dem Geld hat er dir abgegeben?«

»Nichts«, musste ich zugeben. »Aber er hat mir eine Schawarma gekauft.«

»Dann verdienen wir beide mehr als du.« Zufrieden mit meinem Schweigen widmete er sich wieder dem Fernseher. Alle Sprechrollen, auch die der kurvenreichen Femme fatale, waren von einem bärbeißig knurrenden Kettenraucher aus Wladiwostok synchronisiert worden. Ein Schauspieler mit kantigem Kiefer überlebte eine Bombenexplosion, indem er in einen Kühlschrank kletterte. Hoffentlich gab es in Tschetschenien schon Kühlschränke.

»Das Kresty wird ein Hotel«, sagte ich.

»Schon wieder? Wann?«

»Sobald das neue Gefängnis außerhalb der Stadt fertig ist, hieß es in der Zeitung.«

»Das haben sie auch schon vor meiner Verhaftung gesagt. Wenn's doch bloß ein Hotel gewesen wäre. War's aber nicht.«

Ich wandte mich ab, entkam ihm aber nicht – an den Wohnzimmerwänden hingen rund fünfzig Porträts meines Vaters in schmalen schwarzen Rahmen. Eines für jedes Lebensjahr von fünf bis achtundsechzig abzüglich der Knastjahre. Seine Mutter war einmal im Jahr mit ihm zum Fotografen gegangen, eine Vorsichtsmaßnahme für den Fall, dass sie von der Polizei festgenommen wurde und er in ein staatliches Waisenhaus kam. Sein Vater war ein Volksfeind gewesen, also hatte sie für so was Vorsorge treffen müssen. Noch heute zog er an seinem Geburtstag seinen besten Anzug an, ging zum Fotografen, kam nach Hause und hängte ein neues Porträt an die Wand. Ein bisschen durchgeknallt, wenn Sie mich fragen. Selbst wenn es irgendwo ein Mädchen gegeben hätte, das bereit gewesen wäre, mit zu mir nach Hause zu kommen – hierher hätte ich es nicht mitbringen können.

Ich ging durchs Wohnzimmer und starrte das Porträt von

1983 an. Genau wie alle anderen erinnerte es an ein vergrö-
ßertes Passfoto. In dem Jahr war ich geboren worden. Er
schaute finster drein.

»Von Frau oder Kind wollt ich eigentlich nie was wissen«,
sagte mein Vater. »Mit fünfzig dachte ich, ich hätte meine
Schäfchen im Trockenen. Dann hab ich deine Mutter kennengelernt. Dann wurde sie schwanger. Da konnt ich sie schlecht
sitzenlassen, oder?«

»Manche Verbrechen bleiben besser im Dunkeln, Papa.«

»Blödsinn. Wenn du deine Herkunft nicht kennst, weißt du
auch nichts über deine Zukunft. Jeder muss etwas über seine
Wurzeln wissen.«

Ich schloss die Augen und versuchte nach Kräften, ihn bei
Laune zu halten. »Dann klär mich doch bitte auf.«

»Du, mein lieber Junge, hast in einem gerissenen Kondom
deinen Anfang.«

Vatermord gehört entkriminalisiert. Ich drehte mich zum
Flur, da merkte ich, dass über dem Sessel mit den Teeflecken
ein neues Porträt hing. »Hattest du schon wieder Geburtstag?«, fragte ich.

»Vor ein paar Wochen«, sagte er. »Musst mich gar nicht so
ansehen. Die Fotos sind alle für dich.«

»Du merkst aber schon, dass du wahnsinnig bist, oder? Du
hast da über fünfzig Fotos von dir an der Wand hängen. Keine
Fotos von Mutter oder mir, nur von dir. Ist doch, als hättest
du eine Fotoserie von Kim Jong-Ils Wohnzimmer gesehen,
und hättest das nachgemacht.«

Er kraulte die Katze zwischen den Ohren. Das Gespräch
führten wir grob geschätzt zum einmilliardsten Mal.

»Von meinem Vater gibt es keine Fotos. Es gab mal welche,
aber meine Mutter musste sie vernichten. Sie hat mir die Bilder gezeigt, als ich ein kleiner Junge war, aber jetzt sind sie
weg, und ich kann mich nicht an sein Gesicht erinnern. Ich
weiß nicht, wer er war. Ich weiß nicht, wo ich herkomme, Serjoscha.« Er sah von der Katze hoch und erst die Porträts und

dann mich an. »Sie sind für dich. Damit du Bescheid weißt. Damit du nicht vergisst, wer ich war.«

Bevor der Krebs sie holte, arbeitete meine Mutter an der Kasse eines *produkti,* der mit seinen geräumten Beständen wie ein Warenhaus für Regalsysteme aussah, nicht wie ein Supermarkt. Eine Viertelstunde nachdem sie morgens das Haus verließ, fing der Arbeitstag meines Vaters an. Er hatte ein stiefelgroßes Mobiltelefon und nahm Anrufe entgegen wie ein Mann im Schützengraben, bekam und erteilte in abgehacktem Code Befehle. Er trug Gummihandschuhe und eine Atemmaske, wenn er auf dem Küchentisch weißes Pulver eintütete. Lange Zeit dachte ich, er wäre Arzt.

»Das ist sehr schlecht für dich«, sagte er, wenn ich ihm nach der Schule bei der Arbeit zusehen durfte. Er nahm die Dosierlöffel meiner Mutter, um das Pulver in die geknifften Papiertütchen abzumessen. »Du darfst das niemals essen.«

»Was machst du da?«

»Ein Vermögen«, sagte er.

Im Sommer übernahm ich tagsüber die Auslieferungen. Keine große Sache, nur ein paar Briefumschläge für Studenten und Prostituierte, so winzige Gesetzesverstöße, dass ihre Illegalität reine Formsache war. Bevor ich ging, gab er mir immer eine Reihe von Anweisungen:

»Zähl erst das Geld, bevor du ihnen die Ware gibst.«

»Schau einem Polizisten nie in die Augen.«

»Befolge alle Gesetze bis auf das, das du brichst.«

»Bleib nicht stehen, wenn du mit jemandem redest.«

»Tu so, als wärst du ein Mann, dann wirst du auch einer.«

Ich kaufte Wertmarken für die Metro, statt über das Drehkreuz zu hechten, und bei Rot blieb ich an der Ampel stehen. Ich reichte nicht bis zu den Türspionen und musste ewig klopfen, bevor jemand aufmachte. Die Prostituierten luden mich manchmal zu Tee und einem Alenka-Schokoladenriegel ein. Ein paar Jahre später kam ich mir dann vor wie Zar Volldepp II., als mir aufging, dass ich in den Hotelzimmern einiger der schönsten und tugendlosesten Frauen von ganz Sankt Petersburg gewesen und nur von Süßigkeiten in Versuchung geführt worden war. Heute bin ich bloß traurig, wenn ich mir vorstelle, dass in diesen Hotelzimmern Sachen passierten, die sie nur unter Drogen ertragen konnten.

Heroin auf dem Küchentisch und Schnee auf dem Fenstersims; die Tätowierung eines einsamen Wolfs auf dem Unterarm; der Mundschutz, der sein Gesicht halbierte; Hände in Handschuhen, die schwierige Operationen durchführten: Das war mein Vater gewesen. Er war ein Kapitalist, wie geschaffen für das Neue Russland, jemand, zu dem ich ewig aufsehen würde, wie ich damals glaubte.

Meine Mutter wusste natürlich Bescheid, drückte aber geflissentlich beide Augen zu. Alles fand ein Ende, als meine Mutter entdeckte, dass ich der Laufbursche meines Vaters war.

»Wo warst du?«, fragte sie eines Augustnachmittags, als ich zur Wohnungstür hereinspaziert kam, die Finger noch klebrig von geschmolzenem Eis. Sie hatte früher Feierabend gemacht.

»Hab ein Vermögen abgeliefert«, sagte ich stolz. Sie ohrfeigte mich mit der Rechten und packte mich mit der Linken.

»Verbrecher, wohin man schaut«, sagte sie. »Im Fernsehen. Auf der Straße. Im Kreml. Und jetzt auch noch in meinem Zuhause. Zwei davon sind mir zu viel.«

Sie rief die Polizei. Am Nachmittag wurde mein Vater vor unserem Wohnblock festgenommen.

Jetzt, wo ich Kirill durch die Gegend schob, musste ich meinen Freunden aus dem Weg gehen. Ich rief sie nicht zurück und hielt mich den Parks, Schulhöfen und Kellern fern, in denen wir uns einen Schuss setzten. Unsere Wege kreuzten sich nur einmal, als Waleris Zombieaugen mich Ende Juni auf dem Bahnsteig der Metro-Station Gostiny Dwor erblickten, wo Kirill mich gerade endlos über die Geschichte der Eisenbahnschwellen zulaberte. Waleri kratzte sich im Schritt. Die Läuse mussten nach Süden migriert sein.

»Tupac, wo hast du dich denn rumgetrieben?«, fragte er. Hinter ihm stand Iwan in ausgebeulten Jeans und einem XXXL-T-Shirt, in das eine vierköpfige Familie reingepasst hätte.

Ich deutete auf Kirill. »Hab gejobbt.«

Waleri grinste. »Neuer Busenfreund?«

»Zwingt mich mein Vater zu.« Ich versuchte so leise zu sprechen, dass Kirill nichts mitbekam.

»Hast du das von Tony gehört? Hat letzte Woche 'n Computerladen überfallen«, sagte Iwan. »Hat seinen Pass auf dem Tresen liegenlassen und ist trotzdem nicht geschnappt worden. Musste aufs Revier und sich als Verbrecher stellen. Einfach nur peinlich.«

»Ist er im Kresty?«, fragte ich.

Waleri nickte. »Jedenfalls bis zum Prozess. Gar nicht mal schlimm, so wie's klingt. Kein Wassermangel. Gratisstrom. Wetten, der knüpft jede Menge Kontakte? Wir stoßen am Wochenende zu ihm.«

»Wie wollt ihr's anstellen?«

»Wir klauen einen Streifenwagen«, sagte Iwan und packte seine Jeans, die zu den Knien runterrutschten. Kirill sah weg und tat so, als hörte er nicht zu. »Bist du dabei?«

»Ich helf meinem Vater am Wochenende beim Möbelschleppen; hab ich ihm versprochen«, sagte ich. »Aber wir sehen uns dann da.«

»Versprochen?«, fragte Iwan.

»Und ob.«

»Es geht um deinen Kopf«, sagte Waleri und wandte sich ab. »Im Gefängnis bleibt er vielleicht dran.«

Kirill sagte nichts, bis Iwan und Waleri im weißgekachelten Fußgängertunnel zur Metro-Station Newski-Prospekt verschwunden waren. Ein Straßenhändler kam mit einem Bauchladen mit einzelnen Gegenständen vorbei, die normalerweise nur in Mehrfachpackungen verkauft wurden – Einmalrasierklingen, Kondome, Twix-Riegel.

»Willst du das durchziehen?«, fragte Kirill. In seiner Stimme lag keine Ablehnung, nicht mal Missbilligung.

»Weiß ich nicht«, gab ich zu.

»Zu meiner Zeit waren außer der Uni Zurückstellungen wegen psychischer Erkrankungen der letzte Schrei, um sich vor dem Wehrdienst zu drücken. Da hat man einen Psychiater bestochen, um schriftlich zu kriegen, dass man nicht alle Tassen im Schrank hat. Das Problem war, dass so viele Neureiche wegen psychischer Erkrankungen zurückgestellt wurden, dass die, die wirklich einen an der Klatsche hatten, eingezogen wurden. In meiner Einheit waren zwei Schizophrene, eine Handvoll Manisch-Depressive und ein Typ, der regelmäßig von Engeln heimgesucht wurde. Der Wahnsinn des Krieges, was?«

»Wie viel musste man für eine Zurückstellung berappen?«

»Mehr, als du dir leisten kannst«, sagte er. Die Brise einer einfahrenden Metro zerzauste mir das Haar, aber bei Kirills Backfettfrisur kräuselte sich kein Härchen.

Die Wochen verstrichen. Heroin hatte ich seit dem Abend, an dem mein Vater die Reste von meinem Tausendrubelscheck gefunden hatte, nicht mehr angerührt. Ich wartete auf die Entzugserscheinungen – sie können einen ja schlecht nach Tschetschenien schicken, wenn man wie ein Flummi durch die Gummizelle springt –, aber ich schätze, man kriegt keine Entzugserscheinungen, wenn man sich in fünf Monaten viermal was gespritzt hat. Nicht mal 'ne anständige Drogensucht krieg ich hin. Jeden Morgen stand ich um halb fünf auf und half Kirill beim Anziehen. Wir frühstückten Java-Gold-Zigaretten und klapperten bis mittags die Züge ab. Einmal holten wir uns das Mittagessen bei einem alten Georgier, dessen Knochenschwund in ihm fraß wie ein schwarzes Loch, das langsam den ganzen Körper einsaugte. Kirill ließ sich wieder mal über das Metro-System aus.

»Bei den verkehrsreichsten Metros der Welt steht unsere auf

Platz 13«, sagte er und biss zwischendurch von seiner Wurst ab. Es war ein Feiertag, das Fest von Peter und Paul, und die Luftfeuchtigkeit troff der Stadt aus allen Poren. »Aber bei den größten Städten der Welt kommt Sankt Petersburg erst auf Platz 45. Was sagt uns das?«

»Dass wir uns keine Autos leisten können?«

»Trottel. Das sagt uns, dass wir eine Metro haben, auf die wir stolz sein können. Glaubst du vielleicht, in New York oder London haben die U-Bahnen Kristallkronleuchter, Marmorböden und Bronzestatuen?«

»Ja klar.«

»Eben nicht«, entgegnete er. »Sie haben Graffiti und bröckelnde Mauern und Rowdys, die anständige Bürger vor einfahrende Züge stoßen. Sie haben keine Schönheit. Sie haben keinen Palast des Volkes.«

»Das ist diese Fernsehserie, stimmt's?«, fragte ich. Endlich ein gemeinsames Hobby.

»Ich red doch nicht vom Fernsehen! Ich mein die Metro. Die wurde von Lenin, Stalin und Chruschtschow Palast des Volkes genannt. Ein Palast nicht für Zaren oder Prinzen, sondern für Menschen wie dich und mich.«

»Na dann: Auf in deinen Palast, Genosse«, schlug ich vor und schob ihn zum Eingang der Metro-Station Puschkinskaja.

»Am 20. April solltest du lieber nicht arbeiten«, sagte er, als ich ihn über das Drehkreuz hievte. »An Hitlers Geburtstag sind die Skinhead-Banden immer am schlimmsten.«

Wir hatten Sommer, und ich verstand nicht, was der Ratschlag mit mir zu tun haben sollte.

»Was würdest du machen, wenn ... na ja ...«, sagte ich, als wir auf den Bahnsteig kamen, und deutete auf seine Stümpfe.

»Wenn ich noch Beine hätte?«

»Genau.«

»Ich würde einen Service für autoerotisches Ersticken gründen.«

»Häh?«

»Autoerotisches Ersticken. Sag bloß, da hast du noch nie von gehört.«

»Ist das eine neue Fernsehshow?«

Ungläubig blieb ihm der Mund offen. »Das ist ein Hobby. Solltest du mal ausprobieren. Macht echt Spaß.«

»Worum geht's da?«

»Du bindest dir den Hals mit einem Gürtel ab und holst dir einen runter.«

»Klingt nicht so richtig prickelnd«, sagte ich. »Eher ziemlich scheußlich.«

»Eine Jungfrau und ein Puritaner! Wenn du groß bist, wirst du Nonne!«

Was er an Beinen verloren hatte, hatte er an Bosheit gewonnen. »Und wozu braucht man da 'nen Service?«, fragte ich. »Hört sich nach einer Privatangelegenheit an.«

»Es besteht immer ein Risiko, wenn man sich einen Gürtel um den Hals schlingt und fast stranguliert. Das kann eine lebensverändernde Erfahrung sein, oder auch eine lebensbeendende. Wie Fallschirmspringen. Mein Service würde den sprichwörtlichen Fallschirm bereitstellen. Sagen wir, du hast Lust auf ein bisschen autoerotisches Ersticken. Dann rufst du mich vorher an. Den Zweitschlüssel zu deiner Wohnung hab ich schon. Wenn du mich nicht in, sagen wir, einer Stunde anrufst, komm ich vorbei, um nachzusehen, wie's dir geht. Dann bist du wahrscheinlich schon tot. Ich zieh dir also die Hose wieder hoch, damit deine Angehörigen sich dem tröstlichen Gedanken hingeben können, du hättest dich ganz normal umgebracht.«

»Und wenn sie nicht sterben, hast du den Schlüssel zu ihrer Wohnung und kannst sie nach Strich und Faden ausrauben.«

»Vielleicht bist du doch kein hoffnungsloser Fall, *molokosos*.«

Wir warteten am Bahnsteigrand, und ich weiß nicht, warum ich plötzlich damit herausplatzte; es kam einfach so. Ich fragte Kirill, warum er nie erzählte, wie er seine Beine verloren hatte, warum er so stumm und trotzig war, wenn er Mildtätigkeit suchte.

Er runzelte die Stirn, ungehalten, weil das Gespräch diese jähe Wende zur Ernsthaftigkeit nahm. Auf dem anderen Gleis fuhr eine Bahn ein, und ich konnte ihn kaum verstehen. »Von der Schuld anderer kann man leben«, sagte er. »Aber wenn man auf eine Datscha aus ist, muss man sie auch stolz machen.«

Mit dem schrillen Pfeifen von Zugbremsen schoss Luft aus dem Tunnel. »Aber wie *hast* du sie denn verloren?« Als ich die Frage laut aussprach und das Zittern in meiner Stimme hörte, merkte ich, was ich schon lange vermutet hatte: Ich war ein Feigling.

»Anders, als du glaubst.« Er schüttelte den Kopf und lächelte in sich hinein. Die Luftwand brach über uns herein. »Ich verrat's dir bloß, weil du nach Süden in die Zone gehst. Es war keine Landmine. Es war nicht mal in Tschetschenien. Vor ein paar Jahren war ich abends stockbesoffen und bin hier in S.P. auf den Metroschienen aus den Latschen gekippt.«

Am Abend lag auf dem Beistelltisch im Wohnzimmer eine abgetragene Uniform. Sie war blaugrau wie eine Regenwolke. Ich faltete die Hose auseinander und hielt sie mir an die Taille. Die Beine reichten über meine Knöchel und schleiften auf den Boden.

»Dein Großvater war ein großer Mann«, sagte mein Vater an der Tür. Die Höllenkatze strich ihm um die Beine und sah mich an. »Eine Hose mit umgeschlagenen Säumen, damit siehst du so erwachsen aus.«

Wie er das sagte, brachte es mich um.

»Ich will da nicht hin«, sagte ich zur Katze. Die kleine Sadistin legte den Kopf schief, zuckte mit dem Schwanz und stolzierte aus dem Zimmer.

Mein Vater legte mir den Zeigefinger unters Kinn und hob mein Gesicht, so dass ich ihm in die Augen sehen musste. »Wenn's nach uns ginge, würde keiner je eine Hose anziehen.«

Von seiner halbgerauchten Zigarette tränten mir die Augen. Er ließ die Kippe in eine Teetasse fallen und wischte mir mit dem Daumen die Tränen vom Gesicht.

»Ach, Serjoscha, manchmal wünsche ich, du könntest sehen, was ich sehe, wenn ich dich sehe.« Sein Gesicht war eine große, leuchtende Sonne. Ich musste wegschauen und suchte eine neutrale Stelle, wo mein Blick zur Ruhe kommen konnte, aber die Wände waren ja voll mit seinen gerahmten Porträts. Es gab kein Entkommen. Er war überall und kontrollierte mich.

»Was siehst du denn?« Meine Stimme brach zum ersten Mal seit zwei Jahren. Ich hätte mein restliches Leben für einen Tarnumhang hergegeben. Ich wollte nach Tschetschenien apparieren, nach Kresty, egal wohin, solange ich seinem Blick entkommen konnte.

»Ich sehe einen schlauen jungen Mann, der sich mit seiner Schlauheit selbst im Weg steht. Ich sehe einen liebenswürdigen und gutmütigen Menschen in einer Welt, die beides nicht belohnt. Ich sehe einen Sohn, der in jeder erdenklichen und von mir erhofften Hinsicht anders ist als ich.«

»Ich glaub dir kein Wort.«

»Du wirst ein glückliches Leben führen. Wirst schon sehen.«

Mehr als je zuvor wünschte ich mir in diesem Augenblick, meinem Vater vertrauen zu können.

»Schau dich an«, sagte er und drückte mir einen Kuss auf die Stirn. »Mein Serjoscha. Mein heiliger kleiner Narr. Du hast in den letzten Jahren so hart daran gearbeitet, ein Arschloch zu werden. Stattdessen bist du all diesen Anstrengungen zum Trotz ein Mann geworden. Und ich weiß, dass du ein so großes Arschloch werden möchtest, dass sich die Menschen noch in Jahrhunderten den Sergej abwischen. Aber du bist kein Arschloch. Du bist mein Sohn. Wenn du dich also lächerlich machen willst, dann vergiss nicht, mein Kleiner, dass du der ganze Stolz deines Vaters bist.«

Am nächsten Morgen waren Kopf und Himmel bewölkt. Ich ignorierte Kirills Geschichtsstunden, als ich ihn zur Tschernyschewskaja schob. In vier Tagen rückte ich ein.

Stundenlang sagte ich kaum ein Wort. Kirill bewegte sich auf den Fäusten durch die Waggons, und ich schob den Rollstuhl hinter ihm her. Die Rubel fielen ins Weidenkörbchen, und bei jeder Haltestelle sammelte er sie heraus.

»Komm, wir machen eine Pause«, sagte ich, als wir den Ploschtschad Lenina erreichten.

»Es ist erst elf.«

»Ich brauch frische Luft.«

Kirill seufzte, stimmte aber zu. Auf der Rolltreppe zählte er die Einnahmen des Morgens und freute sich über die Summe. »Steck dein Geld immer in die Vordertasche«, sagte er. »Bei deinen Stümpfen sind Diebe misstrauisch, denen gehen sie aus dem Weg.«

»Du sagst immer ›du‹«, flüsterte ich. Es war eine stille Erkenntnis.

»Ich rede mit dir. Wie soll ich dich denn sonst ansprechen?«

»Du gibst mir immer Anweisungen. Als würdest du mich ausbilden. ›Du musst das so und so machen, wenn du ein guter Bettler werden willst.‹«

»Ich verallgemeinere bloß«, setzte er an, aber da hörte ich schon nicht mehr zu. Den ganzen Sommer über hatte ich auf dem Schlauch gestanden. Ich war nicht Kirills Helfer. Ich war sein Lehrling.

Ich weiß nicht mehr, was die Passanten für Gesichter machten, was man mir zurief, als ich den zusammengelegten Rollstuhl die Rolltreppe runterschleuderte, was Kirill sagte oder ob er überhaupt etwas sagte. Ich weiß nur, dass ich ihn am gebügelten blauen Kragen packte und gegen die Rolltreppenwand stieß. Er hätte mich aufhalten können, wenn er gewollt hätte. Seine Arme beförderten ihn täglich über drei Kilometer Metrowaggons, und abends hatte er dann noch genug Kraft, um Gewichte zu stemmen. Aber er wehrte sich nicht, kämpfte nicht, gab auf, bevor ich das erste Mal zuschlug, und als ich ihn am Hals packte, als seine Mütze die Rolltreppe runterfiel und die Wand seinen tadellos gezogenen Scheitel verwuschelte, ich könnte schwören, da grinste er, und sein Gesicht zeigte unter den zusammengezogenen Augenbrauen keine Angst. Er hatte mit seinem gleichgültig blickenden Zweifel eine Wette am Laufen, dass ich selbst für diese Feigheit eine viel zu große Memme war. Ich schlug ihn einmal, um ihm zu zeigen, dass ich keine war, und dann schlug ich weiter zu, weil ich mich nicht traute aufzuhören. Meine Knöchel waren vier geplatzte Beeren, als ich ihm in die fettigen Haare griff und sein Gesicht auf die Rolltreppenstufen rammte. Schließlich erschlaffte sein Körper. Ich griff in seine Vordertasche, steckte Scheine und Münzen ein und rannte die letzten Stufen hoch. Einen halben Block weiter drehte ich mich um und sah, wie die Rolltreppe Kirill auf Straßenniveau ablegte. Reglos lag er da, und die hochkommenden Stufen schnappten nach seinen Stümpfen. Gehetzte Pendler stiegen über ihn hinweg.

Die Erkenntnis, was ich getan hatte, schlug wie eine Kanonenkugel in meiner Magengrube ein. *Ich hatte einen Menschen getötet.* Und nicht irgendeinen, sondern einen verkrüppelten Kriegshelden. Ich würde nie nach Tschetschenien gehen, sondern den Rest meines Lebens hinter Gittern verbringen. Ich ging in die Knie und würgte, da hörte ich ihn rufen.

Er versperrte immer noch das obere Rolltreppenende. Seine Nase zeigte in die falsche Richtung, Blut lief ihm über das Gesicht, aber er breitete die Arme aus und ballte die Fäuste. »Ich lebe!«, brüllte er. »Ich lebe! Ich werde nicht sterben!«

Ich floh zu einem Fixertreff am Rand einer Vorstadt und mietete eine Spritze für zwei Rubel pro Schuss, aber selbst zugedröhnt gab es kein Entkommen vor Kirills Bekundungen seiner Unsterblichkeit.

Das Kresty-Gefängnis war ursprünglich ein Weinlager der Zaren und hatte genug Alk eingekellert, um die Zarenfamilie und ihre Höflinge die langen Winter über besoffen zu halten. Als der Staat nach der Abschaffung der Leibeigenschaft die Grundherren in die Pflicht nahm, die neuerdings Freien einzusperren, wurde das Kresty zum Gefängnis. Laut meinem russischen Gemeinschaftskundelehrer war es hundert Jahre lang das größte Gefängnis von ganz Europa. Nach der Revolution prügelte das NKWD dort aus Kommunisten und Verrätern die Geständnisse heraus. Nach dem Zusammenbruch warteten dort Drogenkriminelle auf ihre Prozesse. Es war nur für rund tausend Insassen gedacht, aber als mein Vater durch den Eingang an der Komsomola wanderte, saßen zehnmal so viele Häftlinge ein.

Ich habe ihn nur einmal besucht, nachdem ich einen Wärter mit ein paar hundert Rubeln bestochen hatte, die ich meiner Mutter geklaut hatte. Als ich die Geschichte später meinen Freunden erzählte, ahmte ich die Gefängnisszene aus *Good Fellas* nach, und mein Vater war der Kapo des ganzen Ladens, dessen einzige Sorge dem Rezept der Tomatensauce galt. Aber der einzige Knoblauchduft, der die Korridore durchwaberte, war der Mundgeruch des Wärters. Ich folgte seinen knallenden Schritten durch die langen Korridore zu den Zellenblocks. Männer mit zweigdünnen Armen und höhlentiefen Augen drückten sich an die Zellengitter. Die Zelle, die sich mein Vater mit neunzehn anderen teilte, war ursprünglich für die Einzelhaft gedacht gewesen. Am Morgen hatte es geregnet.

Mein Vater roch nach Schweiß, Ammoniak und Chlor. Er sah aus, als käme er von einem Planeten, auf dem es weder Gemüse noch Sonnenlicht gab. »Hast du was zu rauchen?«, fragte er mich. Ich war neun Jahre alt.

Vier Jahre später wurde er entlassen. Meine Mutter war kurz vor der ersten Bewährungsanhörung gestorben, und die staatlichen Waisenhäuser waren noch überfüllter als das Kresty. Der Bewährungsrichter war aber erschreckend gesetzestreu und human – vielleicht der einzige Richter im gesamten Justizapparat, dessen Herz nicht operativ entfernt und durch ein Holzkohlenbrikett ersetzt worden war. Er erließ meinem Vater die restliche Strafe, obwohl der erst ein Drittel seiner Haftzeit abgesessen hatte. Nach seiner Entlassung wurde er ein guter Bürger, arbeitete als Taxifahrer und bremste schon bei Gelb. Ich würde ja gern glauben, er wäre um meinetwillen ein ehrlicher Mensch geworden, aber er dachte dabei nur an sich. Vor dem Kresty hatte er mehr Angst als vor dem gleichförmigen Leben eines unbescholtenen Bürgers.

Ein paar Monate nach seiner Entlassung wurde ich von ein paar älteren Kindern durch die Mangel gedreht und kam mit zwei blauen Augen und einer Platzwunde an der Stirn nach Hause. Mein Vater musterte mich.

»Wer war das?«, fragte er.

»Das waren –«, setzte ich an, aber seine Hand schoss vor, bevor ich weiterreden konnte, und er stieß seinen Finger in die Platzwunde.

»Mein Sohn ein Singvogel?«, sagte er.

Ich schrie auf, aber er hielt mir die Hand vor den Mund und sah mich mit leeren Augen an, als wäre *er* betrogen worden.

»Ich weiß, dass du mich wegen der Bilder an den Wänden für einen Narzissten hältst«, sagte er. Ich stieß rückwärts gegen den Küchentisch. Die Wunde an der Schläfe war nicht tief, aber so, wie er den Finger hineinbohrte, fühlte sich mein Schädel an wie aufgespießt.

»Ich weiß nicht mehr, wie mein Vater aussah, weil mein Onkel meine Mutter gezwungen hat, sein Gesicht mit einer Münze von sämtlichen Fotos zu kratzen.«

Ich trat um mich, fuhrwerkte auf dem Tisch nach einem Messer herum, um ihn aufzuschlitzen, nach einer Gabel, um ihn zu stechen. Er quetschte mir die Lippen. Sein Finger bohrte sich immer noch in die Wunde.

»Ein paar Jahre danach habe ich meine Mutter gefragt, was mit meinem Vater passiert war, und sie sagte, der Mann, der damals zu uns in die Wohnung gekommen war und mir so ein süßes Märchen über einen Zaren und seine Hofmaler erzählt hatte, dieser Mann, mein Onkel, hätte was damit zu tun gehabt. Vielleicht hat er meinen Vater denunziert, das wusste sie nicht, aber sie wusste, dass er nicht zu uns in die Wohnung gekommen wäre und uns gewarnt hätte, wenn er unschuldig gewesen wäre. Am Tag darauf bin ich in der Schule zu meinem Lehrer gegangen und hab mir eine Geschichte aus den Fingern gesaugt, mein Onkel wäre ein Umstürzler, und ich hätte gesehen, dass er Geschäftskontakte zu Ausländern hätte. Ich wollte Rache. Irgendjemand sollte büßen. Ich kannte den Mann nicht, den ich verpfiffen hatte. Ich hatte ihn nur einmal früh am Morgen ein paar Minuten lang gesehen.«

Sein Gesicht war reine Zärtlichkeit.

»Du kannst mich meinetwegen hassen, aber Hauptsache, du wirst nicht so wie ich. Verstanden?«

Ich bekam kaum Luft.

»Ich möchte dir beibringen, ein besserer Mensch zu werden.«

Er ließ mich los und wischte mir mit dem Ärmel das Blut vom Gesicht. Seine eigenen Wangen wischte er nicht ab. Er machte das Fenster auf, brach drei Eiszapfen ab und zerschlug sie mit dem Griff eines Schlachtmessers. Die Splitter füllte er in eine Plastiktüte und drückte sie mir auf die Stirn. Mit der freien Hand griff er nach einem Waschlappen. Ich zuckte zusammen, als er mir den Dreck aus den Wunden wusch. »Sei stark«, ermahnte er mich und nahm mein geschundenes Gesicht in die Hände. Er gab mir ein großes Glas Wodka zu trinken, bevor er mit dem Waschlappen weitermachte. »Ein Mann, der voller Angst geht, kriecht nur. Er hat alles Leid der Welt verdient.«

»Ich werde das nicht verdient haben«, versprach ich. Obwohl mein Gesicht mit Schleim und Tränen beschmiert war, strahlte mein Vater mich voller Stolz an.

Ich verlor zwei Nächte, meine Unschuld und Kirills ganzes Geld. In meinem Kopf hämmerte ein fleißiger Schmied munter drauflos. In meinem Magen brauten sich Wirbelstürme zusammen. Irgendwo schmetterte eine Diva. Ich konnte ihr Vibrato nicht vom Summen in meinen Venen unterscheiden. Eine schirmlose Lampe in der Ecke war mit einer Steckdose im Haus gegenüber verbunden; die Verlängerungsschnur lief wie eine Wäscheleine quer über die Gasse. Aus dem Nichts tauchte ein Mann mit Krücken auf. Seine Füße hatten die Größe und Farbe schwarzer Brotlaibe. Die passten nie im Leben in menschliche Schuhe. Er zog ein Tütchen mit weißem Pulver aus der Tasche, streute es auf Backpapier und vermischte es mit Hilfe einer Rasierklinge mit einem anderen weißen Pulver. In der Ecke zeichnete ein Junge riesige Titten an die Wand. Der Mann bat ihn um einen Filzstift und bemalte mir die Arme. Er nannte mir die ganze Zeit die lateinischen Bezeichnungen für Venen und Arterien; Wahnsinn, wie intensiv er die Wissenschaft der Selbstzerstörung studiert hatte. Am nächsten Morgen erwachte ich neben einer Frau mit Spinnweben aus grauem Haar. Sie hatte tiefliegende braune Augen, in denen sich kaum Licht spiegelte. »Dein erster Morgen als Mann«, sagte sie. Ich wusste nicht, was sie meinte. »Dreihundert Rubel«, sagte sie. Da verstand ich. »Brauchst du eine Zahnbürste?«, fragte sie. Ich verneinte, und sie sagte: »O doch, junger Mann. Solche Zähne musst du putzen. Nur mit gesunden Zähnen wirst du es zu etwas bringen.« Ich kaufte die Zahnbürste und setzte mir den nächsten Schuss, wobei ich das rote Bötchen durchstach, das mir jemand auf den blauen Nebenfluss einer Vene gezeichnet hatte. Ich wurde nicht schlau aus meinen Fingern. Welcher wahnsinnige Gott hatte mir gleich so viele davon anvertraut? Weiße Farbflocken fielen von der Decke. Ich wartete auf den Zusammenbruch des Ganzen. Wie viele Jahre würde man mir aufbrummen, weil ich Kirill fast umgebracht hatte, und würden sie schlimmer werden als der Wehrdienst in Tschetschenien?

Als ich nach Hause kam, erwartete ich Streifenwagen, wurde aber nur von denselben rostigen Fahrradrahmen empfangen wie immer, die an Laternenpfähle angekettet waren und denen man praktisch alle losen Teile abmontiert hatte. Derselbe Staub lag auf denselben Treppen, und ich stieg in den achten Stock hoch. Nicht um mich zu entschuldigen. Ich wusste bloß nicht, wo ich sonst hätte hingehen können. Meinem Vater durfte ich nicht unter die Augen treten.

Kirills Tür war angelehnt. Er saß im Rollstuhl, drückte sich einen Eisbeutel auf die Wange, und neben ihm auf dem Tisch lag die Pistole. Sein Gesicht war so verschandelt, dass die Stümpfe daneben nicht weiter auffielen. Er griff nicht nach dem Telefon und rief auch nicht um Hilfe. Er nahm nur die Pistole in die Hand und legte sie zwischen seine abgeklebten Schenkel.

Er sah mich mit der Miene an, die ich Leuten wie ihm vorbehielt.

»Du musst nach unten gehen«, sagte er ruhig.

»Komm ich in den Knast? Hast du der Polizei was gesagt?«

Die Fragen beleidigten ihn, und er antwortete nur: »Ich war Unteroffizier.«

Sein Kinn lag immer wieder kurz im Schatten. Seine letzten Zähne waren stehengebliebene Kegel in der Bowlingbahn seines Mundes. Er hatte keine Angst vor mir. Ich hasste ihn dafür.

»Geh nach unten, Serjoscha. Du kommst nicht ins Gefängnis.«

Aber ich machte einen Schritt auf ihn zu. Hob die Hände. Auf den ersten Schritt folgten ein zweiter und ein dritter. Ein Klicken entsicherte die Pistole, ein zweites spannte den Hahn. Er hielt die Waffe zwischen den Stümpfen. Mein Knie war noch zwei Meter vom Lauf entfernt, als er verstand, worum ich ihn bat. Er nickte mit dem Schmerz des Verstehens, und ich hätte vor Erleichterung weinen können. Ich wollte ihm danken, aber der Schuss übertönte meine Dankbarkeit.

Der Boden stürzte unter mir weg. Die Kugel durchdrang mein Knie. Ich weiß nicht, wie lange ich vor ihm lag, bevor ich zu ihm robbte, er mich in die Arme nahm und flüsterte: »Du lebst. Du lebst. Du lebst.«

Die Wechselausstellung
Sankt Petersburg, 2011-2013

Wladimir

»Hallo, spreche ich mit Mrs Jonanne McGlinchy, 1898 Calvert Road, Ohio? Gut, und Ihr Geburtsdatum ist der 12. Oktober 1942? Mein Name ist John Smith, und ich arbeite für die Bundessteuerbehörde. Ja, Madam. Ich muss Ihnen leider mitteilen, dass Ihnen eine Steuerprüfung bevorsteht, sofern Sie uns nicht gewisse Informationen zukommen lassen. Erstens bräuchte ich Ihre Sozialversicherungsnummer sowie Ihre Bankverbindung. Außerdem den Mädchennamen Ihrer Mutter. Ganz recht, um Ihre Identität zu überprüfen. Wir vom Internal Revenue Service nehmen Identitätsdiebstahl nicht auf die leichte Schulter.«

Wie der das anstellte! Unglaublich, echt. Im Zwielicht eines Internetcafés an der Tschernyschewskaja zu sitzen und seinem Jungen bei der Arbeit zuzusehen. Eigentlich ein Wunderkind, Wladimirs Junge. Im Prozess Anlage gegen Umwelt unterstützt Wladimir unter Garantie die Klägerseite. In Sergejs Venen kreist der Stoff, aus dem die Träume aller Eugeniker sein müssen.

Bild dir bloß nichts ein, Wladimir. Für deine Zeit im Knast gibt es keine Vaterschaftspunkte. Schlag in der Bibliothek mal die Väter anderer Wunderkinder nach: Mozart, Puschkin usw. Waren die in den prägenden Jahren ihrer Kinder auch weg? Abwesenheit des Vaters zwingt das Kind, früher erwachsen zu werden, beschleunigt sein emotionales, kreatives und künstlerisches Reifen?

»Ha! Sehr witzig«, fuhr Sergej fort, der zwei Stühle weiter mit schwerem Akzent Englisch in ein Headset sprach, das die Cafégeräusche ausblendete. »Ich darf Ihnen versichern, dass der KGB und der IRS kein Austauschprogramm unterhalten.«

Zu viel Leben in der Stimme, um überzeugend einen Paragraphenreiter zu markieren. Geht mit zu viel Leidenschaft an die Sache ran. Einem Staatsdiener ist nur zu trauen, wenn seine Persönlichkeit so dünn und abgestempelt wie eine Stechkarte ist. Aber wer ist Wladimir denn, dass er den Maestro kritisieren dürfte?

»Immer mit der Ruhe, Mrs McGlinchy«, sagte Sergej. »Brieftaschen sind manchmal schwer zu finden.«

Wladimir hatte Abschlussfeiern und Schachturniere verpasst, weil er im Knast gesessen hatte. Er hatte seinen Sohn nie auf der Bühne gesehen. Hatte sich dieser glühende Stolz die ganze Zeit in ihm aufgebaut und wie eine prachtvolle Quecksilbervergiftung in seinem Stoffwechsel konzentriert?

Durfte Sergej die letzten Jahre nicht vergessen lassen, wenn er erst Krösus war. Durfte ihn nicht den ersten Tag nach der Krankenhausentlassung vergessen lassen. Durch den Gips und die weißen Verbände hatte sich Sergejs Bein versteift. Der arme Junge hatte den kniehohen Badewannenrand angesehen, als wäre es der Everest. »Ich will nicht duschen. Ich bin nicht schmutzig«, hatte er gesagt.

»Kein Problem, kein Problem«, hatte Wladimir gesagt, aber es war ein Problem. Und was für eins. Er hatte seinen Sohn noch nie gebadet. Wo fing man an? Sollte er Sergej als Erstes die Socken ausziehen? Das Hemd? Erst das Wasser einlaufen lassen? Zu Sergej in die Wanne steigen? Wegsehen?

»Ich will nicht. Ich bin nicht dreckig.«

Dabei konnte sein Gestank einen Komapatienten wecken.

Wladimir wickelte das bandagierte Bein in Müllsäcke ein, die er mit Gummibändern fixierte. Stellte einen Hocker in die Wanne. Zog seine Badehose an. Half seinem Sohn in die Wanne und setzte ihn auf den Hocker. Spie den rostigen

Nachgeschmack des Duschwassers aus. Zu heiß. Seifte seinem Sohn Haare und Schultern ein. Zu kalt. Achselhöhlen, Hüftknochen, Bauchnabel. Seltsame Körperpartien, die er letztmals gesehen hatte, als sein Sohn noch zu klein war, um seinen Namen zu buchstabieren. Diesen Erwachsenen konnte sein Vater immer noch in die Arme nehmen. Passte genau.

»Alles in Ordnung?«, hatte Wladimir gefragt.

Sergej hatte ein brüchiges Schluchzen von sich gegeben, und sein heißer Atem fühlte sich auf Wladimirs Haut an wie ein Fön. Könnte man doch bloß tauschen, konnte man aber nicht. Könnte man es doch bloß in Ordnung bringen, konnte man aber nicht. Könnte man doch bloß, kann man aber nicht. Warum ist es das Los der Kinder, in den Augen ihrer Eltern schön zu bleiben, wenn sie selbst sich so hässlich finden?

»Es ist nicht fair«, hatte sein Sohn gesagt.

»Nein, ist es auch nicht«, hatte Wladimir zugestimmt.

Er seifte Sergej Finger und Unterarme ein. Wer soll man sein, wenn nicht die Brust, auf die das eigene Kind eintrommelt? Die Schulter, auf der es balanciert? Die Hände, die es waschen? Aus der Dusche tröpfelten dampfende graue Streifen. An der geschlossenen Badezimmertür hing ein schlaffes Handtuch. Es gab so vieles, das Wladimir in Ordnung bringen wollte.

Sechs Monate später hatte er Sergej für einen Englischkurs angemeldet, den ein Australier mit englischen Zähnen gab. Al-Pacino-Zitate und Raptexte von Tupac galten als elementares Englisch, und Sergej konnte den Anfängerkurs überspringen. Zwei Jahre später war er gut genug, um Wirtschaftsenglisch I und II belegen zu können; Lehrbuch war Donald Trumps Autobiographie. In so reich gedüngtem Boden braucht Saat kaum Sonnenlicht, um aufzugehen.

»Herzlichen Dank, Mrs McGlinchy. Die letzten vier Ziffern lauten 2921? Dann korrigiere ich diesen Fehler in unserem System, und wir können das Steuerprüfverfahren einstellen.

Ich stamme in der Tat ursprünglich aus Russland. Lebe heute in Florida. Trinke Orangensaft und sitze so oft wie möglich am Strand.«

Der größte Bockmistverzapfer der Welt hängt sich ans Spundloch zum durstigsten Markt der Welt, und das alles nur mit einem Telefon. Wenn das der Kapitalismus ist, dann musste der Kommunismus ja scheitern.

Sergej wünschte Mrs McGlinchy noch einen schönen Tag und legte auf. »Na, wie findest du das?«

Wie Wladimir das fand? Sein Sohn war ein Drachentöter, das fand er. »Ich weiß nicht, was du gesagt hast, aber du hast es wunderbar gesagt.«

Sergej grinste verlegen.

Wladimir wollte seinen Sohn in die Arme nehmen und sagen: *Siehst du? Ich hab dir doch gesagt, du würdest ein glückliches Leben führen. Siehst du das endlich ein?*

Stattdessen fragte er: »Warum glauben dir diese amerikanischen Hohlköpfe?«

»Am Anfang haben sie das nicht«, gab Sergej zu. »Ich hab auf gut Glück Nummern angerufen, die ich aus Online-Telefonbüchern hatte, und gesagt: ›Hallo, Sie haben einen Sechser im Lotto, bitte nennen Sie mir Ihre Bankverbindung.‹«

»Und keiner hat dir geglaubt.«

Sergej schüttelte den Kopf. »Hab ewig gebraucht, bis ich die amerikanische Denke geschnallt hatte. Die Angst vor ihrer grausamen und launischen Regierung lastet schwer auf ihrer Psyche. Sie glauben eher, dass sie verlieren, was sie haben, als dass sie gewinnen, was sie wollen.«

Hatte die UdSSR etwa nicht das Monopol auf eingeschüchterte und gefügige Bürger?

»Dann bin ich lieber der Steuereintreiber als der Sechser im Lotto, hab ich mir gesagt. Aber das hat nicht gereicht. Immer noch zu viele Skeptiker. Dann ist mir etwas eingefallen, was du mal gesagt hast.«

Wladimir beugte sich vor.

»Über die Liste, auf der deine Mutter und du standen. Weil dein Vater ein Volksfeind war oder so. Ich hab mir gesagt, dass es irgendwo im Netz eine Liste von Amerikanern geben muss, die einfach alles glauben, auch wenn es noch so unplausibel ist oder ihre Intelligenz beleidigt.«

»Und? Gibt es eine solche Liste?«

»Ja.« Sergej schwenkte weißen Schaum im Glas. »Die Face-book-Seite der Fans von Tom Hanks.«

Wladimir hatte keine Ahnung, wovon sein Sohn sprach.

»Erinnerst du dich an Mutters besticktes Kissen? Wenn sie sich aufgeregt hat, dann hat sie doch immer dieses Kissen genommen, da reingebrüllt, und keiner hat was gehört. Das ist Facebook. Und *Forrest Gump,* den musst du doch gesehen haben.«

»Ist das ein Film über Wälder?«

»Nein, nein. Klassisches Erzählkino. Darüber, dass bei je-dem Fortschritt der amerikanischen Gesellschaft in den letz-ten fünfzig Jahren letztlich nur jemand mit Lernschwierig-keiten Schwein gehabt hat.«

»Ach so, ein sowjetischer Propagandafilm, ja?«

»Nein, das ist ein großer Hollywoodfilm. Den zeigen sie den Kindern da im Geschichtsunterricht.« Sergej trank den letzten schaumigen Schluck Baltika 7. »Also hab ich die Na-men und Geburtstage der Fans auf Tom Hanks' Facebook-Sei-te mit den White Pages abgeglichen. Jetzt kannst du fragen, warum man das eigene Geburtsdatum freiwillig ins Internet stellt, wenn das doch eine der drei Informationen ist, um jemandem die Identität zu stehlen. Das macht man, damit wildfremde Leute einem gratulieren können! Unfassbar, ich weiß. Als ich Mrs McGlinchy angerufen habe, hatte ich schon ihren Namen, ihre Adresse und ihr Geburtsdatum. Ich hab gesagt, ich wäre vom IRS, und sie gebeten, mir die nötigen Informationen zu geben, um ihre Identität zu beweisen. Der Trick ist: Amerikanern muss man das Gefühl geben, dass er dich von seiner Identität überzeugen muss und nicht umgekehrt. Fans von Tom Hanks fallen darauf vielleicht zehnmal leichter rein als der Durchschnittsamerikaner.«

»Weil sie nicht richtig im Kopf sind?«

»So weit würd ich nicht gleich gehen«, entgegnete Sergej. »Aber wer ihn als Schauspieler mag, weiß nicht viel über das Wesen des Menschen, so viel steht fest.«

Ging damit nicht die Hoffnung eines jeden Vaters in Erfüllung? Das eigene Kind mit dem Selbstvertrauen und der Unterstützung zu versehen, die Gunst der Stunde zu nutzen und da Erfolg zu haben, wo man selbst gescheitert war? Sein Junge ein Unternehmer. Plötzlich wallte ein seltsamer Patriotismus in ihm auf, Dankbarkeit für die Vision seiner Staatsoberhäupter. Hier im Neuen Russland fesselte einen nichts an die Vergangenheit. Der Enkel eines Volksfeinds, der Sohn eines Sträflings, konnte ein erfolgreicher Geschäftsmann werden.

Sergej erklärte, auch wenn er jetzt Mrs McGlinchys Bankverbindung hätte, würde er keinen roten Heller anrühren. Natürlich nicht. Sein Sohn war ehrlich und nahm Rücksicht auf die Gefühle anderer, das hatten schon seine Lehrer in der Grundschule immer gesagt. Stattdessen würde er in ihrem Namen ein paar Dutzend Kreditkarten beantragen, sie mit gefälschten PayPal-Konten vernetzen und seinem Privatkonto bei der Sberbank Tausende von Dollar überweisen.

»Selbst wenn sie nicht kreditwürdig sein sollte, bekommen wir noch drei- bis viertausend Dollar. Und es ist ja nicht so, als würden wir Mrs McGlinchy was wegnehmen, sondern nur den Kreditinstituten.«

Ein herrliches Wort: *wir.* In die Intimität eines Personalpronomens einbezogen zu werden. Gehe hin, mein Sohn, aber nimm mich mit.

»Ich glaube, was ich da mache, ist nicht mal illegal. MMM und die ganzen anderen Pyramidensysteme? Da ist keiner für ins Gefängnis gegangen. Die Banker im Westen, die die Weltwirtschaft versenkt haben? Die sind nicht ins Gefängnis gegangen. Da treibt einfach nur der freie Markt sein Unwesen.«

»Nur Terroristen wandern für das, was sie am Telefon sagen, ins Gefängnis«, sagte Wladimir. Gieß die Saat des Ehrgeizes mit viel Liebe und Unterstützung. »Du musst dich für deinen Erfolg nicht entschuldigen. Ein Laie kann die Komplexitäten der Hochfinanz unmöglich nachvollziehen.«

»Ich möchte etwas richtig machen.«

»Mein Serjoscha, mein kleiner Oligarch. Du schlägst dich so gut.«

Sergej hinkte auf die Toilette, und in seinem Gang lag so viel Hochstimmung, dass er fast aufrecht ging.

Wladimir setzte sich auf Sergejs Platz. Der Computer starrte ihn nieder. Für ihn nichts als ein Fernseher, der über ein paar wacklige Telefonkabel mit einer Schreibmaschine verbunden war. Er setzte das Headset auf. Nichts.

Ein halbiertes Plastikei lag auf einem blauen Schaumstoffviereck. War das der Hörer? Er hielt ihn ans Ohr. »Bist du da, Gogol? Ich suche jemanden.«

Der Bildschirm blinzelte nicht. »Hallo? Gogol?«

Die Kellnerin legte ihm eine Hand auf die Schulter. Ein breites Lächeln lag auf ihren Lippen. Wimpern dicker als Füllerstriche. »Das ist eine Maus. In die spricht man nicht hinein.«

Er beäugte das Plastikei. »Mit Mäusen kenn ich mich aus«, sagte er. »Das ist keine.«

»Man *nennt* es nur eine Maus«, erklärte sie. »Setzen Sie sie auf das Mousepad und schieben Sie sie hin und her.«

Ein kleiner weißer Pfeil zog über den blauen Vogelhimmel.

»Sehen Sie?«, rief er und schlug mit der Handfläche auf den Tisch. »Die Maschine hat kampflos kapituliert. Kasparow hat sie vielleicht geschlagen, aber sie hütet sich, es mit mir aufzunehmen.«

Die Kellnerin lachte, ihre grazilen Finger berührten nur leicht seine Schulter, welch ein herrlicher Tag. Sie öffnete den Internet Explorer, bevor sie an die Kasse zurückging. »Es heißt Google, nicht Gogol. Sie tippen ein, wonach Sie suchen, und drücken dann Enter.«

Er musterte die Tastatur. Eine sinnlose Anordnung. Nicht mal das Alphabet fügte sich der Ordnung des Alphabets. Immer mussten alle Individualisten sein, jeder hielt sich für eine kostbare kleine Schneeflocke und war doch bloß ein ordinärer Wassertropfen.

Am besten mit was Einfachem anfangen, damit dieser Google warmlaufen konnte.

ist die erde flach, tippte er.

Bilder von Globen, Biographien von Kolumbus, Äquatorumfänge und Krümmungen drängten mit schwindelerregender Plötzlichkeit auf den Bildschirm. Wladimir hatte erwartet, Google würde schlicht und einfach mit *da* oder *njet* antworten, aber das war hier etwas anderes.

Er tippte *japan:* Essstäbchen, Hochhäuser in Tokio, Wikipedia-Artikel, Reiseführer, Pilzwolken.

Er tippte *knie,* und tausend verschiedene Knie klappten auf, dazu erschöpfende Auflistungen sämtlicher Knochen, Muskeln und Sehnen, Diagnosen und Therapien für alle möglichen Verletzungen von Arthritis bis hin zu Schusswunden.

Wie konnte man eine ganze Welt an Informationen in diesen kleinen Metallkasten quetschen? Er bekam nicht mal ein Huhn in seinen Ofen-Toaster, und hier passte ein ganzes Universum rein. Selbst er als Atheist empfand das fast als Sakrileg. Niemand sollte so viel wissen. Das musste doch verboten sein. Er sah sich um, überzeugt, dass Sicherheitskräfte in dunklen Anzügen den Raum stürmen, den Computer beschlagnahmen und ihn in Handschellen abführen würden. Aber nichts als hibbelige Teenager, die sich in blutbespritzten Lichtquadern gegenseitig wegpusteten.

Wenn diese Maschine alles wusste – ob sie dann auch seinen Vater kannte?

wassili markin. Er drückte nicht auf Enter, noch nicht, weil er den Namen seines Vaters noch nie geschrieben hatte, noch nie geschrieben gesehen hatte. Der Cursor blinkte ungeduldig. Konnte dabei etwas Gutes herauskommen? Man musste vorwärts schauen. Nicht zurück. Der Randbereich des Sichtfelds spielt keine Rolle. Hinter einem liegen nur Ruinen.

Er löschte *wassili osipowitsch markin* und tippte *roman osipowitsch markin*.

Er wollte Enter drücken, stand aber schon neben dem Stuhl und wich zurück. Er ... Herrgott, weinte er etwa?

Du bist zu einem streng riechenden Stück Käse herangereift, Wladimir.

Ja, gut, okay. Schafft mich hier bloß raus.

»Stimmt was nicht?«, fragte die Kellnerin am Ausgang.

»Ich habe einen Knoten im Hals«, gab er zu.

»Oh mein Gott«, sagte sie. Sie war jung genug, um seine Schwiegertochter zu sein, sah ihn aber an, als wäre sie seine Mutter. »Ist er bösartig?«

»Sagen Sie Sergej, ich fühle mich nicht wohl. Sagen Sie ihm, ich geh schon nach Hause.«

Als Sergej von der Toilette zurückkam, war sein Vater verschwunden. Er setzte sich an den Computer. Der Cursor blinkte hinter *roman osipowitsch markin* in der Suchzeile. Der Onkel seines Vaters. Neugierig drückte Sergej Enter.

Nadja

An einem Julimorgen im Jahr 2002 wickelte ein Moskauer Augenarzt die Verbände um Nadjas Kopf ab.

»Alles wird verschwommen aussehen«, sagte er. Sie öffnete das rechte Lid, und drei Jahre Dunkelheit gingen zu Ende.

Das Sprechzimmer des Augenarztes war ein Gerhard Richter aus den 1970ern, eine Vierteldrehung neben der Scharfeinstellung. Als sie die Arme ausstreckte, konnte sie die Finger an den Händen nicht zählen, sah aber, dass sie da waren. Ruslan war auch da. Sie verflocht ihre Finger mit seinen.

Drei Schwestern kamen ins Sprechzimmer gelaufen, als sie Ruslan rufen hörten. Sie blieben zögernd an der Tür stehen, denn die Schreie der Kranken, der Leidenden, der Sterbenden und der Trauernden waren ihnen wohlvertraut. Sie kannten alle Ausdrucksformen des Leids. Ausrufe des Frohlockens waren ihnen weniger bekannt.

Am zweiten Tag, an dem sie sehen konnte, schenkte er ihr eine Farbtabelle. Sie enthielt eintausendachthundert Farbnamen. Atollblau. Berylgrün. Satingold. Almandinrot. Sie las sie immer wieder, bis sie sämtliche Farbtöne in der Theke eines Eiscafés, im Journalistenpark und am Morgenhimmel benennen konnte. Als Poet konnte Alexander Puschkin dem Farbtabellentexter nicht das Wasser reichen.

Acht Monate nachdem sie aus dem Krankenhaus entlassen worden war, heirateten sie. Als Teenagerin hatte sie sich vorgestellt, die Liebe wäre eine emporschießende Flamme, die den Nachthimmel erhellte. Was sie mit Ruslan hatte, gab eine Wärme ab, die mehr Freundschaft als Romanze war. Ihr sollte das recht sein. Lieber die laue Wärme einer Hand in der eigenen als eine Feuersbrunst am Himmel. Er rieb ihre Narben mit Feuchtigkeitscreme ein, und sie ließ endlose amerikanische Slapstick-Komödien über sich ergehen. Sie schufen sich ein gemeinsames Leben aus kleinen Aufmerksamkeiten. Es gab außergewöhnliche Tage.

Im Krankenhaus Nr. 6 in Woltschansk brachte sie ihre Tochter Makka zur Welt. Ein Mädchen mit grünen Augen, die Tochter der Chefärztin für Chirurgie und Maskottchen der Entbindungsstation, verlangte mit der Verstocktheit eines Brückentrolls ein Souvenir. Ruslan schenkte ihr eine der Touristenbroschüren, die er immer noch in der Manteltasche hatte.

Das Ende von Ruslans Karriere als Stadtführer war der Beginn seiner Karriere im Ministerium. Der Oligarch, der den Sacharow gekauft hatte, hatte einen Narren an Ruslan gefressen und ihn zum provisorischen Innenminister gemacht. Sein Vorgänger war in eine amerikanische Stadt namens Muskegon gezogen und wohnte, soweit Nadja wusste, immer noch im Keller der Apotheke seines Sohns. Ruslans Portefeuille als stellvertretender Minister beschränkte sich im Alltag darauf, Bestechungsgelder anzunehmen. Seine Untergebenen nannten ihn ein Naturtalent. Irgendwer musste immer geschmiert werden, und anscheinend fand die Welt, dass jetzt Ruslan an der Reihe war. Nadja hatte nichts dagegen.

Um zu beweisen, dass er verstanden hatte, dass die private Bereicherung oberstes Gebot eines Staatsdieners ist, bestand Ruslans erste Amtshandlung darin, im Hochland seines Herkunftsdorfs eine Minenräumung zu veranlassen, und man begann mit Sacharows Wiese. Nadja selber war nie dort gewesen und kannte sie nur von dem Gemälde. Sie hatte Geschichten gehört, Ruslans erster Schwiegervater, ein ziemlicher Tölpel, aber mit Verbindungen zu den Aufständischen, hätte das Grundstück zum geheimen Unterschlupf der Rebellen ausgebaut. Man munkelte sogar, er hätte dort russische Soldaten gefangen gehalten. Ruslan erzählte ihr, das Häuschen würde seit langer Zeit verfallen, und sie dürften nicht überrascht sein, wenn es heute eine Ruine wäre.

Zu Nadjas Überraschung zog Ruslan sie dann an sich, als sie nach der Minenräumung erstmals dort standen. Sie spürte sein Gewicht an der Schulter. Die Wiese war von gesprenkeltem Cézanne-Grün. Ein Dutzend Meter vor ihr verschmolz das Land im Frühlingslicht. Es sollte noch ein Jahr vergehen, ehe sie bis zur Hügelkuppe sehen konnte.

»Stimmt was nicht?«, fragte sie.

»Es ist alles da«, sagte er mit Staunen in der Stimme. Nadja kannte das Gefühl: die gespenstische Entdeckung einer Übereinstimmung zwischen Vergangenheit und Gegenwart, die Erkenntnis, dass nicht alle Erinnerungen Trugbilder sind.

Sie wollte ihn bewegen weiterzugehen, aber er stützte sich stärker auf ihren Arm.

»Die Datscha und die Steinmauer sind renoviert. Dahinter ist wieder ein Kräutergarten angelegt worden.« Er beschrieb ihr die Ansicht in kurzen Aussagesätzen, eine Angewohnheit, die er auch dann nicht ganz ablegen sollte, als sie auf dem rechten Auge ihre volle Sehkraft zurückerlangt hatte. »Es ist alles da.«

»Was stimmt dann nicht?«, fragte sie.

»Wo soll ich anfangen?«

»Was stimmt dann?«, fragte sie.

»Das ist eine Fangfrage.«

Sie strich ihm über den Nacken, spürte, wie sich seine Flaumhärchen unter den Fingerkuppen aufrichteten. Ein grauer Vogel am Himmel ließ seinen Schatten über den Boden gleiten. Der Sonnenschein glühte auf ihren Wangen. Sie küssten sich tagsüber selten.

Am Nachmittag gingen sie mit einer Schaufel auf die Wiese. Ruslan bestand darauf, ihr vorsichtshalber ein Dutzend Schritte vorauszugehen. Die Minenräumer hatten dreiundzwanzig Minen vom Hügel entfernt. Die Kuhlen hatten nur die Breite von Gullydeckeln. Dazwischen lagen zwei Explosionskrater, einer am Ende des Kräutergartens, der andere weiter oben am Hügel.

»Ich weiß nicht, welcher ihrer ist«, sagte er stirnrunzelnd, und seine Hände zitterten. Was er nicht wusste, schüchterte ihn ein, verängstigte ihn. Jeder Tag vergrößerte das Ausmaß seines Nichtwissens.

Er stieg in jedes Loch hinab und suchte in der Erde nach Überbleibseln. Was er fand, legte er oben am Kraterrand ins Gras und bückte sich wieder wie ein Kind, das nach Münzen taucht. Fetzen rosa Seide. Ein marmorierter brauner Knopf. Die geschmolzene Sohle einer Sandale. Eine gesplitterte Kassette. Sie setzte das Plastik zusammen, um die halb abgekratzte Aufschrift zu entziffern: *F r ol a. Für   otfall!!! Vol. 1.*

Ruslan hatte die Hose bis zu den Knien hochgekrempelt, Hände und Füße waren erdig, und Nadja konnte sich nur zu gut vorstellen, dass er ein Junge gewesen war, dem seine Mutter ständig mit einem Besen hinterher fegen musste. Da er sonst nichts beisetzen konnte, teilte er die Funde in zwei Häufchen und legte eines auf jeden Kraterboden. Am restlichen Nachmittag und bis in den Abend schaufelte er burgunderrote Erde in die Krater. Er konnte keine Leichen bestatten, nur Löcher füllen.

In den nächsten Jahren verbrachten sie im Frühjahr und Sommer Wochenenden in der Datscha und die restliche Zeit in Grosny. Mit Mitteln, die aus einem Dutzend dringender benötigter Infrastrukturprojekte abgezweigt worden waren, wurde das Museum für Heimatkunst wieder aufgebaut. Nadja wurde wieder Chefrestauratorin. Sie schloss ihre Dissertation über den Zensor Roman Markin ab und baute eine Website auf, auf der sie seine gefälschten Bilder katalogisierte.

An einem Sommertag kam Besuch auf die Datscha. Ein junger Mann. Kurzgeschorene Haare und so weite Baggy-Jeans, dass eine dreiköpfige Familie hineingepasst hätte. Ruslan und Makka hatten am Hügel gespielt. Nadja sah, wie der Fremde mit einer zwischen den Händen ausgebreiteten Landkarte näher kam. Die Karte flatterte nicht in der Brise. Sie steckte in einem Blattgoldrahmen.

Sie band sich ein Kopftuch um, wartete auf Ruslan, und zusammen gingen sie auf den Mann zu.

»Sie sehen aus, als hätten Sie sich verirrt«, sagte Ruslan.

Der junge Mann betrachtete die üppigen grünen Stufen, die sich den Hügel hinaufzogen. Das Gras der leeren Wiese wiegte sich, wenn der Wind die Halme umfächelte. »Es ist so friedlich«, sagte der junge Mann und verbarg die gerahmte Karte jetzt vor ihnen. »Können Sie mir sagen, ob hier jemand durch eine Landmine umgekommen ist?«

Ruslan trat auf den jungen Mann zu und packte ihn im Nacken. Seine jähe Bewegung verblüffte Nadja.

»Zeit für eine Erklärung«, sagte er.

Der junge Mann hob die Karte, und erst als sie die Konturen des Hügels wiedererkannten, sahen sie, worum es sich handelte.

Beim Tee im Wohnzimmer erklärte der junge Mann alles. Er hatte erfahren, dass sein Bruder auf dem Hügel gestorben war, den das Bild zeigte, und die Stätte mit eigenen Augen sehen wollen. Als Ruslan fragte, wie er zu dem Bild gekommen sei, schüttelte der andere den Kopf und lächelte, als wollte er sagen, im Leben sei Platz für fast alles, aber nicht für jede Erklärung. »Kennen Sie den Film *Das Lügengespinst?*«, fragte er.

Ruslan fuhr mit den Fingern über den vergoldeten Rahmen und sog die modrigen Unebenheiten der Leinwand tief ein. Nadja ließ ihn nicht aus den Augen. Zwei manieristische, schwarz gemalte Gestalten liefen den Hügel hinauf. Ruslans Fingerspitzen schwebten über ihnen, als suchten sie ihre Wärme.

Nadja und Makka blieben im Haus, und die beiden Männer stiegen den Hügel hoch.

»Ich habe gehört, dass im Krieg hier zwei russische Soldaten gefangen gehalten wurden«, sagte Ruslan. »Sie haben alles wieder instand gesetzt. War übrigens gute Arbeit.« Er brach ein Minzzweiglein ab und gab es dem anderen. Der junge Mann schob sich ein Blatt in den Mund und drückte es mit der Zunge an den Gaumen. Sie stiegen zu den beiden Grabsteinen hinauf. »Ich habe bei meiner Rückkehr zwei Minenkrater vorgefunden. Der eine könnte der Ihres Bruders sein.«

Der junge Mann kniete sich hin und zog den Reißverschluss seiner Reisetasche auf. In Unterwäsche und Sockenbälle eingebettet lagen da drei Einmachgläser, zwei voller Asche, das dritte leer. Er füllte das leere Glas mit Erde. »Als Kinder haben wir gespielt, die Welt würde untergehen, und er würde in eine Rakete steigen und in den Weltraum davonfliegen.«

Ruslan blinzelte in den flüssigen Schimmer Sonnenlicht am Horizont. Etwas explodierte. Seine Welt war untergegangen. Er war noch hier.

»Ich glaube, ich gehe jetzt«, sagte der junge Mann.

Ruslan war noch nicht fertig. »Ohne den Sacharow.«

»Wie bitte?«

»Das Bild. Es bleibt hier.«

»Aber es gehört mir.«

»Es gehört hierher.«

Das weiche Gesicht des jungen Manns wurde hart wie ein Klümpchen geschmolzenes Kerzenwachs. »Ich nehme jetzt mein Bild und gehe.«

Ruslan trat einen Schritt näher, bis er das Minzblatt roch, das auf der Zunge des jungen Manns welkte. »Ich sehe das so: Sie haben zwei Möglichkeiten. Sie verkaufen es mir, und ich fahre Sie zum Flughafen. Oder ich nehme es Ihnen weg, und Sie schlagen sich allein durch. Sie sind weit weg von zu Hause in einem Land, das Sie nicht verstehen. Überlegen Sie es sich gut.«

»Die Erinnerung ist der einzige Grundbesitz, von dem wir nicht vertrieben werden können«, sagte der junge Mann. »Nabokov hat das geschrieben.«

»Gut zu wissen. Wofür entscheiden Sie sich?«

Der junge Mann betrachtete das Gemälde ausgiebig. »Das gibt's garantiert als Poster.« Beide warfen noch einen Blick auf den Hügel, bevor sie ins Haus gingen. Es waren keine Schatten zu sehen.

Mit drei Einmachgläsern und zehntausend US-Dollar im Koffer flog der Mann an einen Urlaubsort am Schwarzen Meer. Drei Tage lang schlenderte er die Strände entlang, seine Füße gruben sich in den braunen Sand, und seine blassen Wangen nahmen den Farbton dauerhaften Errötens an. Der Strand lag näher an der Sonne als jeder Landstrich, den er je gesehen hatte. Am vierten Tag schulterte er die Reisetasche und ging zum Strand. In der Hand hatte er eine zerknitterte Postkarte und folgte dem Uferverlauf, bis er die Stelle gefunden hatte, die auf der Postkarte zu sehen war. Niemand konnte ihn zwingen, die Postkarte zu verkaufen. Die dick eingecremten, leicht bekleideten Schwimmer könnten sich gewundert haben, warum der schmächtige junge Mann in einer leopardenfellgemusterten Speedo mit drei Einmachgläsern ins Meer gegangen war. Aber wahrscheinlich war er ihnen gar nicht aufgefallen.

Eine Welle stürzte ihn in einen dämmergrünen Tunnel. Seinen Hals umrankten Taue aus Seewasser. Die nächste Welle brach sanft an seinem Rumpf. Mit einem Arm schwamm er auf dem Rücken. Der andere drückte die drei Gläser an die Brust. Silbrige Fischschwärme schossen an ihm vorbei. Da war er nun. Er konnte es kaum fassen. Als er an der Mole vorbeigeschwommen war, so weit hinaus, dass er das ganze Meer bis zum Horizont für sich hatte, schraubte er die Gläser auf und ließ sie ins dunkle Blau sinken.

Sergej

Zum Geburtstag kaufte er seinem Vater ein Smartphone.

»Ich habe schon ein Telefon«, sagte sein Vater. »Es ist mit Kabeln in der Wand befestigt, damit es nicht verlorengehen oder gestohlen werden kann. Da glaub ich nicht, dass so ein Smartphone wirklich schlauer ist.«

»Ich hab's dir wegen der Kamera geschenkt. Schau mal«, sagte Sergej. Er schaltete es ein, und das Telefon piepste. »Es hat zwei Kameralinsen. Die eine zeigt von dir weg, und die andere zeigt auf dich.«

»Wir leben in beunruhigenden Zeiten.«

»Damit kann man sich selbst –«

»Jetzt werd nicht vulgär.« Sein Vater funkelte ihn an.

Sergej ging durchs Zimmer und blieb vor der Wand mit den Porträts seines Vaters stehen. Wenn er ein schwieriges Thema anschneiden wollte, wandte er sich immer an eins der verständnisvolleren Fotos seines Vaters. »Ganz schön optimistisch, so viel Platz frei zulassen, findest du nicht?«, fragte er und deutete auf die freie Fläche neben dem letzten Foto.

»Das ist mein Vermächtnis. Wenn du Vater wirst, kannst du

Fotos von dir an die Wand hängen, und dein Sohn wird dich für einen verblendeten Narzissten halten.«

»Hoffen wir, dass du noch lange lebst«, sagte Sergej und hustete in die hohle Hand. »Vor ein paar Jahren hab ich die Website einer Kunsthistorikerin aus Grosny gefunden. Sie hat ihre Diss über deinen Onkel geschrieben. Den Zensor.«

Sein Vater schwieg.

»Sie eröffnet nächsten Monat eine Art Kunstausstellung über ihn. Hier in Sankt Petersburg.«

»Soweit ich unterrichtet bin, verstößt das Ausbuddeln von Leichen und das Herumalbern mit Skeletten immer noch gegen das Gesetz«, sagte sein Vater.

»Ich weiß nicht, ob das auch für alte Fotos an der Wand gilt.«

»Bloß weil etwas nicht verboten ist, ist es noch lange nicht richtig.«

»Sagt der Mann mit alten Fotos an den Wänden.«

Sein Vater machte mit den Lippen ein Furzgeräusch. Sergej ließ sich in den Sessel mit den Teeflecken fallen. Er wusste natürlich, dass sein Vater den Namen *roman markin* in die Suchmaschine eingegeben hatte, damit Sergej ihn finden konnte. Keiner von ihnen konnte sich die Schwäche einer direkten Bitte leisten, aber dafür waren sie beide für die Andeutungen des anderen sensibilisiert worden. Sergej schlug etwas vor, und sein Vater lehnte ab. Je hartnäckiger sein Vater Widerstand leistete, desto näher fühlte sich Sergej dem freiliegenden Nerv, der so tief in seinem Vater wurzelte, dass er vielleicht sein Herz darstellte.

»Geh da mit mir hin, Papa.«

»Nur über meine Leiche.«

Wladimir

Am Abend der Vernissage stopfte eine dicke Paste aus Ju-
lischwüle die Lücken im Verkehr auf dem Newski-Prospekt.
Wladimirs Uhr zeigte halb acht. Die am Firmament stehende
Sonne, die ihm hell und warm ins Gesicht schien, sagte früher Nachmittag. Zu früh, zu spät, Wladimir konnte es nicht
mehr sagen.

»Gehen wir rein«, sagte Sergej. Sie waren eine Stunde lang
um den Block gelaufen. »Die machen bald zu.«

An der Ecke kniete ein spindeldürrer Eisverkäufer und
steckte den Kopf in seine Tiefkühltruhe.

»Glaubst du, eine Tiefkühltruhe eignet sich dafür genauso
wie ein Ofen?«, fragte Wladimir.

»Ich glaube, der will sich bloß abkühlen.«

Wladimir suchte die Straße nach weiteren Werkzeugen
zur potenziellen Selbstverletzung ab. Das konnte doch nicht
so schwer sein. Die unfassbarsten Todesfälle ereigneten sich
innerhalb der Stadtgrenzen einer beliebigen Metropole. An
einer Straßenecke in Petersburg zu stehen musste lebensge-
fährlich sein.

Lass mich tot umfallen, bevor wir am Eisstand vorbei sind.

Er ging am Eisstand vorbei.

*Lass mich tot umfallen, bevor ich zu dem blinden Sonnenbril-
lenverkäufer komme.*

Er ging am Sonnenbrillenstand vorbei.

Vor ihnen ragte die Galerie auf. Die polierte Türklinke
schimmerte. Wenn er auf der Stelle starb – ob nun durch
Herzinfarkt oder Blitzschlag –, konnte er sich im letzten Augenblick als von allem verschont ansehen, was ihn da drinnen erwartete.

Lass mich tot umfallen, bevor ich die Tür öffne.

Er öffnete sie.

Ein paar Besucher liefen durch die Ausstellung. Wladimir
sollte sich später an niemanden erinnern. Er sollte sich daran

erinnern, wie er seinem Sohn die Tür aufhielt, in die kühle Luft der Galerie trat, hochsah und das auf eine Größe von zwei Metern aufgeblasene erkennungsdienstliche Foto seines Onkels erblickte, der ihm in die Augen sah. *Roman Markin: 1902-1937.*

»Alles klar?«, fragte sein Sohn.

Er hatte nicht gemerkt, wie sehr er sich auf Sergej stützte.

»Entschuldige. Dein Bein.«

»Meinem Bein geht's gut. Stimmt was nicht?«

»1937. Das ist das Jahr, in dem ich meinem Lehrer gesagt habe, mein Onkel wäre ein Spion.«

»Es ist nicht deine Schuld.«

»Ich hab gedacht, er geht ein paar Wochen ins Gefängnis, bis seine Unschuld erwiesen ist. Wie konnte er für etwas exekutiert werden, das er nicht getan hat?«

»Das war auf dem Höhepunkt der Säuberungen. Er hat einfach Pech gehabt. Du warst ein kleiner Junge, Papa.«

Eine Frau im langen Rock und mit zu viel Make-up kam auf sie zu. Ihre linke Wange überzog ein erhabenes Relief Narbengewebe.

»Ich war ein Spitzel«, sagte Wladimir und sah wieder das Kopfbild an. »Ein Spitzel.«

Auf dem Namensschildchen an der Bluse der Frau stand *Nadja Dokurowa, Kuratorin.*

»Danke für Ihren Besuch«, sagte die Kuratorin.

Onkel, dachte er.

»Wir freuen uns über Ihr Interesse«, sagte sie.

Onkel, dachte er.

»Das Museum schließt jetzt«, sagte sie.

Onkel, dachte er.

»Stimmt was nicht mit ihm?«

Ich will nicht sterben.

»Mein Herr?«

Noch nicht.

»Papa, brauchst du einen Arzt?«

Noch nicht, mein Sohn.

Sergej legte Wladimir einen Arm um die Schultern, um ihn zu stützen. »Ich halte dich«, sagte er. Wladimir ließ sich von ihm zu einem Holzstuhl neben einer unberührten Platte mit Käsewürfeln leiten. Die Frau fächelte ihm mit einem Ausstellungskatalog Luft zu.

»Alles in Ordnung?«, fragte sie.

Sergej drückte ihm beruhigend die Hand. »Frag sie, was du fragen musst«, sagte er. »Es ist wichtig.«

Wo ist mein Arschloch von Sohn hin? Was ist das für ein Weiser, zu dem er geworden ist?

»Dieser Zensor, dieser Roman Markin« – Wladimir deutete auf das vergrößerte Kopfbild, das im Kresty in der Nacht der Festnahme aufgenommen worden war –, »erzählen Sie mir von ihm. Bitte.«

Die Kuratorin warf einen Blick auf die Uhr und zog die Lippen zu einem blassen Strich zusammen, aber der Stapel unberührter Kataloge und die nicht angerührten Käsewürfelpyramiden zeigten deutlich, dass die Vernissage kaum Besucher angezogen hatte. Vielleicht brachten diese Gäste ja Interesse mit.

»Man darf wohl sagen, dass er der fähigste und produktivste Zensor der UdSSR war«, sagte sie. »Seine technische Meisterschaft war unübertroffen. Hätte er sich aufs Malen anstelle des Zensierens verlegt, wäre das hier nicht seine erste Ausstellung.«

»Warum wurde er festgenommen?«, fragte Wladimir.

Die Frau legte die Zeigefinger aneinander. »Das ist nicht ganz klar. 1937 wurde er nach falschen Anschuldigungen verurteilt. Er soll mit einer Tänzerin in Verbindung gestanden haben, die angeblich zu einem polnischen Spionagering gehörte. In den Gerichtsunterlagen findet sich ein vorbereitetes schriftliches Geständnis, Augenzeugen der Verhandlung sagen aber, er hätte sich geweigert, auszusagen oder zu gestehen.«

»Sie wissen also nicht, warum er festgenommen wurde? Wer ihn verraten hat?«

Sie zuckte die Schultern. »Er hat 1937 für den Staat gearbeitet. Da gibt es kein Warum. Wenn Sie lange genug in einem Frisiersalon arbeiten, werden Ihnen irgendwann die Haare geschnitten.«

Da hätte er gehen können. Sergej hätte es verstanden. Ihre Silhouetten lagen langgezogen auf dem leeren Museumsboden. Nach einem Blick auf die Uhr sah die Kuratorin ihn wieder an und sagte nach kurzem Zögern: »Wünschen Sie eine Führung?«

Sie führte sie die eine Seite der Galerie entlang und erklärte die Scheu des Sicherheitsapparats vor der Macht der Bilder, die Geschichte der Änderungen und der Zensur, das Schablonieren mit Ausziehtusche und die frühe Anwendung und Verfeinerung des postmodernen Werkzeugs fotografischer Manipulation: die Spritzpistole. Er stützte sich auf Sergej. Sie kamen an einer Wand mit Bildern von Männern und Frauen mit geschwärzten Gesichtern vorbei.

In einem Nebensaal hing in einer Standvitrine Rousseaus Dschungelkatze. Er ging darum herum – auf der einen Seite Stalin, auf der anderen der Leopard. Daneben hing ein Landschaftsbild aus dem 19. Jahrhundert in zarten Grün- und Gelbtönen.

Die Kuratorin sprach, und Sergej nickte, aber Wladimir bekam nichts mit. Eine Raubkatze teilte die breiten Wedel. Über ihr wiegten sich tellerbreite Blätter. Eine rote Sonne leuchtete.

»Mit diesem Bild fing für mich alles an«, sagte die Kuratorin, als sie wieder im Hauptsaal der Galerie standen. »Das ist das Bild, auf das sich die Anklage in Markins Prozess berief. Es enthält aber auch eines von Markins Mysterien. Schauen Sie es sich genau an. Fällt Ihnen etwas auf?«

Auf dem ersten Foto schwebte eine Hand über einer Bühne. Daneben hing das unveränderte Originalbild, dessen Negativstreifen die Sowjetunion in einem falsch markierten Aktenschrank überlebt hatte. Wladimir musterte die Tänzerin: dunkle, vom Sonnenlicht gesprenkelte Locken; graue Iriden unter dem Doppelbogen schmaler Augenbrauen; ein dunkler Federkranz; Ohren eher durchschnittlich.

Irina Portnowa war von 1932 bis 1937 Primaballerina des Kirow-Balletts (heute wieder das Mariinski), stand auf dem Info-Täfelchen. *Ihre Karriere endete, als sie wegen Spionage, Sabotage und staatsfeindlichen Umtrieben in einem polnischen Spionagering unter Anklage gestellt wurde. Wenn Sie Markins gefälschte Version zur Linken betrachten, sehen Sie, dass über der Bühne noch die Hand der Portnowa schwebt. Ist das ein Versehen? Eine Warnung an die Adresse des Betrachters? Ein Akt der Dissidenz? Schwer zu sagen. Betrachten Sie den Hintergrund beider Bilder. Wenn Sie beide genau untersuchen, entdecken Sie in der zensierten Version eine zusätzliche Figur, die –*

Er drehte sich zu dem veränderten Foto.

»Etwas fällt an Roman Markow auf«, sagte die Kuratorin. »Wenn er ab Mitte der dreißiger Jahre ein Gesicht aus einem Foto oder Gemälde auslöschte, fügte er immer ein anderes hinzu.«

Dein Vater ist da, hatte sein Onkel zu ihm gesagt, *im Hintergrund, wo niemand ihn sehen kann –* wo, Onkel, wo ist er? In dem dunklen Anzug? Unter den Epauletten des Generals? Nein, nein, nein, nein, nein, bis, endlich, mein Gott, ja, da ist er, im Publikum, graue Augen, Haarwirbel, friedlich, am Leben. Du dachtest, du hättest sein Gesicht vergessen. Er wäre verloren. Ausgelöscht. Fort. Aber da. In der dritten Reihe. Er starrt heraus. Betrachtet nicht die Tänzerin. Sondern dich. Jetzt hier zu stehen, so spät im Leben, und deinen Vater zu erkennen, zu finden, das macht die ganze Welt, die du durchwandert hast, so schmal wie einen Grashalm.

»Wenn Sie sich die Exponate an dieser Wand anschauen, werden Sie sehen, dass dieselbe Person auf jedem einzelnen zensierten Bild wieder auftaucht«, fuhr die Kuratorin fort. »Die Info-Kärtchen beschreiben jeweils, wo genau. Manchmal ist er ein Junge, manchmal ein Mann, manchmal ein Greis. Oft wird er dort eingefügt, wo der zensierte Mensch entfernt worden ist.«

»Wer ist das?« Wladimir brachte die Frage kaum heraus.

»Das versuche ich seit Jahren herauszufinden«, sagte sie.

Gemessenen Schritts ging er an der Wand entlang und stützte sich auf Sergejs Arm. Die Fotos und Gemälde waren chronologisch gehängt worden – nicht nach dem Datum ihrer Entstehung beziehungsweise Fälschung, sondern nach dem Alter der von Markin eingefügten Figur.

Sein Vater als Jugendlicher, der auf einen Traktor stieg.

Sein Vater als junger Revolutionär in einer ausgebeulten braunen Jacke, der mit erhobener Forke durch die Oktoberstraßen rannte.

Sein Vater im dunklen Anzug mit Marinemütze auf dem Kopf, im Arm eine Frau, die sich auf den zweiten Blick als Wladimirs Mutter erwies.

Sein Vater, der einen fünfjährigen Wladimir an der Hand hielt.

Sein Vater als Wissenschaftler.

Als Politiker.

Als Koch.

Als Bauer.

Als Schweinezüchter.

Als Maurer.

Als Vorarbeiter.

Als Nachtwächter.

Als Geiger.

Als Großvater.

Er sah seinen Vater im Hintergrund jedes Bildes altern. Sein Haar wurde grau und dünnte zu Spinnfäden aus. Die Falten wurden seinen erschlaffenden Gesichtszügen eingezeichnet, eingekerbt, eingemeißelt. Auf dem letzten Bild stand sein Vater mit einem Gehstock neben einer Menge fröhlicher Fabrikarbeiter, und ein Lächeln umspielte seine Mundwinkel.

Der Mann, zu dem sein Vater hätte werden können, sah Wladimir ähnlich.

Bin ich würdig?, fragte er die Gestalt stumm. *Ich habe so lange gelebt – womit habe ich das verdient?*

Er stützte sich auf Sergej, und zum zweiten Mal an diesem Tag spürte er so etwas wie Wiedergutmachung in den Armen seines Sohnes, der ihn gefürchtet, gehasst, ihm aber irgendwie vergeben hatte und der ihm jetzt Kraft gab.

»Ich weiß, dass das schwer ist«, sagte Sergej. »Du machst das so gut. Ich bin stolz auf dich.«

Danke.

Die Kuratorin war ihnen zum letzten Bild gefolgt. »Frappierend, nicht wahr? Wenn Roman Markin noch Tugend hatte, dann verkörpert dieser Mann sie, wer immer das ist«, sagte sie.

Das lange Jahrhundert seines Lebens lief in diesem Punkt zusammen. Er schloss die Augen. Er hielt sie geschlossen. Er öffnete sie. »Sie haben keine Vermutung, wer das sein könnte?«

»Ein Kindheitsfreund?«, fragte sie.

Mein Vater, dachte er.

»Ein Bruder?«, fragte sie.

Mein Vater, dachte er.

»Ein Sohn?«, fragte sie.

Sein Herz zerspringt fast.

»Mein Vater«, antwortete er.

Nadja

Vor ihr tauchte die Datscha auf und dahinter der Hügel. Dankend lehnte sie das Angebot des Fahrers ab, ihr den Koffer ins Haus zu tragen.

»Hallo?«, rief sie, bekam aber keine Antwort. Sie schob den Koffer in den Dielenschrank, ohne erst auszupacken, ging in die Küche, ließ ein Glas Wasser einlaufen und runzelte die Stirn, als sie das schmutzige Geschirr sah. Durchs Fenster sah sie, wie ihre Tochter mit ausgebreiteten Armen den Hügel herabrollte und keuchend liegen blieb. Am Fuß der Böschung sah Ruslan aus einer offenen Aktentasche hoch. Er stand auf, streckte sich und stieg mit dem Mädchen den Hügel hinauf. Vor ihnen loderte die Spätnachmittagssonne, schwärzte sie zu Silhouetten, gerahmt vom Kiefernholz des Küchenfensters, das ahnungslose Sujet eines Kunstwerks, das nur sie sehen konnte. Sie bewunderte die Szene einen Augenblick, dann trat sie durch die Hintertür, um in ihr aufzugehen.

Das Ende
Im Weltall, Jahr unbekannt

Die Explosion: ein Katarakt aus goldener Hitze, eine Schwerelosigkeit, die mich plötzlich erhebt und von der Erdoberfläche pflückt. Die Datscha, die Steinmauer, der Brunnen, in dem ich gewohnt habe, und der sorgsam gehegte Garten, das alles rauscht unter mir in die Tiefe. Kleine Dillsamen rieseln mir aus der Hand, bilden Konstellationen am Himmel.

Ich erwache.

Durch die Glaskuppel der Raumkapsel blinzelt mir kupferrot die Sonne zu. Aber sie ist nicht mehr die Sonne, nur ein Stern, der sich nach und nach im Gazeband der Milchstraße verliert, im Moment noch heller und glänzender als die anderen.

Eine halbe Milliarde Kilometer jenseits des Neptun-Orbits hat der Luftbefeuchter den Geist aufgegeben, und die Kabine hat sich in eine Wüste verwandelt. Eine Trockenheit, wie ich sie noch nie gespürt habe: ein dumpfes, durchdringendes Brennen, das meine Gelenke knarren lässt und in dem meine Haut noch lange nach dem Kneifen die aufgeworfene Falte hält.

Ich ertaste durch den Staub meine Stirn und drücke mit den Fingern auf die Haut. Es ist ein schillernder Schmerz. Ich stelle mir vor, dass meine Blutergüsse in strahlendem Pink und Purpur aufleuchten, und wünschte, ich hätte einen Spiegel, und sei es nur, um noch ein letztes Mal diese Farben zu sehen. Als ich mich zum Fenster drehe, knistert es metallisch. Bahnen von Alufolie unter meiner Uniform halten meinen Körper warm.

Um das Ende des Sonnensystems zu erreichen, muss ich Jahre unterwegs gewesen sein, aber es fühlt sich an, als wäre ich gerade erst hier in der Raumkapsel angekommen, gerade erst hier erwacht.

Der Husten setzt wieder ein, kräftiger als zuvor. Er ist ein Dolch, der ewig auf meine Luftröhre gedrückt wird. Die Sturmhaube bringt wenig Erleichterung. Eine provisorisch aus einer Brille, Bauschaum und Isolierband gebastelte Schutzmaske beschirmt meine Augen. Von meinem Handgelenk löst sich ein briefmarkengroßes Stück Haut und schwebt in die Luft. Ich zerfalle zu Staub. Bald werde ich an mir selbst ersticken.

Ich wische noch einmal über das Glas der Kuppel und spähe hindurch, aber die Lichtpunkte der Sterne sind alle so klein, dass man sie mit einem Fingerhut ersticken könnte. Hinter dem Titan und der Isolierschicht der Kapselaußenhülle sinkt die Temperatur dem absoluten Nullpunkt entgegen. Links und rechts der Eingangsluke befinden sich Solarmodule. Eine Notfallbrennstoffzelle hat genügend Energie, um die Luft zu filtern und die Rückstände ein oder zwei Mal auszustoßen, bevor wir den Kuipergürtel erreichen.

Jene letzte Horizontlinie: die Außengrenzen des Sonnensystems, ein elliptischer Orbit aus gefrorenem Methan, Ammoniak und Gestein. Selbst mit einem funktionierenden Navigationssystem könnte die Kapsel sie nicht passieren. Und selbst wenn, was dann? Ich denke an die Notfallbrennstoffzelle, den Geschmack von gefilterter Luft. Wie ließe sich das letzte bisschen Energie sonst noch nutzen? Ich könnte noch einmal saubere Luft atmen, ein klein wenig länger, oder auf dem Boardcomputer das Mixtape abspielen.

Der Kosmos begann mit einem Plakat des Periodensystems der Elemente, das Vater an unsere Schlafzimmerwand gehängt hatte. Die warmen Sonnentöne der Halogene, das tiefe Indigo der Übergangselemente: mehr Farbe als sonst im ganzen Zimmer, ein verrückter Regenbogen zwischen deinem und meinem Bett.

Mit seinem tiefen, grollenden Bass, als hätte er ein Kugellager im Kehlkopf, erklärte uns Vater die Kernladungszahl und die Orbitale der Elektronen, die sich auf keiner Karte verzeichnen ließen. Du saßest neben mir auf dem Boden auf einem Stuhl ohne Beine, und wir lauschten wie gebannt, als er uns erzählte, dass die einzigen auf natürliche Weise vorhandenen Elemente nach dem Urknall Wasserstoff mit einem und Helium mit zwei Protonen waren. Sie sammelten sich in gasartigen Wolken, die dann zu Sternen wurden, indem die Protonen unter unvorstellbar hohen Temperaturen verschmolzen. Alle Elemente, die schwerer waren als Helium, wurden durch Kernfusion zur Energiequelle der Sterne und dann im gleißenden Licht einer Supernova ins All geschleudert.

»War das heißer als in den Schmelzöfen?«, fragtest du.

»Millionen mal heißer«, sagte Vater. Er zeigte mit seiner Zigarette auf das achtundzwanzigste Element und hielt sie lange und dicht genug daran, dass die Ordnungszahl in einem aschegesäumten Loch verschwand. »Das Nickel dort in den Öfen wurde zuerst in den Sternen geschmolzen.«

Nicht nur das, Vater zählte eine lange Liste auf: Das Blei in der Industriefarbe, das Eisen im Stacheldraht, das Gold in den Zähnen des Parteichefs, die Aluminiummünzen der Fälscher, der Schwefel in der Luft und das Radon, das unter den Zellen der Polizeiwache austrat, das alles stammte aus Supernovas.

Es war der Sommer, in dem wir im Quecksilbersee schwammen, und das Quecksilber dort stammte ebenfalls aus Supernovas, genau wie all die anderen exotischen Chemikalien im See, genau wie das Magnesium im Blitz der Polaroidkamera, die dich und mich in unseren Leomuster-Bikinihosen festhielt, die Arme um die bleichen Hüften unserer Mutter geschlungen. Vater ließ die Kamera fallen, bevor sie das Bild ausgespuckt hatte, und stürzte sich mit Gebrüll auf Mutter, die an jenem sonnigen Tag unter dicken weinroten Wolken aufschrie und hysterisch lachend weglief. Auf der Erde zu leben – eigentlich ziemlich unwahrscheinlich.

Und so schwebe ich auf diese ewige Nacht zu, diese sternenhelle Amnesie. Die Alpträume haben aufgehört, bald nachdem meine Kapsel die Saturnringe hinter sich gelassen hatte. Ich habe keine Visionen mehr. Vielleicht bin ich selbst zu einer geworden. Durch die Glaskuppel beobachte ich die Dunkelheit, die mich erträumt hat.

Alexei. Aus dem Erinnerungsdunkel tritt der Name hervor. Ich flüstere ihn. Ich hole dich zurück.

Wie lange sterbe ich schon? In dem Augenblick, den ich brauche, um diesen Gedanken zu artikulieren, rauschen hundertzwanzig Kilometer vorbei. Meine Armbanduhr ist längst stehengeblieben. Und selbst wenn ich die Zeit messen wollte, selbst wenn ich es versuchen würde – was bedeutet Zeit schon, wenn sie anhand der Umdrehungen eines toten Planeten um einen sterbenden Stern bestimmt wird? Welches Realitätsmaß bleibt mir überhaupt noch?

Ich nehme das blaue Taschenmesser. Ritze die Umrisse meiner linken Hand neben die Glaskuppel. Lege die Hand als Schablone auf und umfahre die Finger, die schwieligen Knöchel und die Spitzen. Tausende andere linker Hände bedecken den Boden, die Decke und die Wände der Kapsel. Ich erinnere mich an Fotos von Handumrissen an Höhlenwänden und streiche mit der flachen Hand über die zerfurchte Oberfläche. Die eingeritzten Umrisse zeugen von einem Gestern außerhalb der Gedächtniskapsel, sie sind der einzige Beweis dafür, dass ich nicht einem ewigen Präsens angehöre.

Wenn der Staub so dicht wird, dass ich darin ersticke, wird die Sicht auf null gesunken sein. Dann ist das Dunkel, durch das die Kapsel schwebt, auch hier drinnen, dann hat es gewonnen. Unter dem Kabinenboden ruht die Notfallbrennstoffzelle, durch rote Kabeladern mit einem runden Knopf verbunden, der blau wie ein Drosselei im Nest auf dem Armaturenbrett prangt. In den Kupferspulen steckt genug Energie, um die Kabinenluft noch einmal zu filtern oder für ein paar Minuten das Kassettendeck laufen zu lassen.

Als ich auf der Erde lebte, habe ich dir von meinem Bett aus manchmal beim Schlafen zugesehen. An eine Kissenpyramide gelehnt, hast du mit Kopfhörern Musik gehört. Wenn du dann eingeschlafen bist, bist du auf die Matratze gerutscht, und die Kissen türmten sich neben dir. Einmal bin ich von deinen Schreien aufgewacht; ein Kissen war dir aufs Gesicht gefallen. Ich schaltete das Licht an und nahm es weg. Deine Wangen waren feucht, Schweiß umrandete deine Augen wie eine Kriegsbemalung.

»Da ist nichts, Alexei«, sagte ich.

»Wirklich nicht?«, hast du gefragt.

Nachdenken über die Vorstellungen unserer Vorfahren, die die Handabdrücke an die Höhlenwände malten. Ich stelle mir die Sterne als Öffnungen in einem sphärischen Firmament vor, Nadelstiche in einem Schleier, durch die das Licht einer größeren Existenz fällt. Und tritt durch diese winzigen Löcher etwas aus oder ein? Und was für eine Dunkelheit wirft diese Ebene auf die nächste?

Unser Vater hat uns mit dieser Mission betraut. Offizielles Operationsziel war, einen Menschen in die Erdumlaufbahn zu schicken, damit er von dort aus direkte Informationen über die Auswirkungen des Atomkriegs auf die Erde senden konnte. Aber wir hatten Größeres vor. Wir wussten, was ein Atomkrieg bedeutete. Wir waren Patrioten. Siegen war simpel: Der letzte lebende Vertreter der Art musste ein Sowjetbürger sein.

In Vaters Büro hing so dichter Zigarettennebel, dass der Diwan ein Rauchwölkchen ausstieß, als Vater sich setzte, um uns Anweisungen für den Bau des Raumschiffs zu geben. Wir hatten alles, was wir brauchten. Ein rostiges LKW-Führerhaus als Kapsel. Einen alten Zahnarztstuhl als Pilotensessel. Ein schmutziges Goldfischglas als Glaskuppel. Ein altes tragbares Funkgerät, das nur noch rauschte. Eine altersschwache Batterie, die gerade noch genug Saft hatte, um ein paar Minuten lang entweder den Tischventilator, der als Luftfilter diente, oder das Kassettendeck zu betreiben. Die Amerikaner mochten die ausgereiftere Technik haben, aber wir hatten die ausgereiftere Phantasie. Wir steckten Rollen mit Alufolie auf Besenstiele und umkreisten damit das LKW-Führerhaus. Mit Schuhcreme schablonierten wir *UdSSR* vorn auf die Raumkapsel. Wir kannten keine technischen Grenzen und schafften Durchbrüche, von denen keine Fachzeitschrift je Notiz nahm. Die Elemente mühten sich, unseren Produktivitätsanforderungen gerecht zu werden. Wir hatten nur einen Pilotensessel, und ich war der Ältere.

Es gab Tage, da leuchteten die kleinen Glanzpunkte auf der Welt so hell, dass das Gold der Kirchenikonen daneben stumpf wirkte. Vom Dach in den frischen Schnee zu springen. Am Morgen nach Mutters Einäscherung Geschirr aus dem Fenster zu werfen. Was hatte ich doch für ein Glück.

Als die Kapsel am Saturn vorbeiflog, leuchteten die unzähligen Ringe aus Eis und Gestein mit dem Licht Tausender zermalmter Skylines. Auf der Oberfläche des Gasriesen träges Wirbeln, wie Buttermilch auf einer Untertasse. Ich dachte an Saturn, den Göttervater, der seine Kinder fraß, und trauerte um die verlorene Zukunft, wie nur Eltern und Büßer trauern können.

Jenseits der Glaskuppel entfaltet sich eine Weite, die über jeden Glauben hinausgeht. Ich bekomme Zweifel. Zweifel – ein Geschenk, das ich hüte wie eine letzte Offenbarung, als hätte ich einen Anruf gemacht und eine Antwort gehört, ohne zu wissen, ob die Stimme in meiner Kehle meine eigene ist oder das Echo der Antwort, die ich suche.

Ich schalte das Funkgerät ein.

Die Signale von der Erde verstummten drei Wochen nach

Verlassen der Erdumlaufbahn. Nur Rauschen, mein einziger Begleiter. Die kosmische Hintergrundstrahlung, das Echo des Urknalls. Seit 13,7 Milliarden Jahren hallt genau dieses Rauschen durch sämtliche Frequenzen. Der Schöpfungsakt hat über das Ende der Schöpfung hinaus Bestand. Daran kann ich nicht zweifeln.

Der Staub macht meine Kehle rau. Bloß nicht husten. Nichts aufwirbeln. Das Kribbeln unterdrücken und den Lautstärkeregler am Funkgerät im Uhrzeigersinn drehen, bis das Rauschen die Kabine ausfüllt. Es könnte die Stimme Gottes sein.

Am letzten Tag hast du mich geweckt. Atemlos und bang, die Apokalypse keine graue Theorie mehr. »Es ist so weit«, hast du immer wieder gesagt. »Es ist so weit.« Du hast mich auf dem Zahnarztstuhl festgeschnallt und mir den Motorradhelm aufgesetzt, das Visier hochgeklappt. Von irgendwo rief unsere Mutter unsere Namen, rief uns zum Frühstück nach oben. Vage der süße Duft von Blinis in der Pfanne. Wie könnte ich dem Lebewohl sagen?

Du hast dich neben den Pilotensitz gekniet, Hebel betätigt und an Reglern gedreht.

»Wo fliege ich hin, Alexei?«

»Ins riesige Unbekannte, um den außerirdischen Proletariern die Kunde vom Marxismus-Leninismus zu überbringen!«

»Wo fliege ich hin?«

»Über die äußersten Grenzen von Raum und Zeit! Du wirst der letzte lebende Mensch sein!«

»Wo fliege ich hin?«

Zusammen zählten wir von zehn herunter. Drei Sekunden nach der Zündung wurde mein Kopf zurückgeworfen, und die Kapsel schoss auf Säulen aus Rauch und Licht nach oben. Die Rakete erreichte die Stratosphäre; ich wandte mich zur Glaskuppel. Der Himmel war von Raketenabgasstreifen überzogen, die Landschaft von offenen, leeren Atomraketensilos zernarbt. Welcher göttlichen Phantasie konnte etwas so Unvollkommenes wie das Leben entsprungen sein?

Nachdenken über die Erdoberfläche. Die USA und die Sowjetunion besaßen genug Atomsprengköpfe, um sämtliches Leben vielfach auszulöschen. Der Himmel war eine einzige Staubwolke, die Luft ein undurchdringliches Grau, in dem alle erstickten, die nicht schon verbrannt waren – ein Schicksal, das mir anscheinend bis ans Ende des Sonnensystems gefolgt ist. Die Strahlung würde sich auf alles auswirken, was lebte. Galina war schwanger, als ich in den Krieg zog.

Im Armaturenbrett ist ein Kassettendeck eingebaut, damit man Breschnews große Reden abspielen kann, um die Moral des Kosmonauten und die revolutionäre Leidenschaft der außerirdischen Proletarier zu beflügeln. An dem Morgen, als die Kapsel startete, hast du mir eine Kassette in die Brusttasche meiner Uniformjacke gesteckt. *Für Kolja. Für den Notfall!!! Vol. 1.*

»Weitere Anweisungen, letzte Botschaften, letzte Grüße«, hast du erklärt.

Auf halbem Weg zum Mond beschloss ich, die Kassette erst kurz vor dem Ende zu hören. Zuerst hatte ich Angst, auf dem Band könnte irgendetwas Wunderschönes sein, für das ich mich niemals erkenntlich zeigen könnte, und dann fürchtete ich, ein Geständnis zu hören oder mit irgendetwas konfrontiert zu werden, einem lange gehüteten Geheimnis, das mich dazu bringen würde, die Menschheit mit dem feuerroten Blick einer rachsüchtigen Gottheit in Erinnerung zu behalten. Aber jetzt, wo ich letzte Urteile fällen könnte, sind keine nötig.

Was auch immer auf der Kassette zu hören ist, sie enthält das letzte Lied einer vergangenen Welt, die Antwort auf die Frage, die ich geworden bin. Ich zögere noch, wäge sie gegen den Geschmack gefilterter Luft ab.

Der Staub wird dichter, und ich zerfalle nach und nach. Die oberen Schichten meiner Haut sind getrocknet und abgeblättert, ich bin eine einzige offene Wunde. Das ist es also? So enden wir? Blind? Verzweifelt?

Ich drücke die Schutzbrille gegen die Kuppel. Wische über das Glas und sehe hinaus, immer wieder, eine Wiederholung ad infinitum. Endlich, eins von zehntausend Mal Wischen offenbart den Rand des Pluto. Daneben den Mond Charon. Dahinter ein überwältigendes Sternenmeer.

Unvorstellbar, das mit bloßem Auge zu sehen, direkt vor mir. Verkrustetes beigefarbenes Gestein. Grate neben tiefen Furchen. Hast du das mit eingeplant, als du die Flugbahn berechnet hast? Nein, das hier ist etwas anderes. Das Zusammentreffen höchst unwahrscheinlicher Faktoren; ein Wunder, wenn nicht das, was sonst? Am Rande des Sonnensystems, so weit weg von zu Hause, sehe ich einen bekannten Planeten.

Im nächsten Augenblick ist er verschwunden. Ich recke den Hals, drücke mich gegen die Scheibe, aber der Planet liegt schon weit hinter mir. Die Kapsel schwebt weiter, verlässt den Einflussbereich der Götter. Pluto und Charon geleiten mich weiter. Ich drehe mich vom Fenster weg, in meiner Brust ein Flattern dort, wo meine Seele nun endlich ihre Schwere abgeschüttelt hat. Eine Staubkugel füllt die Glaskuppel. Blind lege ich den Sicherungshebel um. Ohne den leuchtend blauen Knopf zu sehen, schalte ich damit die Brennstoffzelle ein. Ein sanftes Surren durchschneidet das Dunkel, ein Klang wie ein oszillierender Ventilator.

Die Kassette aus der Hülle nehmen. *Für Kolja. Für den Notfall!!! Vol.1.* Einlegen, an Reglern drehen, Knöpfe drücken und dann durch die Kabinenlautsprecher ihre Stimme hören.

BAMM BADADA DAMMBAMM BAMMBAABAA.

Sie ist es, tatsächlich. Sie verhunzt den Marsch aus dem ersten Akt der *Nussknacker*-Suite, verhackstückt ihn zu den wilden Scat-Silben einer Tauben oder Geisteskranken, und es ist ein Wunder, dass eine so lärmende Stimme überhaupt aus einer zarten Person wie ihr herausplatzen kann. Dann setzt du ein, zuerst mit Beat-Box, dann als genauso atonale zweite Stimme. Krumm und schief schmetterst du los, aber immerhin im Takt, und als Percussion klappert ihr mit Geschirr; ihr seid in Galinas Küche, ich sehe euch, alles klar. »Zu einem Marsch kann man nicht Walzer tanzen«, hatte sie gesagt, während der Dampf in Schwaden vom Quecksilbersee aufstieg, aber ich brachte es ihr bei.

Immer wenn die Kassette zu Ende ist, spule ich zum Anfang zurück, und meine Lippen murmeln die Melodie mit euch zusammen. Ich spule immer wieder zurück, bis im Staub als rostrote Kugel die Energiewarnleuchte aufblinkt, und als ich auf Play drücke und eure langsamen, leiernden Stimmen höre, weiß ich, das war's, das ist das letzte Mal, es ist nichts mehr übrig und ich sterbe.

Ihr habt auf mich gewartet, jenseits der Umlaufbahnen von Mars und Jupiter, hinter jedem einzelnen Saturnring. Es ist lächerlich, einfach nur idiotisch, durch das ganze Sonnensystem zu fliegen, nur um zu hören, wie du und Galina Tschaikowsky verpfuscht. Falls je Vollkommenheit zu hören war, dann gerade eben. Wenn Gott eine Stimme hat, dann unsere.

Das Kalzium der Schlüsselbeine, die ich geküsst habe. Das Eisen in dem Blut, das ihre Wangen rosig machte. Wir verewigen unsere intimsten Augenblicke auf Atomen, die einst aus einer so großen Explosion hervorgingen, dass sie bis heute einen riesigen leeren Raum hinterlässt. Ein Photonenschimmer trägt die Erinnerung durch die lange, dunkle Amnesie. Auch wir werden getragen werden, geheimnisvolle Teilchen, die wir sind.

In welchem Traum gibt es am leeren Rand des Universums ein solches Echo der Lebendigkeit? In welchem Gebet stirbt der letzte Mensch nicht allein? Wer hätte gedacht, dass ihr bei mir sein würdet, hier, so weit weg vom Leben auf der Erde, so erfüllt von seiner Anmut?

Noch einmal von Anfang bis Ende.

Ein einziges Mal.
Bitte, nur das.
Bitte.

Danksagung

Folgende Sachbücher waren bei den Recherchen für die Erzählungen dieses Buchs von unschätzbarem Wert, und jedem, der sich für die Region interessiert, möchte ich ihre Lektüre nahelegen: *Der Gulag*[1] von Anne Applebaum; *Der große Terror. Sowjetunion 1934-1938*[2] von Robert Conquest; *Stalins Schatten. Gespräche mit Russen heute*[3] von Adam Hochschild; *Stalins Retuschen. Foto- und Kunstmanipulationen in der Sowjetunion*[4] von David King; *Black Earth. A Journey Through Russia After the Fall* von Andrew Meier; *Stalin. Am Hof des roten Zaren*[5] von Simon Sebag Montefiore; *It Was a Long Time Ago, and It Never Happened Anyway. Russia and the Communist Past* sowie *Darkness at Dawn. The Rise of the Russian Criminal State* von David Satter; *Allah's Mountains. The Battle for Chechnya* von Sebastian Smith.

Danken möchte ich den folgenden Menschen und Organisationen: der Whiting Founding und dem Creative Writing Program an der Stanford University und hier besonders Eavan Boland, Adam Johnson, Elizabeth Tallent und Tobias Wolff für ihre Unterstützung. C. Michael Curtis bei *The Atlantic* sowie Tom Jenks und Carol Edgarian bei *Narrative* boten mehreren dieser Erzählungen erste Lektorate und erste Heimstätten. Steven Volynets und Olga Zilberbourg teilten ihre Geschichten aus der UdSSR und ließen den meinen wohlwollende Lektüren und Heilmittel angedeihen. Alexander

---

1 Deutsch von Frank Wolf, München: Goldmann 2005.
2 Deutsch von Andreas Model, München: Langen-Müller 2001.
3 Deutsch von Brigitte Flickinger, Göttingen: Gerhard Steidl 1999.
4 Deutsch von Cornelia Langendorf, Hamburg: Hamburger Edition 1997.
5 Deutsch von Hans Günter Holl, Frankfurt / Main: S. Fischer 2006.

Maksik und Amanda Nadelberg wussten in Text und Leben weisen Rat. Ali Tepsurkaev, danke. Ching-chun Shih, Ulrich Blumenbach, Stefanie Jacobs, Achilleas Kyriakidis, Diana Markosian, Vincent Piazza und Cassidy Horn waren mir in Freundschaft und kreativer Zusammenarbeit verbunden. Ohne Gina und Kevin Correnti wäre Kalifornien weniger sonnig, und ohne Kappy Mintie wäre ich es auch.

Mein Schreiben könnte keine bessere Lektorin haben als Lindsay Sagnette, deren produktiver Blick immer wieder neu inspiriert. Es könnte auch keinen größeren Fürsprecher als Rachel Rokicki finden. Mein Dank geht an die Genies bei Hogarth und Crown Books und hier besonders an Molly Stern, Maya Mavjee, David Drake, Kayleigh George, Jay Sones, Rose Fox und Chris Brand. Janet Silvers Vertrauen und Hilfestellung bedeuten mir alles.

Und schließlich danke ich meiner Familie.

Danksagung der Übersetzer

Die Übersetzer danken ihrer Kollegin Dorothea Trottenberg für Auskünfte zur zaristischen, sowjetischen und russischen Kulturgeschichte.